普通高等教育新商科"十四五"规划教材

国际市场营销

康海燕／主　编
王舒婷　詹希鹍／副主编

立信会计出版社
LIXIN ACCOUNTING PUBLISHING HOUSE

图书在版编目(CIP)数据

国际市场营销 / 康海燕主编. —上海：立信会计
出版社，2023.11
ISBN 978-7-5429-7215-6

Ⅰ. ①国… Ⅱ. ①康… Ⅲ. ①国际营销-高等学校-
教材 Ⅳ. ①F740.2

中国国家版本馆 CIP 数据核字(2023)第 183423 号

策划编辑　　王斯龙
责任编辑　　王斯龙
助理编辑　　窦乔伊　崔姝然
美术编辑　　吴博闻

国际市场营销
GUOJI SHICHANG YINGXIAO

出版发行	立信会计出版社		
地　址	上海市中山西路 2230 号	邮政编码	200235
电　话	(021)64411389	传　真	(021)64411325
网　址	www.lixinaph.com	电子邮箱	lixinaph2019@126.com
网上书店	http://lixin.jd.com	http://lxkjcbs.tmall.com	
经　销	各地新华书店		
印　刷	常熟市人民印刷有限公司		
开　本	787 毫米×1092 毫米	1/16	
印　张	17		
字　数	352 千字		
版　次	2023 年 11 月第 1 版		
印　次	2023 年 11 月第 1 次		
书　号	ISBN 978-7-5429-7215-6/F		
定　价	49.00 元		

如有印订差错，请与本社联系调换

前　言

当前,中国企业的国际化步伐正在加快。各行各业都在着手全球市场布局,中国企业国际化正在进入"新常态",急需相关理论的指导。

在这种背景下,本书旨在普及国际市场营销的基础知识,培养更多具有国际市场营销技能的人才。"国际市场营销学"是一门以国外消费者为中心,研究企业国际市场营销活动及规律的学科,它具有综合性、实践性、创新性等特点。虽然目前市场上已有不少《国际市场营销》的书籍,但是这些书籍大多只介绍世界知名的跨国企业案例,结合中国企业国际化案例的国际市场营销教材很少。自改革开放以来,中国企业走出去已有40多年的历史,华为、福耀、海尔、美的等公司是企业国际化成功的案例,它们有很多成功的经验值得我们借鉴,但也有很多中国企业在国际化的道路上走了弯路,需要我们总结经验教训。

在篇章结构和内容上,本书突出了国际市场营销的基本原理与国际市场营销案例的有机结合,每章由引例开始激发学生学习兴趣,又以课后练习结束一章的内容,强化学生技能培养,力图突破传统教材实践性不强的问题。本书博采众长,广泛吸收和借鉴了国内外学术界、企业界的丰硕成果和经验,力争突出"中国企业国际化"的特点,并且加入了中国企业国际化案例以加深中国读者对国际市场营销原理的理解。

本书定位于应用型本科教育,不仅可以作为经济管理类本科教育的教材,也可以作为企业培训国际商务人员、跨国企业市场营销人员的参考用书。

本书是上海市高校应用转型专业的项目成果之一。全书共十章,由康海燕担任主编,负责全书的体系结构设计和总纂;由王舒婷、詹希鹍担任副主编,在纂写的同时负责全书资料的收集和整理工作。各章撰写工作如下:康海燕执笔第一

1

章、第二章、第三章和第八章;王舒婷执笔第四章、第五章和第七章;程虹执笔第六章;詹希鹄执笔第九章和第十章。

在本书的编写过程中,编者参考了大量的已有教材及文献资料,并借鉴了国内外多家网站的数据。限于篇幅,书后只列出了主要参考文献,可能会有所疏漏,在此谨向相关文献作者致歉,并表示感谢。

由于国际市场营销理论一直处于不断发展中,加上编者水平有限,书中如有不尽如人意之处,敬请广大读者批评指正,以便今后修订和完善。

编 者

2023 年 8 月

目　录

第一章

国际市场营销导论

学习目标

1. 了解国际市场营销的基本概念。
2. 熟悉国际市场营销的任务。
3. 熟悉进入国际市场的动因。
4. 掌握进入国际市场的模式。
5. 了解国际市场营销的发展阶段。

随着社会经济水平的提高和汽车产业的蓬勃发展,汽车消费量与日俱增,我国汽车零配件市场也正走向快速发展的新阶段。作为汽车零配件市场中的一员,汽车玻璃产业同样保持着强劲发展势头。福耀玻璃工业集团股份有限公司(以下简称福耀玻璃)作为我国第一大汽车玻璃专业供应商,不仅实现了国内汽车玻璃进口替代,还拥有了与旭硝子、板硝子、圣戈班等世界汽车玻璃企业相抗衡的竞争力。目前,福耀玻璃在全球的产品覆盖70多个国家和地区,已经在多个国家和地区建立现代化生产基地和商务机构。国际化战略,已成为福耀玻璃发展战略的重要组成部分。

一、福耀玻璃的发展

1987年福耀玻璃在福州成立,专注汽车安全玻璃和工业技术玻璃领域。福耀玻璃股票在1993年挂牌上市,是行业里第一家中国上市公司。2015年,福耀玻璃又在中国香港交易所上市,形成"A+H"资本市场布局。福耀玻璃生产基地散布于全国各地,考虑到新时代汽车玻璃的需求,其在福清、双辽、海口、通辽等地设立浮法玻璃生产基地,由此形成了一套遍布全国的产销网络体系。在中国香港、美国成立了子公司,在多个国家成立了商务中心,如今福耀玻璃已在跨国工业集团中遥遥领先。福耀玻璃矢志不渝地走独立自主、应用研发、开放包容的战略路线,获得世界知名汽车制造企业的肯定和选择。例如,奔驰、宾利、宝马、奥迪、丰田、大众等企业都得到过福耀玻璃提供的全球新车配套和售后服务。福耀玻璃是"工业4.0"的积极探索者和实践者,始终为客户提供优质汽车玻璃,其信息技术与生产自动化技术均居世界同行业前列。福耀玻璃发展至今,产品已在国际市场上占有很高的份额,跻身于同行业前列。

二、实施走出去战略

采用对外投资、战略联盟和跨国并购策略,有利于福耀玻璃顺利突破贸易壁垒。同时,建立海外营销体系,能够帮助福耀玻璃第一时间掌握当地市场情况和发展动态。福耀玻璃利用市场政策和优势,提高产品对抗其他同类产品的竞争力,扩大产品的国际市场占有率。科技进步和经济全球化加速,使得世界产业结构发生了新调整,传统产业已转移到第三产业,世界各国都尝试在世界分工格局中占据一席之地。福耀玻璃实施"走出去"战略,充分利用国际资源和国际市场,将生产力扩张至海外,加速新兴产业和高新技术产业的形成,进一步推动产业结构优化。

1978年我国改革开放以后,许多国外汽车企业进入我国。那时,日本玻璃占据了汽车玻璃的大部分市场。汽车玻璃损坏,只能从日本进口维修的玻璃,这样的玻璃成本每块一两百元,售价却高达上千元,高利润也吸引着福耀玻璃进入汽车玻璃维修领域。

之后,福耀玻璃引进了芬兰最先进的机器,用了四五年的时间,便让日本玻璃在我国的汽修市场消失了。福耀玻璃虽然占据了国内三分之二的汽修市场,但是仅针对国内市场,这使得设备没有办法得到充分利用。同时,汽车销量逐渐放缓,扩张受到了严重限制,其规模已达到上限。

福耀玻璃若要尽快发展,扩张海外市场是必然的选择。在国际化并购策略实施之前,福耀玻璃在美国只有一家销售子公司,其海外市场份额不到5%,其中OEM(贴牌生产)市场份额仅为3%左右。在全球最大的两家主要玻璃制造商中,旭硝子、板硝子在日本本土的销售比例均未超过二分之一。

2006年,板硝子在收购了英国的皮尔金顿后,将汽车玻璃业务的主要区间转移到欧洲,板硝子的这一做法,使其迅速进入全球四大玻璃制造企业行列。由此可见,在海外投资建立工厂和跨国企业,容易迅速打出品牌,拓展市场。

比较当地企业的商业模式、产品和服务,也将帮助企业借鉴和模仿国际市场的先进技术和管理水平,进行技术创新。不断改善其管理模式,提高本地客户响应,提升企业的国际竞争力。国际化战略实施过程中,福耀玻璃的国外营业收入逐年增加,并在国内外的总营收中占据显著的比例。经过不断地发展,福耀玻璃市场占有率有了很大的提高。根据福耀玻璃内部数据测算,截至2021年,福耀玻璃在中国的汽车玻璃市场占有率超过69%,全球市场占有率约27%,处于行业领先地位。福耀玻璃未来全球市场占有率极有可能突破30%。在注重贸易合作的同时,福耀玻璃也不断加强企业海外宣传和文化输出。福耀玻璃自上市以来,企业宣传片和新产品宣传片及时通过互联网新媒体向全社会发布,维护企业品牌,强化文化输出。

2019年,发那科(日本)与福耀玻璃签署了战略合作协议,进一步促进福耀玻璃国际化进程。上海发那科将为福耀玻璃提供全套智能制造解决方案,帮助福耀玻璃实现无人驾驶自动化,并引领行业的智能制造。福耀玻璃的国际市场持续拓宽,国际贸易合作走入新的阶段。

资料来源:今财社.立足国内,走向国际,福耀玻璃的全球扩张路[EB/OL].(2021-11-05)[2023-03-06]. https://baijiahao.baidu.com/s? id=1715551406002876111&wfr=spider&for=pc.

引例启示:20世纪90年代以来,世界经济全球化的进程大大加快,经济活动超越国界,越来越多的中国企业走向国际市场营销的舞台。在此背景下,福耀玻璃脱颖而出,福耀玻璃是一家成功的中国跨国企业。国际市场为福耀玻璃提供了新的机会,福耀玻璃进入国际市场模式的选择、国际市场营销策略都值得我国很多企业借鉴。

第一节　国际市场营销概述

一、国际市场营销的内涵

企业可能发现即便在本土市场也不可避免地要与国外客户、竞争对手和供应商打交道，既面临国内市场的竞争，又面临国际市场的竞争。

（一）市场营销

1985年，美国市场营销协会（AMA）认为，市场营销是引导产品或服务从生产者流转到消费者或用户所进行的一切企业活动。

市场营销之父——菲利普·科特勒认为，市场营销是个人和群体通过创造并同他人交换产品和价值，以满足需求和欲望的一种企业管理过程。

由此可见，市场营销学的研究对象是以满足消费者需求为中心的企业市场营销活动过程及其规律。具体来讲，市场营销学研究作为卖主的企业如何在动态的市场上有效地管理其与买主的交换过程和交换关系，以及相关市场营销活动过程。

（二）国际市场营销

国际市场营销是经济全球化的产物。经济全球化对于生产要素在全球的合理配置、资本和产品的全球性流动、科技的全球性扩张以及促进不发达地区经济的发展，都具有重要的作用。经济全球化使各国企业经营活动同国际市场日益发生紧密的联系。在经济全球化的大背景下，我国企业也由内向型向外向型转变，在世界市场寻找更广阔的发展空间。

美国市场营销学协会认为，国际市场营销是对各种产品和服务实行整合、定价、促销和分销等活动，使其通过交换满足个人和组织的需要，并在多个国家进行的整个策划和实施过程。

美国营销学者菲利普·凯特奥拉指出，国际市场营销是指对商品和劳务流入一个以上国家的消费者或用户手中的过程进行计划、定价、促销和引导，以便获取利润的活动。

简言之，国际市场营销是一种经营活动范围跨越国界，通过定价、促销和分销具有一定市场的产品满足国外消费者的需求，并获取利润的活动。国际市场营销是国内市场营销的延伸与扩展。市场营销的概念、过程和原则具有普适性，虽然也适用于国际市场营销，但是国际市场营销和国内市场营销也有区别。

（三）国际市场营销和国内市场营销的区别

与国内的一般市场营销相比，国际市场营销有其特殊性。

1. 营销环境的不同

尽管营销原则和概念具有普遍适用性，营销者实施营销计划的环境却因国家或地区的不同而大不相同。一般市场营销活动在国内展开，营销者对于国内营销环境更加熟悉。国际市场营销活动是在至少两个国家进行的，企业不但要受到国内环境因素的影响，还更多地要受到国外环境因素的影响。

国际市场营销活动的环境更为复杂和多样。国际市场营销者不能只关心国际市场营销环境的表面差异，而是关注不同环境所产生的种种营销问题。在国际市场上，竞争、法律限制、政府管制、天气、多变的消费者以及其他一些不可控因素，常常会影响营销计划的成败。

一般来说，营销者不能控制或影响不可控因素，只能通过自我调整适应这些因素，以取得良好的营销业绩。市场营销之所以吸引人，是因为它具有挑战性，即必须在市场不可控因素（竞争、政治、法律、消费者行为、技术水平等）框架中操纵营销决策的可控因素（产品、价格、促销、分销），从而实现营销目标。

2. 营销组合策略的不同

国际市场营销活动的双重环境使营销组合策略难度较大。在产品策略方面，国际市场营销面临着产品标准化与差异化策略的选择。在定价策略方面，国际市场定价不仅要考虑成本，包含运费、关税、外汇汇率、保险费等，也要考虑不同国家的市场需求及竞争状况，还要考虑各国政府对价格调控的法律法规。在分销渠道方面，各国营销环境的差异造成了不同的分销系统与分销渠道，各国的分销机构形式、规模也不同，从而增加了管理的难度。在促销策略方面，各国文化、政治、法律、语言、媒体、生产成本等的差异使企业选择促销策略的难度更大。

3. 营销管理过程的不同

各国营销环境、消费者需求存在巨大差别，使得国际市场营销管理过程更复杂。例如，制订国际市场营销战略计划及进行营销控制，既要考虑国际市场需求，又要考虑企业决策中心对计划和控制承担的风险应当达到的程度等。国际市场营销者的管理任务与国内市场营销者相比，更艰巨。

二、国际市场营销的任务

国际市场营销者必须处理国内环境和国外环境中不可控制的不确定性因素，因此国际市场营销者的任务要比国内市场营销者的任务更为复杂。为了使营销计划适应国外市场，营销者必须正确理解各种不可控因素对营销计划的影响和冲击，以便更好地完成国际市场营销的任务。

1. 确立国际市场营销目标

通过对国际市场营销环境的分析、国外消费者需求的调查预测、国际市场竞争分析等,发现并确立企业的国际市场营销目标。

2. 决定进入国际目标市场的方式

在分析国内外环境和企业自身营销能力的基础上,决定采取何种方式进入国际目标市场。

3. 制定国际市场营销的战略和策略

从事国际市场营销的企业必须确定在国际目标市场上的总体营销战略与计划,并在此基础上制定产品、价格、分销渠道、促销手段以及公共关系等一系列营销组合策略和相应的竞争策略。

4. 管理和协调国际市场的营销活动

通过计划、组织、控制、协调和监督等管理手段,将国外分支机构与附属公司的营销活动纳入整个国际企业营销体系中,以保证整体效率的提高。

三、国际市场营销的障碍

(一) 问题的提出

国际市场营销成功的关键在于适应不同市场环境之间的差异。适应就是国际市场营销者有意识地努力预测国内外不可控环境因素对营销组合方案的影响,并且调整营销组合方案,将影响降到最低程度。适应文化是国际市场营销者所面临的最富挑战性、最重要的任务。企业必须把营销力量调整到它们尚不适应的文化中去。在与陌生的市场打交道的时候,营销者必须意识到他们在进行决策或评估市场潜能过程所使用的参照系统是陌生的,这是因为判断来自经验,而经验是在本国累积起来的,参照系统一经建立,便成为决定或改变营销者对社会和非社会的情景反应的重要因素。

(二) 主要障碍

影响国际市场营销成功的主要障碍是个人在作决策过程中的自我参照标准和民族中心主义。

1. 自我参照标准

自我参照标准是指无意识地参照个人的价值观、经验和知识,作为决策的依据。

在中国,在一群人聚在一起交谈的时候,不同关系的人之间会保持不同的距离。当某人离我们太近或太远时,我们不是走远些,就是靠近点儿,以调整彼此之间的距离。在此过程中,我们所依据的就是自我参照标准。不同文化中,人与人之间可以接受的距离不同。当另一种文化中的人过于靠近我们时,由于不了解另一种文化中可以接受的距离,我们会无意识地作出反应,按照中国标准后退到适当距离。因而,双方都会感到慌乱。中国人主观地认为外国人过于冷淡,而外国人则认为中国人过于热情,缺乏交往距离。双方都依据各自的自我参照标准行事,影响双方的商务交流。自我参照标准可能使人们意识不到文化差异的存在,或者认识不到这些差异的重要性。

2. 民族中心主义[①]

与自我参照标准密切相关的是民族中心主义,民族中心主义是一种认为自己文化优于其他文化的信条。20 世纪 90 年代后期,美国在世界经济中处于支配地位,因此对 21 世纪初的美国企业经理来说,民族中心主义尤为突出。来自富裕国家的企业经理在相对不富裕国家的市场工作时,可能出现民族中心主义,认为自己国家的公司最懂得该怎么做事。

自我参照标准和民族中心主义妨碍了营销者真实地评价国际市场的能力。

面对营销事件,人们总是根据生活中所积累的知识自发地作出反应。人们很少停下来对某个反应加以思考,只是作出反应。这样一来,在其他国家的文化环境中遇到问题的时候,营销者往往是本能地作出反应,并根据自我参照标准,寻求解决问题的办法。然而,人们的反应与自身文化相关,相同反应在不同文化中具有不同的含义,因而这样的决策往往不能达到预期的效果。

(三) 对策

1. 超越自我参照标准去思考问题

如果营销者花时间超越自我参照标准去思考问题,则会产生更好的效果。例如,联合利华公司认识到巴西市场的特性,在巴西采用新的产品、包装、配方。一方面,有的巴西人没有洗衣机,洗衣服需要使用普通的肥皂;另一方面,有的巴西人在河里洗衣服,为防止袋子浸水,洗衣粉的包装采用了塑料袋等,而不是纸袋。此外,针对巴西人收入较低、对商品的价格比较敏感、一次购买量不大等特点,联合利华公司推出了价格较低的小包装产品。又如,麦当劳在印度改变了其"拳头"产品的配方。麦当劳在印度推出用羊肉做的巨无霸汉堡,这是因为大多数印度人把牛看作神圣的动物,不吃牛肉。从这些例子可以看出,如果营销者将自我参照标准作为决策的基础,那么基于国内市场经验,不可能作出上述调整。

2. 承认民族中心主义对国际市场营销有影响

控制民族中心主义影响的最有效的方法,是承认它对国际市场营销有影响。尽管对于一个营销者来说,不可能深入了解世界上每种文化、意识到所有重要的差异,如果他在另一种文化环境中经营企业时,能够意识到识别文化差异的必要性,不耻下问,就可以避免国际市场营销过程中的许多错误。需要注意的是,并非营销方案中的每个活动都因国而异。事实上,相似性要多于差异性。在经营决策中,营销者想要避免犯错误,就必须进行旨在克服自我参照标准的影响和保持对民族中心主义警觉的跨文化分析。

某家美国企业在进入日本市场时曾发生过这样一个案例。20 世纪 60 年代,一位刚派驻到日本的美国销售经理按照美国的惯例决定,他手下的日本销售人员不必每天早上在拜访客户之前来办公室开晨会。可是,该新政策出台后,销售业绩直线下降。美国销

---

① 民族中心主义是一种应该摒弃的思想观念。

售经理通过与日本雇员交谈后明白了,同事的优秀业绩对日本销售人员的激励作用最大。幸运的是,该美国销售经理能够意识到他的自我参照标准和美国式的处事方式在日本行不通。恢复早上例会后,销售业绩便回到了原先的水平。

3. 采用科学的步骤跨越国际市场营销的障碍

营销者可以遵循以下步骤克服国际市场营销的障碍:首先,按照本国的文化特征、习惯或规范定义经营问题或目标。其次,通过向目标国家的相关人士咨询,按照他国的文化特征、习惯或规范定义经营问题或确定经营目标,但不进行价值判断。再次,分离自我参照标准的影响,仔细分析其是如何使经营问题复杂化的。最后,在没有自我参照标准影响的情况下,重新定义经营问题,并解决经营问题,谋求最佳经营目标。

四、国际市场营销的管理导向

EPRG框架(EPRG framework)以公司管理者看待世界的方式为基础,描述了企业组织决定进入国际市场经营业务的方式。它们分别是母国中心(Ethnocentric)导向、多国中心(Polycentric)导向、地区中心(Regiocentric)导向和全球中心(Geocentric)导向。这一框架反映了在国际市场管理企业有四种方法或导向,同时也反映了企业在从单纯的国内发展为全球竞争者这一国际化进程中的不同阶段。

(一)母国中心导向

母国中心导向是指企业将重点放在母国市场。持这一观点的企业认为国内营销战略可用于海外经营,即国内市场第一,海外经营第二,企业不会为开拓国际市场制定专门的国外战略。例如,美国礼来制药最初扩张到国际市场时就抱着这一观念,企业在重要市场上设立办公室,雇用当地员工,并通过测量每个国家的最低盈利水平对当地经营实施严格控制。企业分公司仅提供支持当地销售所需的下游活动,营销活动由企业总部负责。

(二)多国中心导向

多国中心导向是指企业采取分权式管理,允许企业分公司制定自己的营销战略。然而,企业管理者的思维还是集中于母国市场,这是因为他们认为不同国家市场之间有差异,必须调整营销战略以适应各个国家的特殊需求。国外各个市场独立运营,彼此之间不进行任何实质性协调或整合。营销活动的组织和实施在各个国家逐个展开,必要时调整营销组合来满足各市场要求。例如,福特在营销福睿斯时就是这一导向。然而,英国版与美国版的福睿斯不同,不仅体现在美国方向盘需要从右侧改到左侧,还体现在美国的汽车排量更大,款式也不同。

(三)地区中心导向

地区中心导向是指企业将某特定地区看作单一市场。与多国中心导向不同,地区中心导向的重点是地区营销活动的协调,并尽可能采用标准化。例如,丰田就是按照地区中心导向组织营销活动的,其销售收入大部分来自日本,其次来自北美地区。丰田在北美地区的成功基于针对这一特定地区市场的顾客驱动式新产品开发。

(四) 全球中心导向

全球中心导向是指企业将全球视为一个潜在市场。企业试图通过世界范围的整合开展全球营销活动,为了实现规模经济而大量生产全球产品和品牌,在所有市场上提供标准化产品,并且尽可能采用标准化广告,将适应化举措降到最少。

企业不管采取地区中心导向还是全球中心导向,都可以在全球各地获取和分享最佳商业实践等方面的知识。

第二节 企业开展国际市场营销的动因

第二次世界大战结束以来,世界经济中最显著的变化之一就是企业经营活动全球化。伴随着经济全球化及国内市场经济的发展,各国经济、技术和文化日益融合在一起。当今,各国大部分的企业经营活动已被纳入全球经济范围,无论企业是否走出国门,都会受到国际市场的影响,也都必须参与全球市场中的竞争,积极开展国际市场营销。

一、利润最大化

企业开展国际市场营销活动的根本目的是实现全球利润最大化。国际企业可通过开拓市场、利用国外的资源优势等取得更大的收益。

1. 获得规模经济效益

当企业的产品销量增加时,单个产品分摊的成本降低,从而实现规模经济效益。但是一个国家的市场容量有限,往往使企业的产品销量受到限制,难以实现规模经济效益。通过国际市场营销活动,企业可以将产品大量销往国际市场,从而取得规模经济效益。目前,我国大部分产品的国内市场已基本饱和,企业想要扩大市场就应积极开拓国际市场。

2. 延长产品生命周期

各国的经济发展水平不同,导致同一产品在不同国家的生命周期不同。大多数产品在国际市场上的生命周期要比在某一国内市场上的生命周期长得多。产品进入国际市场,也就意味着延长了其生命周期。例如,20 世纪 70 年代末,黑白电视机在日本已处于寿命衰退期,而在我国却处于成长期。于是,日本企业把在本国市场上濒临淘汰的大量的黑白电视机出口到我国,使在日本市场上已没有竞争力的黑白电视机,在我国市场上重新焕发活力。

3. 利用政策优惠,获得更大利润

各国政府为了鼓励本国企业走向海外,实施鼓励与支持企业出口的政策是驱动企业走向国际市场的巨大推动力。一般说来，政府主要通过税收政策、金融货币政策以及国际市场咨询及信息等诸多服务加强企业的国际竞争力。例如，美国政府对出口农产品实行价格补贴，对出口作出突出贡献的个人、企业和团体授予由总统亲自签署的总统"E"字奖；我国政府对企业到国外投资办厂和设备出口实施免税政策，对出口产品实行退税制。同时，一些国家为了吸引外商直接投资，在税收等方面采取一系列优惠政策，因此国际企业也可以通过东道国政府的优惠政策获得更大的收益。例如，我国政府为了吸引外资，在税收方面采取两年免税、三年减半收税等优惠政策。

二、市场最大化

1. 进入更大的市场

国际市场的容量要远远大于任何一个国家的国内市场，国际市场对各国企业来说都极具吸引力。由于一个国家的国内市场容量和潜力总是有限的，巨大的国际市场就表现出很强的诱惑力。企业为了扩大市场、获得更大的生存和发展空间，就必须通过国际市场营销开拓市场，这是企业开展国际市场营销活动最直接的原因。

2. 规避贸易壁垒

贸易壁垒又称为贸易障碍，是指对国与国之间商品、劳务交换所设置的人为限制，即一国对外国商品、劳务进口所实行的各种限制措施。贸易壁垒一般分关税壁垒和非关税壁垒两类。贸易保护主义是一种为了保护本国制造业免受国外竞争压力而对进口产品设定极高关税、限定进口配额或其他减少进口额的经济政策。设置贸易壁垒是实施贸易保护主义的一种主要手段。近年来，虽然在国际贸易组织（World Trade Organization，WTO）的大力推动下，全球自由贸易有了很大的发展，但是各国的贸易壁垒还普遍存在，其形式也逐渐非关税化，贸易保护主义也有随时抬头之势。在此背景下，企业走出国门，到国外去投资成了规避贸易壁垒和贸易保护主义的有效方法。许多国家限制进口，并制定了一些优惠条件以鼓励外来投资。企业如果在目标国设立公司开办工厂，就可以避开种种限制并享受诸多优惠条件。此外，企业还可以在没有贸易限制的第三国建厂生产，再以该国作为跳板，将产品销往目标市场。

3. 提高抗风险能力

政治和社会环境复杂性，要求企业将经营活动分散在多个国家进行，以分散风险，避免因某一国、某一地区的环境剧变导致企业蒙受重大损失，从而全面提高企业的抗风险能力。

三、提升竞争力

1. 追随竞争对手

大量同类产品出现在国内市场上，国内市场需求饱和，企业之间的竞争日趋激烈，企业被迫寻找国际市场。如果企业的竞争对手已经开始进军国际市场，企业若不追随竞争对手进入国际市场,就会产生一种市场失落感或竞争失败感。这实际上是一种"寡占反应",它是指在寡占市场结构中,只有少数大厂商互相警惕地关注着对方的行为,如果有一家率先投资国际市场,为了保持竞争关系的平衡,其他竞争对手就会相继效仿,追逐带头的企业投资国际市场。例如,在软饮料市场上,可口可乐与百事可乐之间;在美式快餐市场上,麦当劳与肯德基之间;在汽车市场上,通用与福特等竞争对手之间,都存在着在国际市场上相互追逐、相互竞争的现象。

2. 学习竞争对手经验

通过开展国际市场营销活动,企业能够充分了解国际市场的现实和潜在需求,开发、生产能够满足国际市场需求的产品和服务,增强产品竞争力,并最终扩大产品在国际市场中的占有率。企业如果在发达国家和地区设立公司、开办工厂,还可以学习到发达国家和地区先进的技术和管理经验,提高本企业的技术和管理水平。

四、利用国际资源

各国都有各自的资源优势,国际企业可以通过国际市场营销充分利用这些资源优势,取得全球利益最大化。目前,大型跨国企业的产品所需的零部件通常分散在世界各地生产,各国子公司只负责生产该国具有资源优势的那部分零部件。自然资源、劳动力资源、技术资源和信息资源的获取是企业进入国际市场的动因之一。

1. 开发国外的自然资源

由于各国的自然资源条件不同,企业通过对外直接投资,开发国外的自然资源,可以弥补本国资源的不足,对于资源贫乏的国家(如日本)来说,利用国际资源成为其重要的投资目的。此外,开发国外的自然资源,可能比开发国内的自然资源成本更低、收效更大。例如,我国中冶公司在澳大利亚投资建立"恰那铁矿",其开采成本只是我国的八分之一,并且矿产质量更好。这些优质的铁矿石不仅可以运回国内,还可以销往其他国家和地区,取得更大的利益。

2. 利用劳动力资源

在许多行业中,劳动力成本构成了产品成本的主要部分。劳动力成本在不同国家之间存在着很大差别,促使企业把生产基地转移到低劳动力成本的国家,从而降低生产成本,增强其产品的市场竞争力。改革开放后,我国成为"世界工厂",充足的劳动力资源、良好的生产配套设施和稳定的社会环境,吸引了西方发达国家的机械、家电、信息产业的加工组装企业,它们把生产基地大量向我国转移。近年来,随着我国劳动力成本的上升,部分国际企业又开始向东南亚等劳动力成本更低的国家转移其生产基地。

3. 获取技术资源

国际市场营销活动可以使企业获得通过其他途径无法获得的先进技术,这对于发展中国家的企业尽快缩小与发达国家的企业的技术差距有着十分积极的意义。

4. 获得信息资源

一方面,企业直接面对国际市场,有利于更及时地了解国际市场的有关信息,为企业把握机会、科学决策提供条件;另一方面,企业走出国门,走向世界,也可以更直接地向海外市场传递信息,加强与国外消费者和用户的沟通。

综上所述,国际市场是一个具有巨大消费潜力的市场,企业进入国际市场的动因很多。企业应根据国内外环境和企业现有条件,从企业拥有的人力资源、财物资源、信息资源和技术资源等方面作出全面分析,把握进入国际市场的契机。

第三节 企业进入国际市场的模式

企业开展国际市场营销面临的两个最基本的问题是:在哪里生产和在哪里销售。营销者对这两个问题的不同回答形成了企业进入国际市场的各种不同模式。归纳起来,企业进入国际市场可供选择的模式包括三大类:一是出口,即国内生产,国外销售,这是一种传统、简单、风险最低的进入模式。二是合同进入,又称为非股权进入,它有多种具体的形式,而且富有较大的灵活性和实用性。三是对外直接投资,又称为股权进入,即企业直接在目标市场国投资,就地生产、就近销售。除此之外,企业还可以建立国际战略联盟。各种进入国际市场的模式有其不同的风险,所要求的资本投入和管理能力等也各不相同。各种进入国际市场的模式的优劣,只有在给定的具体条件下才能进行比较。因此,企业开拓国际市场时,到底选择何种进入模式,必须结合本企业的全球发展战略以及企业拥有的资源条件,针对不同的东道国市场综合考虑、科学决策。

一、企业进入国际市场的模式的分类

(一) 出口模式

出口模式包括间接出口和直接出口两种。

1. 间接出口

间接出口是指企业通过本国的中间商(专业的外贸公司)来从事产品的出口。此种模式下,企业可以利用中间商现有的销售渠道,不必自己处理出口的单证、保险和运输等业务。同时,企业在保持进退国际市场和改变国际市场营销渠道的灵活性的情况下,不用承担各种市场风险,因此初次出口的小企业比较适合运用间接出口的模式。

2. 直接出口

直接出口是指企业拥有自己的外贸部门,或者使用目标国家的中间商来从事产品的出口。直接出口有利于企业摆脱对中间商的依赖,培养自己的国际商务人才,积累国际市场营销的经验,提高产品在国际市场上的知名度。然而,企业同时也要承担更多的风险,由于企业业务量可能比较小,其处理单证、保险和船务不能达到规模经济,并且企业进退国际市场和改变营销渠道的灵活性不高。

(二) 合同进入模式

合同进入模式主要包括许可证模式、特许经营模式、合同制造模式、管理合同模式、工程承包模式和双向贸易模式六种。

1. 许可证模式

许可证模式是指企业在一定时期内向国外法人单位转让其专利、商标或技术等的使用权,以获得提成或其他补偿。许可证合同的适用对象是专利、商标、版权、技术秘密、特殊营销技能和管理方式等,这些适用对象也可统称为知识产权。在许可证合同中,企业出售的并不是其所拥有的专利权或商标权,而只是在一定条件下允许买方使用其专利或商标;东道国企业所购买的也不是专利权或商标权本身,而只是取得这种知识产权的使用权。许可证模式最明显的好处是能绕过进口壁垒,并且政治风险很小,但是这种模式不利于对目标国市场的营销规划和方案的控制,还可能将被许可方培养成强劲的竞争对手。

2. 特许经营模式

特许经营模式是指企业作为特许人(或特许母公司)将自己的整个经营体系,包括企业商号、商标、企业标志、经营观念以及经营管理方法和经验等,特许给国际目标市场上的某个独立的个人或企业(或被特许经营人、被特许子公司)使用。被特许经营人有权在特许人的名义下,按照特许经营协议规定的程序、规则从事经营活动,被特许经营人向特许人支付经营提成费和其他补偿,而特许人则对被特许经营人的经营活动给予实际的、连续性的帮助和支持。特许经营模式与许可证模式很相似,有所不同的是,特许方要给予被特许方以生产和管理方面的帮助。在这种模式下,特许方不需投入太多的资源就能快速地进入国际市场,并且还对被特许方的经营拥有一定的控制权。然而,特许方很难保证被特许方按照特许经营协议的规定来提供产品和服务,不利于特许方在不同市场上保持一致的品质形象。

3. 合同制造模式

合同制造模式是指企业向外资企业提供零部件由其组装,或向外资企业提供详细的规格标准由其仿制,由企业自身负责营销的一种方式。采取这种模式不仅可以输出技术或商标等无形资产,还可以输出劳务和管理等生产要素,以及部分资本。由于合同制造往往涉及零部件及生产设备的进出口,合同制造模式有可能会受到贸易壁垒的影响。

4. 管理合同模式

管理合同模式是指管理企业以合同形式承担另一企业的一部分或全部管理任务,以提取管理费、一部分利润或以某一特定的价格购买该企业的股票作为报酬。采用这种模式,企业不仅可以利用管理技巧,不发生现金流出而获取收入,还可以通过管理活动与目标市场国的企业和政府接触,为以后的市场营销活动提供机会。然而,管理合同模式具有阶段性,即一旦合同约定完成,企业就必须离开东道国,除非签订新的管理合同。

5. 工程承包模式

工程承包模式是指企业通过与外资企业签订合同并完成某一工程项目,然后将该项目交付给对方从而进入国际市场。它是劳动力、技术、管理甚至是资金等生产要素的全面承包和配套承包,这样有利于发挥工程承包者的整体优势。工程承包模式最具吸引力之处在于,企业签订的合同往往是大型的长期项目,利润颇丰。然而,正是项目的长期性,这类项目的不确定性也因此而增加。

6. 双向贸易模式

双向贸易模式是指企业在进入一国市场的同时,同意从该国输入其他产品作为补偿。双向贸易模式通常是贸易、许可协定、直接投资、跨国融资等多种国际经营方式的结合。根据补偿贸易合同内容的不同,双向贸易模式可以分为易货贸易、反向购买和补偿贸易三种。

(三)对外直接投资模式

对外直接投资模式是指企业将自己拥有的资源,包括资金、技术、人员、管理经验等生产要素直接转移到国际目标市场,建立企业自己所有、自己控制的海外分支机构,实现当地生产、就近销售、占领市场的目的。它是一种高层次的进入国际市场的模式,特别适用于在目标市场国的规模或潜力较大,劳动力及原材料成本低,国际运输成本高,产品进口的关税、配额等条件苛刻的情况下。对外直接投资模式包括合资进入和独资进入两种。

1. 合资进入

合资进入是指企业与目标国家的企业联合投资,共同经营、共同分享股权及管理权,共担风险。合资企业可以利用合作伙伴的成熟营销网络进行营销,并且由于当地企业的参与,企业容易被东道国所接受。然而,企业也应看到由于股权和管理权的分散,协调经营有时候会比较困难,并且企业的技术秘密和商业秘密有可能流失到对方手里,将其培养成将来的竞争对手。

2. 独资进入

独资进入是指企业直接到目标国家投资建厂或并购目标国家的企业。独资经营的方式可以是单纯的装配,也可以是复杂的制造活动。企业可以完全控制整个管理和销售,独立支配所得利润,技术秘密和商业秘密也不易丢失。但是,独资要求的资金投入很大,而且市场规模的扩大容易受到限制,还可能面临比较大的政治和经济风险,如货币贬值、外汇管制、政府没收等。

(四)国际战略联盟

国际战略联盟的概念最先是由美国 DEC 总裁简·霍普兰德和管理学家罗杰·奈格

尔提出的。国际战略联盟是指两个或两个以上企业为了相互需要、分担风险和实现共同目的而建立的一种相互协作、互为补充的合作关系。国际战略联盟是通过外部合伙关系而非通过内部增值来提高企业的经营价值。在这种联盟过程中，合作是自愿的、非强制的。联盟各方仍然保持着本企业经营管理的独立性和完全自主的经营权。但是，联盟各方各自的经营战略目标必须是全球化的。联盟各方可以是同一国家的跨国企业，也可以是不同国家的跨国企业。国际战略联盟是弥补劣势、提升彼此竞争优势的重要方法，其让企业可以迅速开拓新市场，获得新技术，提高生产率，降低营销成本，谋求战略性竞争策略，寻求额外的资金来源。

二、影响企业选择进入国际市场模式的因素

（一）东道国因素

影响企业选择进入国际市场模式的因素是综合性的，包括市场规模、竞争结构、政治、经济环境和文化环境等。如果目标国家的市场规模较大，或者市场潜力较大，企业则可以考虑以对外直接投资模式进入国际市场，尽可能地扩大销售额；反之，企业则可以考虑以出口模式和合同进入模式进入国际市场，以保证企业资源的有效使用。如果目标市场的竞争结构是垄断或寡头垄断型，企业应考虑以合同进入模式或对外直接投资模式进入国际市场，使得企业有足够的能力在当地与实力雄厚的企业竞争。如果目标国家的市场结构是分散型的，企业则以出口模式进入国际市场为宜。如果目标国家的政局稳定、法制健全、投资政策较为宽松、人均国民收入比较高、汇率稳定，企业则可以考虑采取对外直接投资模式进入国际市场；反之，企业则以出口模式或合同进入模式进入国际市场为宜。如果目标国家距离本国较远，为了省去长途运输的费用，企业则可以考虑合同进入模式或对外直接投资模式进入国际市场。如果目标国家的社会文化和本国文化差异较大，企业则最好先采取出口模式或合同进入模式进入国际市场，以避免由文化的冲突造成的摩擦成本。如果目标国家的生产要素的价格较低、基础设施较完善，企业则比较适合采取对外直接投资模式进入国际市场，否则应采取出口模式。

（二）本国因素

本国因素主要包括本国市场的竞争结构、生产要素和环境因素三个方面。如果本国市场是垄断竞争或寡头垄断型，企业可以考虑以合同进入模式或对外直接投资模式进入国际市场。如果本国市场的竞争程度较高，则企业可以采取出口模式。从生产要素来看，如果本国生产要素较便宜并且容易获得，则企业可以采取出口模式进入国际市场。本国的环境因素是指本国政府对出口和对外投资的态度。

（三）企业自身因素

1. 企业产品因素

如果产品是劳动密集型或资源密集型产品，生产基地宜选在有丰富劳动力资源或自

然资源的国家。如果东道国具备这些条件，企业则可以采取对外直接投资模式，就地设厂，以节省出口的中间费用。如果企业生产的产品价值高、技术复杂，东道国市场的需求量又有限，以及当地技术基础的配套能力低，企业则采取出口模式为宜。如果客户对产品的售后服务要求比较高，以及那些需要作出大量适应性变化以销售国际市场的产品，企业最好采取合同进入模式或对外直接投资模式。另外，企业的核心技术在进入东道国市场时，大多数以独资方式为主，这样做的目的是保护技术专利。

2. 企业的核心竞争力因素

企业的核心竞争力可以分为两类：一类是技术，另一类是管理能力。当企业的竞争优势建立在技术诀窍上时，应尽量避免许可协定和合资企业的经营方式，以降低技术失控的可能性。以管理能力为基础的企业大多数是服务性企业（如麦当劳、希尔顿国际饭店等），这些企业最宝贵的是它们的品牌，而品牌是受法律保护的，因此这些企业可以采取特许经营和建立子公司相结合的模式。

3. 企业资源与投入因素

企业在管理、资金、技术、工艺和销售方面的资源越充裕，企业在进入国际市场模式上的选择余地就越大。如果企业的资金较充足、技术较先进，并且积累了丰富的国际市场营销经验，则可以采取直接投资模式进入国际市场；反之，企业则以出口模式和合同进入模式进入国际市场为宜，待企业实力增强，并且积累了一定的国际市场营销经验后，再采取对外直接投资模式。

综上，影响企业选择进入国际市场模式的因素很多，企业通常是综合考虑多种因素，选择最适宜本企业进入国际市场的模式。

第四节 国际市场营销的发展阶段

国际市场营销是在19世纪中期以后逐渐发展起来的。19世纪中期以后，受产业革命的影响，跨国企业所面临的主要问题由原材料的获取转向了产品销售市场的开拓。因此，跨国企业开始以购并、合作等方式建立海外机构，实行资本转移。在此过程中，跨国企业开始运用一些国际市场营销手段，这时的国际市场营销的整体水平还处于较低层次。

20世纪50年代，第二次世界大战结束后的国际市场营销发展快速。当时，美国经济在战争中未受破坏，并且在战后获得了高速发展。20世纪50年代初，美国国内市场形成了买方市场的格局。此外，随着战后重建和发展，西欧各国和日本也先后形成了供大于求的买方市场。买方市场的形成意味着主要资本主义国家的生产过剩程度不断加深，国内市场需求渐渐饱和，竞争日益激烈，迫使更多的企业将其产品向国际市场渗透，或者企业直接向海外投资，将过剩的设备等转移到国外，在国外建立生产和销售机构，以寻求更为广阔的市场。在此过程中,诞生了无数国际化经营的跨国企业,它们将市场营销理论、方法运用到国际市场营销活动中,并且在实践中不断丰富和完善国际市场营销理论体系。与欧美企业相比,虽然日本企业开始国际市场营销活动的时间较晚,但是日本企业在充分借鉴欧美企业先进营销理念的基础上,在实际应用中不断创新,后来居上,极大地推动了日本经济的腾飞。

20 世纪 80 年代以后,席卷世界的科技革命对各国经济产生了巨大影响,经济全球化程度不断加深,无论是资本主义国家还是社会主义国家,都纷纷实行了对外开放政策,发达国家和发展中国家的企业竞相进入国际市场,使得国际市场在整体上呈现供过于求的特征。此外,区域经济组织、贸易保护主义的抬头又使国市场营销环境更趋多变和复杂。在这一阶段,跨国企业得到了迅速发展,国际市场营销的范围进一步扩大,已经上升到全球营销的高度,营销活动也向深层次发展,由商品输出转为资本输出,在全球范围内布局研发、生产、销售、促销等活动,加速了世界经济的大融合。国际市场营销的发展历史,大致可以分为以下五个阶段。

一、非直接对外营销阶段

在此阶段,企业并不积极地培植国外客户,企业的产品可能会销售到国际市场,也可能是销售给贸易企业以及其他找上门来的国外客户。或者,在生产商并未明确鼓励甚至并不知晓的情况下,产品通过国内的批发商或分销商销售到国际市场。

二、非经常性对外营销阶段

生产水平和需求的变化所产生的暂时生产过剩会导致非经常性对外营销。这种生产过剩是暂时的,因此,企业只是在有货的时候才对外销售,很少甚至没有打算不断地维持国际市场。当国内需求增加,企业就会撤回对外销售。在此阶段,企业组织结构和产品线很少发生变化甚至没有变化。如今属于非经常性对外营销的企业很少,这是因为世界各地的客户越来越倾向于寻求长期业务关系。此外,有证据表明企业短期扩张所带来的财务回报是非常有限的。

本质上讲,企业参与国际市场营销的前两个阶段更多地属于反应性行为,对国际扩张常常没有仔细的战略思考。事实上,如果未进行战略思考而盲目进行国际市场营销,那么即便是大企业也会遭遇失败。

三、有规律的对外营销阶段

在此阶段,企业拥有持久的可以用于生产在国际市场销售的产品的能力。企业可以雇佣国外的中间商或国内的海外业务中间商,或者在重要的国际市场,拥有自己的销售力量。这些企业的生产和经营重心在于满足国内市场需求,而随着国际市场需求的增加,企业加强了针对国际市场的生产能力,并调整产品以满足国际市场的不同需要。在此阶段,海外利润不再被视为是对正常国内利润的补充,企业依赖对外销售额和利润以实现企业目标。

四、国际市场营销阶段

在此阶段,企业全面参与国际市场营销活动。企业在全球范围内寻求市场,有计划地将产品销往许多国家。这时企业不仅需要国际市场营销,而且需要在境外生产货物。此时的企业已成为国际的或跨国的营销企业。企业把世界看作为一系列国家市场(包括国内市场在内),这些国家市场具有各自的特征,需要为每个国家市场制定不同的营销策略。企业可以根据东道国不同的要素和市场情况,将生产和销售的各个环节分散到更具优势的国家,使资源在全球范围内合理配置。例如,A 国的生产材料最便宜,企业就在 A 国采购原材料;B 国的研发成本最低,企业就把研发机构设在 B 国;C 国的工资水平最低,企业便在 C 国生产产品;D 国的组装成本最低,企业就在 D 国组装产品。

五、全球营销阶段

企业将整个国际市场看作一个目标市场,甚至把本国市场视为国际市场的一个组成部分,从全球角度出发考虑企业的经营、组织机构、资金来源、生产和营销等。企业根据国家间市场需求的共性制定策略,通过经营活动的全球标准化(即只要有成本优势,文化上可行就行)达到收益最大化。此时各国消费者的兴趣和偏好已出现同质化,企业可以用一体化方式来协调不同国家的消费者需求,并且可以生产全球标准化的产品以获得规模效益。企业一般在本国设立公司总部,在世界各国设立参股比例不等的子公司,并在这些国家从事生产经营活动,其产品、资源在国际市场流通,依靠国际市场获得利润。例如,微软用全球性的眼光来看待国际市场,推出了全球性的标准操作系统产品,对国家间的差别只作微小的调整,从而减少了软件开发和本土化的时间。又如,可口可乐前总裁罗伯托·戈伊苏埃塔更是直截了当地表明,可口可乐是一家全球化公司,可口可乐已经从一家美国公司,变为一家总部碰巧设在亚特兰大的全球公司。这一变化在它们的组织中到处可见……如果回过头去看看它们 1981 年的年度报告,我们会发现境外销售或境外收入的提法。如今,"境外"一词在可口可乐公司中已不提了。

各个企业处于国际市场营销发展的不同阶段,是由企业自身条件、发展战略,以及所处国家的经济发展水平来决定的。企业开展国际市场营销的过程是动态的,是一个由被动到主动学习和不断摸索的过程,是一个从量变到质变的长期演变过程。然而,我们不应由此认为一家企业总是从一个阶段依次发展到另一个阶段,相反,一家企业可以从任何阶段开始,或者同时处于几个阶段。例如,一个从事多品种生产的企业,有的产品要满足国内市场的需要,而有的产品需要将整个世界视为一个单一市场,努力争取分布世界各地的可能的客户。

本章小结

（1）中国企业的国际化步伐正在加快。市场和竞争的全球化要求所有企业管理者都关注国际市场营销。国际市场营销是指对商品和劳务流入一个以上国家的消费者或用户手中的过程进行计划、定价、促销和引导，以便获取利润的活动。国际市场营销与国内市场营销的区别表现为：营销环境不同，营销组合策略不同，营销管理过程不同。

（2）国际市场营销者面临的主要障碍是在决策过程中的自我参照标准和民族中心主义。自我参照标准和民族中心主义削弱了国际市场营销者理解和适应国际市场差异的能力。解决这些问题的最佳办法是意识到其存在，并有意识地克服它。

（3）EPRG框架以公司管理者看待世界的方式为基础，描述了企业组织决定进入国外市场经营业务的方式，具体分为母国中心导向、多国中心导向、地区中心导向和全球中心导向四种方式。

（4）企业开展国际市场营销的动因是多方面且复杂的，主要有利润最大化、市场最大化、提升竞争力和利用国际资源。

（5）企业进入国际市场的模式是企业开展国际市场营销所面临的首要的和基本的问题。企业进入国际市场的模式可以分为出口、合同进入和对外直接投资三大类模式，以及建立国际战略联盟。最简单易行、投资要求最少的是间接出口，然后是直接出口。而各方面要求最复杂、所需投资额最高、风险也最大的是对外直接投资中的独资进入，然后是合资进入。

（6）影响选择企业进入国际市场模式的因素包括东道国因素、本国因素、企业自身因素。其中，企业自身因素包括企业产品因素、企业的核心竞争力因素、企业资源与投入因素。

（7）国际市场营销的发展历史分为五个阶段，分别是非直接对外营销阶段、非经常性对外营销阶段、有规律的对外营销阶段、国际市场营销阶段和全球营销阶段。

课后练习

一、判断题

1. 国际市场营销研究企业跨越国境的市场营销活动，是国内市场营销的延伸与扩展。　　　　　　　　　　　　　　　　　　　　　　　　　　　（　　）

2. 国内市场营销的概念、过程和原则不能适用于国际市场营销。　　（　　）

3. 国际市场营销的可控因素包括政治/法律因素、经济因素、竞争因素、技术水平、分销结构、地理与基础设施、文化因素。　　　　　　　　　　　　　　（　　）

4. 国际市场营销的不可控因素包括产品、价格、分销和促销。　　（　　）

5. 适应文化是国际市场营销者所面临的最富挑战性、最重要的任务。 （ ）

6. 自我参照标准是指无意识地参照个人的价值观、经验和知识,作为决策的依据。

（ ）

7. 控制民族中心主义和自我参照标准影响的最有效的方法,是承认它们对国际市场营销有影响。 （ ）

8. 采取国际市场营销导向的公司将全球视为一个潜在市场,为了实现规模经济而大量生产全球产品和品牌,在所有市场上提供标准化产品、品牌形象和定位,并且尽可能采用标准化广告。 （ ）

9. 国际战略联盟是指两个或两个以上企业为了相互需要、分担风险和实现共同目的而建立的一种相互协作、互为补充的合作关系。 （ ）

10. 企业进行国际市场营销的过程是动态的,是一个由被动到主动学习和不断摸索的过程,是一个从量变到质变的长期演变过程。 （ ）

二、单项选择题

1. （ ）是指企业作为特许人(或特许母公司)将自己的整个经营体系,包括企业商号、商标、企业标志、经营观念以及经营管理方法和经验等,特许给国际目标市场上的某个独立的个人或企业(或被特许经营人、被特许子公司)使用。

  A. 许可证模式   B. 特许经营模式
  C. 合同制造模式   D. 管理合同模式

2. 持（ ）的企业采取分权式管理,允许企业分公司制定自己的营销战略。然而,企业管理者的思维还是集中于母国市场,这是因为他们认为不同国家市场之间有差异,必须调整营销战略以适应各个国家的特殊需求。

  A. 母国中心导向   B. 多国中心导向
  C. 地区中心导向   D. 全球中心导向

3. 在（ ）,企业将整个国际市场看作一个目标市场,甚至把本国市场视为国际市场的一个组成部分,从全球角度出发考虑整个经营、组织机构、资金来源、生产和营销等。

  A. 非经常性对外营销阶段   B. 有规律的对外营销阶段
  C. 国际市场营销阶段   D. 全球营销阶段

4. （ ）是指管理企业以合同形式承担另一企业的一部分或全部管理任务,以提取管理费、一部分利润或以某一特定的价格购买该企业的股票作为报酬。

  A. 许可证模式   B. 特许经营模式
  C. 合同制造模式   D. 管理合同模式

5. （ ）是指企业在进入一国市场的同时,同意从该国输入其他产品作为补偿。

  A. 许可证模式   B. 特许经营模式
  C. 合同制造模式   D. 双向贸易模式

6. 企业进入国际市场最简单的模式是（　　　）。

A. 出口模式　　　　　　　　　　　B. 合同进入模式

C. 对外直接投资模式　　　　　　　D. 间接出口

7. 企业进入国际市场最复杂的模式是（　　　）。

A. 出口模式　　　　　　　　　　　B. 合同进入模式

C. 对外直接投资模式　　　　　　　D. 间接出口

8. （　　　）是指无意识地参照个人的价值观、经验和知识，作为决策的依据。

A. 自我参照标准　　　　　　　　　B. 民族中心主义

C. 适应文化　　　　　　　　　　　D. 文化决策

9. （　　　）是指对商品和劳务流入一个以上国家的消费者或用户手中的过程进行计划、定价、促销和引导，以便获取利润的活动。

A. 国际市场营销　　　　　　　　　B. 全球市场营销

C. 市场营销　　　　　　　　　　　D. 市场营销组合

10. （　　　）是指对国与国之间商品劳务交换所设置的人为限制，即一国对外国商品和劳务进口所实行的各种限制措施。

A. 贸易壁垒　　　　　　　　　　　B. 关税壁垒

C. 非关税壁垒　　　　　　　　　　D. 进口限额

三、多项选择题

1. 国际市场营销与国内市场营销的区别有（　　　）。

A. 营销环境不同　　　　　　　　　B. 营销组合策略不同

C. 营销规则不同　　　　　　　　　D. 营销管理过程不同

E. 营销原理不同

2. 企业开展国际市场营销的动因有（　　　）。

A. 国际市场潜力巨大　　　　　　　B. 应对市场竞争的需要

C. 获取和利用资源的需要　　　　　D. 获得更大利润

E. 规避贸易壁垒和贸易保护主义

3. 企业进入国际市场的模式分为（　　　）。

A. 出口模式　　　　　　　　　　　B. 合同进入模式

C. 对外直接投资模式　　　　　　　D. 间接出口

E. 直接出口

4. 影响企业选择进入国际市场模式的企业自身因素包括（　　　）。

A. 企业产品因素　　　　　　　　　B. 企业的核心竞争力

C. 企业资源因素　　　　　　　　　D. 企业投入因素

E. 国内环境因素

5. EPRG 框架反映了( )导向。

A. 母国中心　　　　B. 多国中心　　　　C. 地区中心　　　　D. 全球中心

E. 产品中心

四、问答题

1. 国际市场营销和国内市场营销的区别是什么?

2. 企业进入国际市场的模式有哪些?

3. 国际市场营销者应该如何克服面临的主要障碍?

4. 访问中国国家统计局的网页,在中国的投资金额处于前五位的国家或地区有哪些?

五、案例分析题

美的集团进军国际市场

美的集团产品和服务高度多元化,经营范围从厨房家电、冰箱、洗衣机、各类小家电的消费电器业务,到家用空调、中央空调、供暖及通风系统的暖通空调业务,并拥有以德国库卡集团、安川机器人合资公司等为核心的机器人及工业自动化系统业务,以及以安得智联为集成解决方案服务平台的智能供应链业务。

美的集团于 1968 年成立于中国广东省佛山市,总部设在顺德区。美的集团创始人何享健先生凭借做塑料瓶盖起家,带领公司一路成长,攻坚克难,现已成为我国家喻户晓的明星企业。从一间手工作坊发展成一个乡镇企业,进而成为一家上市公司,2016 年跻身世界 500 强企业(位列第 481 位),美的集团见证了中国企业发展的奇迹。2020 年,美的集团位列世界 500 强第 288 位,实现销售收入 2 857 亿元。

风雨 50 载,美的集团从一家以家电制造业为主的大型综合性企业集团蜕变成为一家涉足消费电器、暖通空调、机器人与自动化系统和智能供应链(物流)的科技集团,公司产品及业务已遍及全球。截至 2018 年,美的集团在全世界拥有约 200 家子公司,60 多个海外分支机构,10 个战略业务单位,同时为德国库卡集团最主要股东(占股约 95%)。

20 世纪 80 年代后期,美的集团以 OEM(贴牌生产)方式走向国际市场。美的集团为了充分利用国内外廉价资源和劳动力,并且规避贸易壁垒风险,将其在广东顺德和越南的生产基地作为 OEM 代工的生产工厂。

为了获得更多的国际订单,美的集团不得不对其自身的企业品牌形象作了一定程度的提升。这样的经营方式使美的集团规模扩张迅速,每年的增长幅度高达 40%,并且获得了全球 18 家零售集团和 10 个全球知名品牌的 OEM 订单。

在此过程中,美的集团累积了一定的资本、技术及管理经验,开始在国际市场上建立知名度。自 2005 年以后,美的集团开始以收购、合资、参股和控股等方式开拓新市场,期望提升企业形象,进一步扩大国际市场规模。

2011 年,美的集团选择美国开利公司作为合作伙伴,合资成立了美的开利拉美公司,共同开发拉丁美洲市场。以合资方式进入拉丁美洲市场,成功降低了美的集团在拉丁美洲水土不服的风险,使美的集团成为拉丁美洲市场上最大的家用空调制造商。

2012 年,美的集团以 5 748 万美元收购埃及 Miraco 公司(埃及 Miraco 公司在埃及的空调市场中拥有成熟的渠道资源,并且知名度极高)32.5% 的股份。收购 Miraco 公司后,美的集团获得了该公司的品牌、市场以及渠道优势,大大降低了美的集团进入埃及市场的整体风险。

2016 年,美的集团获得日本东芝家电业务主体——东芝生活电器株式会社 80.1% 的股权,同时得到东芝品牌 40 年的全球授权以及 5 000 多项专利技术。同年,美的集团收购意大利 Clivet 公司(意大利 Clivet 公司是意大利的中央空调企业,知名度高且资源丰富)80% 的股权。此次收购使美的集团获取了先进的生产技术和管理经验,完善了其中央空调生产线,提升了美的集团在欧洲中央空调市场的占有率。2017 年,美的集团通过收购库卡集团和高创两家机器人领域的公司,开始在机器人和自动化领域布局,并通过高创旗下公司 Swisslog 进入机器人商用领域。至此,美的集团联合东芝公司和库卡集团,三方共同布局家庭机器人领域的格局初步形成。

美的集团发展至 2017 年,已在美国、意大利、英国、德国和法国等地设立 60 多个海外分支机构,在白俄罗斯、埃及、越南和巴西等地建立 6 个海外生产基地。美的集团期望将其国际化战略方针从“中国出口”转变为“本地运营”,不断扩大海外生产基地的数量,增加当地化生产产品的品类和产能,推动制造本地化与供应链本地化策略,并借此提升海外工厂产品品质。同时,美的集团已基本实现了电商的全面覆盖,并成立美的集团电子商务有限公司负责在线商城等电商平台运营,加快电商发展与整体布局,更加方便海外市场的消费者通过线上的方式来购买和消费美的公司的相关产品。

2018 年至今,美的集团在全球拥有约 200 家子公司、35 个研发中心和 35 个主要生产基地,业务覆盖 200 多个国家和地区。

资料来源:大嘴儿唠财. 美的集团走向国际化的途中,营销模式存在哪些问题? 怎么去优化? [EB/OL]. (2023-02-11) [2023-05-31]. https://baijiahao. baidu. com/s? id = 1757525153806915668 &wfr = spider&for = pc.

思考:

1. 美的集团进入国际市场采用了哪些模式?

2. 美的集团给中国企业带来了哪些启示?

第二章

国际市场营销的政治、法律和技术环境

学习目标

1. 了解国际政治和国际关系。
2. 了解政府类型和政党制度对国际市场营销的影响。
3. 熟悉经济民族主义以及减少政治风险的对策。
4. 了解母国和东道国的法律环境。
5. 理解国际经济法对国际市场营销活动的影响。
6. 了解技术对国际市场营销的影响。

引例　华为在美国提起诉讼

2019年3月7日,中国通信设备制造商华为宣布针对美国《2019财年国防授权法》第889条的合宪性向美国联邦法院提起诉讼,请求法院判定这一针对华为的销售限制条款违宪,并判令永久禁止该限制条款的实施。

按照《2019财年国防授权法》第889条的规定,美国政府可以在没有经过任何行政或司法程序的情况下,禁止所有美国政府机构从华为购买设备和服务,禁止美国政府机构与华为的客户签署合同或向其提供资助和贷款。这实际是美国想通过该条款把华为排除在美国市场之外。

这已经不是美国政府第一次对华为出手了。自从特朗普上台以来,美国的贸易保护主义政策频出,打着振兴本国制造业、促进本国就业的旗号,不断对进军美国的中国先进制造企业进行打压。2018年年底,美国以信息安全为由要求加拿大扣留华为CFO孟晚舟,并希望将孟晚舟引渡美国,作为中美谈判的筹码。

华为成为美国贸易保护主义的受害者,频频受到围追堵截,恰恰是因为华为的实力太强,已经威胁到美国在5G相关领域的全球领先地位。当前全球5G市场呈现四强争霸的局面,美国、中国、欧盟、日本在5G的研发和市场布局上遥遥领先,其中中国已经扭转了2G、3G、4G时代的追随者地位,变成了5G的引领者。反观美国,其在5G发展上已感受到比较大的压力,4G时代积累的诸多优势正在丧失,尤其是华为的崛起,让美国高通感到了其5G霸主地位受到极大威胁。华为的5G产业链布局全面,涉及的5G产品和技术既包含产业链上游的基站系统和网络架构,又包含中游的主要设备和通信服务。此外,华为还提供下游终端设备,以及为不同应用场景提供系统集成和行业解决方案。

5G之所以如此牵动美国的神经,是因为5G将不再是一个单纯的移动通信行业的技术,而是会成为数字经济时代社会通用的技术。5G将深度融合人工智能、物联网、大数据,使社会信息化的门槛和成本进一步降低,从而提升社会的生产力水平。5G在普及应用过程中还孕育着巨大的市场,5G产业的国际竞争力,在未来将是一国综合国力的重要体现。

美国对华为的封杀,是以维护信息安全面貌出现的贸易保护主义行为。美国为了维护其相关产业的领先地位,保护本国市场份额,采取了隔离竞争对手,而不是积极参与竞争的政策导向。然而,从历史经验来看,贸易保护主义是无法换来美国想要的信息产业优势的,只会让美国企业在贸易保护主义的伞下进一步丧失优势,也会造成国际经济局势的动荡。

资料来源:亚布力中国企业家论坛. 华为宣布起诉美国政府,指责美政府涉嫌入侵华为服务器[EB/OL]. (2019-03-07) [2023-03-06]. https://www.sohu.com/a/299724592_99947734.

引例启示：在国际市场上，国家之间的经济竞争应该建立在平等和谐的有序秩序之上，基于国家霸权的贸易保护主义违背了公平竞争原则，不仅会影响本国经济发展，也会进一步对国际经济局势造成不良影响。

第一节　国际市场营销的政治环境

企业各项营销活动都必须在东道国政府的许可下进行，并受当地政治环境的约束。各国政府可能拒绝或批准某种营销项目，也可能对营销范围做一些限制或激励，这一切都操纵在东道国手中。因此，营销者进行国际市场营销不得不对东道国的政治气候进行考察。政治环境主要包括国际政治和国际关系、政府类型和政党制度、政府政策和政局的稳定性水平、政府干预，以及经济民族主义。

一、国际政治和国际关系

1. 国际政治

国际政治格局的变化直接影响着国际经济关系的发展，当国际政治局势不稳定或动荡激烈时，国际经济贸易活动必然受到干扰；相反，当国际政治局势较为平和时，国际市场营销活动就会迅速兴盛起来。第二次世界大战后持续的冷战局面，以及局部战争和地区冲突不断，致使许多国家政局动荡不定，大大影响了国际经济关系的发展。进入 20 世纪 90 年代，冷战的结束，两极对立格局的解体使和平与发展成为世界主题，区域合作和世界多极化的趋势日趋明显，对国际经济发展起到了促进作用。

2. 国际关系

国际关系，特别是从事国际市场营销的国家与东道国之间的国际关系，对营销活动的业绩和前途会产生直接和剧烈的影响。两国交好，经济往来频繁，企业开展国际市场营销活动就拥有一个良好的国际关系环境；两国交恶，相互封锁、管制、禁运，壁垒重重，企业就无法开展正常的国际市场营销活动。

例如，伊朗巴列维国王当政时，倾向于同西方发展政治经济关系，美国与伊朗的经济联系紧密。然而，伊朗发生伊斯兰革命后，霍梅尼政府坚持反美政策，美伊关系破裂，经贸往来中断，美国企业就无法在伊朗开展正常的营销活动。又如，第二次世界大战以来，我国同美国等西方国家以及同苏联、东欧等国家都有过一段政治关系紧张的时期，对当时我国开展全面的国际经济贸易活动产生了不利的影响。改革开放后，随着中美复交以及与其他西方国家关系的正常化，我国与这些西方国家的经贸关系得到了迅速发展，同苏联和东欧各国的经贸关系也逐渐恢复了正常。由此可见，国与国之间只有在国际关系上实现正常化，经贸关系才有可能得到巩固和不断发展。

开展国际市场营销的企业(统称国际市场营销企业)应该了解世界范围内的各个重大政治事件,并应努力分析和预测国际政治环境的发展变化趋势,特别是对目标市场国的政治发展走向要有一个客观清醒的认识。这样才能根据其政治环境的特征,制定合理适当的营销战略和规划,并能根据政治局势的变化及时作出修改、补充和调整。

二、政府类型和政党制度

(一) 政府类型

目前,各国政府对经济生活的介入越来越多,对国际市场营销的影响也越来越大。政府干预经济的方式部分地取决于政府的类型和构成。政府的类型和构成形式多种多样,归纳起来大致可分为君主制和共和制两种。

1. 君主制

君主制是以君主为国家元首的一种统治方式。君主的职位是终身的,而且大多数是世袭的。君主制还可分为君主专制和君主立宪制两类。

在君主专制的国家里,君主独揽国家的最高权力;在君主立宪制的国家里,君主的权力受到宪法的限制,故君主立宪制又称为有限君主制。君主立宪制又可分为议会制(如英国、荷兰)和二元制(如约旦、尼泊尔)。在议会制下,国家的最高权力不由君主直接支配,而由内阁掌握行政大权并对议会负责,政府首脑由议会中占多数的政党或政治联盟的首脑担任。在二元制下,政府和议会分掌权力,政府的组成不取决于议会中某一政党成员的多少,政府也不对议会负责,君主是最高统治者,君主任命政府部长,部长向君主负责,君主权力只受宪法限制,并可以解散议会,否决议会决定。

2. 共和制

共和制可分为议会制共和制(如意大利)和总统制共和制(如美国)两类。

议会制共和制以议会为国家政治活动的中心,议会作为国民代议机关具有国家最高权力机关的性质,政府及其内阁由议会中占多数席位的一个或几个政党的联盟组成,并对议会负责。总统制共和制的国家最高行政权掌握在由全国直接或间接选举产生的总统手中,总统既是政府首脑又是国家元首,由他直接任命并领导政府,政府只对总统负责。

不同的政府类型和构成形式代表着不同的国家管理形式。东道国政府是何种形态,是激进的、保守的,还是中庸的;现有的政治气候是否允许外资企业自由发展;未来政府是否会改变对外资企业和外国商品的态度,这些问题都将影响外资企业在当地开展营销活动。国际市场营销企业要想把握这些问题,就必须深入了解一国的政府类型及其对国际市场营销的影响。

(二) 政党制度

政党制度是一个国家的政党行使政权或干预政治的各种形式的统称。一般来说,政党制度可分为三种类型,即一党制、两党制和多党制。不同政党制度有不同的主张,政府政策也深受政党制度的影响。因此,国际市场营销企业应了解各主要政党的政策主张,特别是对外经济政策的倾向性。

1. 一党制

一党制以墨西哥为代表,这种政党制度一党占绝对支配地位,所推行的政策具有相对稳定性。一党制在较晚实行议会制的国家中比较普遍,随着进一步演化其可能转为多党制。

2. 两党制

两党制以英国和美国为代表,这种政党制度由两党相互交替控制政府。两党政纲不同,它们之间的交替对外资企业的影响往往比对本国企业的影响要大。以英国为例,传统上,英国工党和保守党在对待外资企业的认识上存在较大分歧,保守党致力于放松对外资企业的控制,在执政时采取一系列自由化政策,而工党在执政时不但对外资企业加以限制,而且还提高了进口税。

3. 多党制

作为多党制代表的意大利,其情形正好相反。在这种政党制度中,没有任何政党能独立组阁并取得绝对控制权,政府是各政党共同合作的,内阁的生命也依赖于各政党的合作,执政党有时还要考虑在野党的意见。企业在这种环境下开展国际市场营销活动,特别是在衡量当地政府制度时,还应考虑在野党的意见,不能因为是在野党而忽视其作用。

三、政府政策和政局的稳定性水平

企业在分析某个国家政治气候时,不仅要考虑其现有政府的现行政策,还要考虑较长时间内可能发生的政治变化,以及由于这种变化所带来的经济政策的变化,如果这种变化是渐进且可以预见的,企业就有足够的时间进行策略调整,不能把这种变化称为政府政策不稳定。企业主要应该关心政府政策是否会发生突然剧变,从而给国际市场营销带来不利影响。当政府政策变化剧烈而又无法预料时,外国投资者就会止步不前,我们把这种政策的根本性剧变称为不稳定性。

国际市场营销过程中政府政策和政局的不稳定性存在下列几种情况。

1. 政权更替

一般来讲,政权更替会使政府政策发生一些变化,以便使外资活动更加符合执政者的纲领。并不是所有政府变更都会对外资企业实施更严格的控制和带来更多的麻烦,一般情况下,只不过是加强或者放松各种政府控制而已。然而,如果国家政权频频易手,政变时起,就极易引起政府政策的不稳定。在政府政策变化中,有时可能会将外国企业当作替罪羊,其中最极端的手段莫过于对外国企业实施没收、征用和国有化。这是外国企业所可能遇到的最严重的政治风险。

（1）没收。没收是指东道国政府将外国企业在该国的投资无偿收归本国所有。

（2）征用。征用是东道国政府将外国企业的投资收归国有的另一种形式，与没收不同的是，征用的同时东道国政府将给予外国企业一定限度的补偿。

（3）国有化。国有化是指东道国政府采用各种手段和方法迫使外国企业放弃对该企业的控制权，并将外国企业的经营活动纳入符合东道国利益的轨道上。

没收和征用是对财产而言的，而国有化在严格意义上说是指政府拥有所有权，并且国有化这种形式涉及的往往是整个工业门类而并非某一家企业。近年来，虽然外国企业遭到没收、征用和国有化的危险大大降低，但是其对外国企业来说仍是一个必须关注的政治风险。

2. 治安混乱

即使目前东道国没有发生暴力事件，只要存在严重的社会问题，潜在的动荡也在所难免。例如，1979 年以前的伊朗曾被认为是中东地区最稳定的国家之一，由于潜藏着严重的社会不公平等问题和尖锐的宗教矛盾，最终导致宗教革命爆发，伊朗由此建立了新的政权。又如，1970 年以前的柬埔寨也曾被称为和平绿洲，朗诺发动政变推翻西哈努克政府后，各种隐藏的矛盾迅速暴露出来，再加上各种国际势力的介入，使柬埔寨的战乱和动荡持续了 20 多年。

3. 宗教对立

宗教对立最典型的例子是印度教和伊斯兰教的冲突使印度次大陆分为两个国家，即印度和巴基斯坦。此外，在北爱尔兰，天主教和新教之间的冲突由来已久。这种由宗教对立引起的不稳定，会对国际市场营销产生不利影响。

4. 文化分裂

如果一国之内存在着文化因素不同的地区，它们之间的关系处理不好，就会成为动乱之源。例如，在比利时、加拿大等国家就出现过不同语言使用者之间的矛盾和冲突。当然，也有不同文化关系处理较好的范例，如瑞士和新加坡。这种矛盾在发展中国家表现得往往更尖锐一些，如印度、巴基斯坦、扎伊尔等国家都为不同文化之间的冲突所困扰。

四、政府干预

没收、征用和国有化是政府干预的极端事件，并不经常发生。国际市场营销企业经常遇到的是一些来自政府的一般性干预和风险，这些一般性干预和风险必须给予特别重视。

1. 外汇管制

外汇管制作为一国政府对外汇交易实行限制的一种手段，也属于政治风险的范畴。一国实行外汇管制的原因可能是该国国际收支不平衡，或者是金融危机导致国家出现了严重的外汇短缺。当一国面临外汇短缺时,就会限制资金的国际流动,或者有选择地对外资企业的资本流动加以限制,以保持一定数量的外汇供应,满足本国基本需要。

国际市场营销企业经常遇到的问题是,能否把在东道国实现的利润兑换成可兑换货币或本国货币,以及能否及时得到充足的外汇从国外进口生产所需的原料、设备和零部件。大多数国家特别是发展中国家都有货币及外汇管制的规定,尤其是当本国经济或外汇储备发生严重问题时,政府就会立即对外汇兑换和使用加以管制。例如,1997 年至1998 年韩国金融危机爆发,导致外汇严重短缺,韩国政府立即对用汇加以限制,这不仅对在韩国开展营销的外国企业产生不利影响,就连韩国企业的国外业务规模也大为缩减。

2. 本国化

有的国家政府采取本国化的措施来对付外资企业。本国化实际上是一种逐渐控制外资企业的过程,最终结果与国有化和征用无异,只是不像国有化和征用那样突然和剧烈。本国化的措施包括:逐渐缩小外资在本国某一行业或某一企业中的所有权比例;提拔本国人担任企业高级管理职务;使本国人有更大的决策权;使更多的产品国产化;制定外资企业产品出口的相关规定等。对外国企业来说,东道国的本国化政策同样构成了政治风险,这是因为政府选派的管理人员是否称职、这些管理人员是否把公司利益放在第一位、国产化的产品质量是否合格、产品国产化后是否会影响企业的声誉和营销活动等,都会在一定程度上影响外资企业的命运。

3. 进口限制

进口限制主要是指东道国政府通过采取关税和非关税措施,限制外资企业从国外进口原料、零部件、设备和其他产品,其目的是保护本国产品和产业,迫使在本国的外资企业购买更多的本国产品,为本国企业提供市场。当外资企业在东道国的经营已达到相当规模时,进口限制将严重影响外资企业的正常生产活动,特别是当东道国难以保证充足可靠的货源或所提供的产品难以达到规定的质量要求时,问题就会变得十分尖锐。

例如,日本在美国的汽车生产企业,尽可能使用从本国进口的零部件,以此为国内汽车零部件制造商提供市场。然而,美国援引原产地规则,限制日资企业使用进口零部件的比重,以促使其更多地使用美国零部件,由此导致日美之间围绕汽车的贸易和投资摩擦不断发生,一定程度地影响了日资企业在美国的营销活动。

4. 税收管制

征税作为控制外资企业的一种手段也属于政治风险的范畴。在这种情况下,东道国政府往往突然提高税率,或提前结束投资时达成的有关免税、减税的优惠措施,或针对外资企业征收带有歧视性的特别税,不但不事先通知,甚至违反已达成的正式协议。这种政策间接地表明东道国政府可能要达到某种特殊的目的,或表明不再欢迎外资企业在本国经营。特别是当外资企业在东道国的经营已达到一定规模并步入正轨时,税收的提高会使外资企业利润大减,进而扰乱外资企业的经营战略。

5. 价格管制

一些关系到国计民生的必需品如医药、食品、交通工具等,经常受到来自政府的价格管制,以维护公众利益和保障公众的基本生活。特别是在东道国出现通货膨胀的情况下,政府很可能采取严格的价格管制措施。例如,20世纪70年代初期,美国尼克松政府就曾为遏止通货膨胀而冻结物价。价格管制措施还有可能专门针对外资企业,如限制外资企业调整价格,不经当地政府同意不得擅自变动价格。这些措施大大限制了外资企业对营销策略特别是价格策略的运用,使其不能根据市场的变化及时调整经营策略,进而给企业营销带来不利影响。

6. 劳资问题

劳资问题是许多国家政府十分关注的问题,特别是对于外资企业来说,这一问题会变得相当敏感和易于触发。许多国家的政府支持工会对抗外资企业,有的禁止外资企业随意解雇工人,有的甚至要求和投资者分享利润。例如,法国人深信社会必须充分就业,若失业人数稍有增加,尤其是遭受外资企业解雇而造成短期失业增加,就会认为是国家和政府的危机。又如,墨西哥的限制更为严格,该国不但不准外资企业随意解雇工人,而且还组成了一个由政府、工会和投资方代表参加的委员会以制定有关条例和法令,使工人有权分享外资企业利润。因此,国际市场营销企业必须处理好企业内部的劳资关系,否则,不仅会使企业的业务受到影响和限制,甚至有可能使企业被迫退出在东道国的营销活动。

五、经济民族主义

1. 经济民族主义的含义

经济民族主义是一种在发展阶段上各个国家取得政治独立后必然产生的结果,即一个民族在完成自己取得独立的历史任务后,必须进一步发展自己的经济才能使自己真正地站起来。它是全球化的孪生物,类似于重商主义,通过政府政策的形式对进口商品建立贸易壁垒,并施加各种各样的保护主义政策以保护国内产业。保护主义政策通常在失业和大规模经济混乱的状况下使用,如20世纪30年代的经济大萧条。

2. 目前经济民族主义抬头

目前影响国际市场营销最为普遍的因素是强烈的经济民族主义。各个国家和民族都不同程度地存在着民族主义情绪。无论哪一个国家和民族都会十分警惕地看待外国企业对本国市场和经济乃至文化的渗透,特别是在东道国认为外国企业的经营没有顾及本国的经济发展和文化需要时。

目前,各国都在致力于本国的经济发展,与此同时,经济全球化趋势也在不断加强,国与国之间在经济、贸易、投资方面的联系日趋频繁。为了保护和发展本国经济,政府往往出于自身利益,对国际贸易、外国投资和产品采取不同态度,如外国企业的行为符合本国国家利益,外国企业就会受到鼓励和保护,否则就会受到干涉和限制。事实上,许多国家都根据本国的经济发展目标,对外来不同产业领域的营销实行限制,并通过限制为本国经济的发展开辟道路,以保护本国就业、产品和产业。例如,1980 年,美国汽车工人联合会的就业率明显下降,于是要求对日本汽车的进口实施限制,使日本汽车进入美国市场的营销活动变得十分困难。又如,2001 年,日本对来自中国部分农产品实施进口限制;2002 年,美国对来自部分国家钢铁产品加征 30%的进口附加税等,都带有同样的目的和性质。再如,2019 年,美国政府无端限制进口中国华为公司的 5G 产品、停止批准美国企业向中国华为公司出口包括 4G 智能手机芯片在内的大部分产品也是赤裸裸的霸权主义和极端的经济民族主义。

总之,没有任何一个国家会允许外国企业和其产品对本国市场的无限渗透,特别是当本国经济利益受到损害时,外国企业和其产品会立即遭到强烈的反对,甚至可能会发生抵制外国产品和投资的风潮。这类事件不但会在发展中国家发生,在发达国家中也同样可能发生。

第二节　国际市场营销的法律环境

国际市场营销的法律环境是指各种直接或间接地影响企业国际市场营销活动的法律因素的集合。企业从事国际市场营销活动过程中所面临的法律环境,主要有母国的法律环境、东道国的法律环境和国际经济法环境三类。这些法律大多是涉及经济方面的,主要有进出口贸易法、投资法、商标及专利等知识产权法、竞争法、反倾销法、商品检验法、环境保护法、消费者权益保护法等,它们都对企业的国际市场营销行为产生举足轻重的影响。

目前,全世界没有一个统一的约束国际市场营销行为的国际商法,并且由于各国经济发展程度及文化历史背景的差异,其法律制度也不同。一家企业在不同国家和地区同时销售自己的产品时,就要面临着这些国家和地区不同的法律制度的管制与约束,因而参与国际竞争的企业往往面临着比在国内市场销售产品的企业更加复杂的法律环境。

一、母国的法律环境

企业的市场营销者往往熟知影响国内市场营销的相关法律制度。一个国家为了保护本国市场和某些特殊产品或是与国际惯例接轨,往往制定许多法律制度。这些法律制度主要包括出口控制、进口控制、外汇管制和反托拉斯法等。

(一)出口管制

一些国家,特别是发达国家,为了达到一定的政治、军事和经济目的,对某些商品,特别是战略物资与先进技术,实行出口管制,即限制出口或禁止出口。

1. 出口管制的常见借口

出口管制通常是发达国家实行贸易歧视政策的重要手段。这些国家的出口管制法令,总是打着国家的"政治利益""安全利益"和"经济利益"等旗号,借口防止"战略物资"和"国内短缺物资"输往某些国家或地区而制定的。例如,美国商务部制定的《出口管制条例》中承认,管制战略物资是针对共产党国家出口;管制短缺物资是为了保护国内经济、减轻严重的通货膨胀的压力。

2. 出口管制的目的

出口管制是对出口目的国的一种限制,主要是母国对本国企业的出口产品进行限制的一种做法,这主要是出于某种政治或是国际制裁的目的,如美国一直限制对古巴、利比亚、朝鲜和伊拉克的出口;时至今日美国仍然限制许多高科技产品出口到中国。我国对出口产品也采取了一定的限制、管制和管理措施。任何国内企业向任何国家或地区出口任何产品,如果不符合我国法律规定,有关部门可以随时通知其停止出口、暂缓出口或者减少出口。我国海关按法律规定对商品和货物的出口执行监管,凡属国家规定需要申报出口许可的产品和货物必须交验出口许可证。

(二)进口管制

进口管制,即通过关税、非关税、配额制严格控制进口产品和数量,国际收支赤字国在这方面的管制尤其严格。例如,根据巴拿马《财经周刊》2023年5月3日报道,巴拿马总统公报显示将玉米产品的5个关税项目的进口关税提高到世界贸易组织约束的最高水平,以减少玉米产品的进口。又如,阿根廷《金融界报》2023年5月25日报道,阿根廷摩托车制造特殊关税制度将继续延长,该规定免除拟在阿根廷组装的摩托车非整车进口关税,以促进当地摩托车零配件就业市场,增强阿根廷摩托车制造能力。

(三)外汇管制

外汇管制又称为外汇管理,是指一国政府对境内的机关、团体、企业乃至个人的外汇收支、买卖、借贷、转移和汇率实行的限制性措施。目前,无论是发达国家还是发展中国家都不同程度地存在着外汇管制,只是由于各国发展情况不同,它们对外汇管制的具体方式和程度有所差异而已。一般说来,一国经济发展稳定,国际收支呈现顺差或基本平衡,外汇储备比较充裕,那么该国的外汇管制就较为宽松,甚至可能取消外汇管制;反之,则可能加强管制,以维护本国利益和促进经济发展。

外汇管制的具体方式与措施,大致可分为直接外汇管制与间接外汇管制两大类。

1. 直接外汇管制

直接外汇管制是一国通过制定各种限制性措施和运用行政手段,直接对外汇买卖、汇率、外汇资金来源与运用进行控制的外汇管制方式。其主要办法有行政管制、数量管制和汇率管制。行政管制是指采用行政手段对外汇买卖、外汇资金来源与运用进行控制。数量管制是指对贸易、非贸易及资本转移的外汇支出总额进行限制。其办法包括：①外汇配额制，即对进口商品按不同种类配给用汇限额。②外汇限额制，即对外汇支出规定限额。③外汇留成制，即规定一定比例的外汇收入可归出口换汇者自行支配。④外汇许可证制，即规定进口商品能在许可证规定的数额内购买外汇。汇率管制可由外汇管制机构以行政方式直接规定并控制汇率水平，即直接管制汇率。许多发展中国家都采取这一办法。还有些国家则实行差别汇率制、官方汇率和市场汇率并行的混合汇率制，以及外汇转移证等方式的复汇率制。

2. 间接外汇管制

间接外汇管制是国家外汇管制机构通过买卖外汇和对国际收支各项目的控制，间接影响外汇供求及价格的管制方式。其具体办法包括：

（1）设立外汇平准基金，即通过抛补外汇平准基金调节外汇供求，以达到调节或稳定汇率的目的。

（2）利用进口许可证、进口押金制，即国家要求进口商品必须凭进口许可证或按照货款的一定比例向指定银行无息预先存入一定量资金方可办理进口与购汇，从而提高进口成本，限制进口。

（3）利用提高信用证开证押金或规定取得出口买方信贷，以限制进口和减少外汇支出。

（4）实行出口卖方信贷、财政补贴、减免税收及退税，以鼓励出口和增加外汇收入。

（四）反托拉斯法

1. 反托拉斯法的含义

反托拉斯法又称为反垄断法，是国内外经济活动中，用来控制垄断活动的立法、行政规章、司法判例以及国际条约的总称。从广义上讲，垄断活动同限制性商业惯例（"限制"是指限制竞争）、卡特尔行为以及托拉斯活动含义相当；从狭义上讲，国际的限制性商业惯例是指在经济活动中，企业为牟取高额利润而进行的合并、接管（狭义的垄断活动），或勾结起来进行串通投标、操纵价格、划分市场等不正当的经营活动（狭义的限制性商业惯例）。

2. "古巴睡衣"案例

1997年，美国和加拿大之间围绕"古巴睡衣"问题发生了一场纷争，夹在两者之间的是一家百货业的跨国企业——沃尔玛公司。美国《赫尔姆斯—伯顿法》禁止美国公司及其海外子公司与古巴通商。但沃尔玛加拿大分公司采购了一批古巴生产的睡衣，美国总部便发出指令要求其撤下所有古巴生产的睡衣，而加拿大则因美国法律对其主权的侵犯而恼怒，加拿大认为加拿大人有权决定是否购买古巴生产的睡衣。这样一来，沃尔玛公司便成了加、美对外政策冲突的牺牲品。沃尔玛在加拿大的公司如果继续销售古巴睡衣，就会因违反美国法律而被处以100万美元的罚款；然而，如果按其母公司的指示将加拿大商店中的古巴睡衣撤回，那么按照加拿大的法律，则会被处以 120 万美元的罚款。通过这个案例，人们看到了像美国这样的国家是如何将自己的国内法律施加到本国在国外经营的企业上的。

二、东道国的法律环境

(一)世界各国的法律制度

东道国的相关法律直接影响着企业的国际市场营销活动。目前，世界各国的法律体系虽然各不相同，但大致可以分为两大体系——大陆法系和英美法系。

1. 大陆法系

大陆法系又称为罗马法系，源于罗马奴隶制国家的全部法律——《罗马法》。大陆法系形成于西欧，法国、德国和一些其他欧洲大陆国家，如瑞士、意大利、奥地利、比利时、荷兰、西班牙、葡萄牙，以及南美洲各国、日本、土耳其、非洲的一部分国家。大陆法系国家把有关同一类内容的各种法规和原则收集起来，加以系统化，汇编成法典，并且以法典为第一法律渊源，强调成文法的作用，在法律结构上强调系统化、条例化、法典化和逻辑性。大陆法系制定出针对所有可能发生的法律问题的法律条文，用来适应各种不同的事实和情况，因而这种法律条文相对比较笼统，针对同一法律条文，可能产生不同的解释，因此国际市场营销企业可能面临一个不确定的法律环境。

2. 英美法系

英美法系又称为普通法系或判例法系，以英国和美国的法律为代表。英美法系最初形成于英国，后来扩展到美国及其他过去曾受过英国殖民统治的国家和地区，主要包括加拿大、澳大利亚、新西兰、爱尔兰、印度、新加坡和马来西亚。英美法系以传统导向为主，重视习惯和案例，过去案例的判决理由对以后的案件有约束力，即先例原则。因此，在遵循英美法系的国家和地区中，从事国际市场营销的企业遇到法律纠纷时，就应该研究类似案例的法院判决的先例。

(二)东道国法律对国际市场营销的影响

东道国的许多法律法规都直接影响着企业在国际市场的营销组合策略。

1. 对产品策略的影响

世界各国对产品的纯度、安全性、包装及标签、保修单、品牌名称以及商标都有详细的法律规定。个人防护设备 PPE 法规(EU)2016/425 自 2018 年 4 月 21 日起实施，所有出口欧盟的个人防护装备，如防护手套、防护服等必须在该法规的规定下获得 CE(Conformite European)认证证书。CE 认证证书是一种产品安全认证标志。这是欧盟法律对产品提出的一种强制性要求。欧盟还制定了严格的防污染法，规定向欧盟市场出口的汽车必须配备防污染装置，并且要达到其规定的废气排放标准。在商标方面，大陆法系和英美法系的国家也有着不同的规定。遵循大陆法系的国家规定商标的所有权归最先注册者所有,而英美法系则认为商标的所有权应该归最先使用者所有。由于没有充分注意到这一点,我国很多著名的商标在国际上被外国人抢注,给我国的企业造成了很大的损失。

随着贸易保护主义的抬头,许多国家制定了苛刻的安全、卫生、技术等标准,甚至将环境、人权等问题贸易化,成为非常严格的非关税壁垒。某些发达国家忽视了各国历史、自然及经济方面的差异,片面地认为发展中国家产品的低成本是以牺牲环境和劳工利益为代价的,从而限制了这些国家产品的出口。例如,英国禁止进口法国的牛奶,原因在于法国牛奶是以公升为单位的,不符合英国使用的单位——品脱。又如,美国由于墨西哥捕捞金枪鱼过程中伤害了海洋保护动物海龟,限制墨西哥的金枪鱼出口到美国。无论东道国政府制定这些法律法规的目的是什么,国际市场营销企业都必须严格遵守。

2. 对定价策略的影响

各国都有控制产品定价的法律规定。一般而言,市场经济发展程度较低的国家对产品定价控制得比较严格,而发达国家对大多数产品定价的态度是鼓励厂商自由竞争。但是即使是在那些拥有发达市场经济的西方国家,也或多或少颁布了对价格进行干涉的法律法规。大多数国家对食品、药品等生活必需品的价格有较为严格的管制。例如,日本控制大米的价格。不同国家控制价格的方式也是不同的,有的国家通过控制和管理某个行业的定价原则来执行一个价格政策,有的国家控制企业的利润率,还有的国家制定相关的税收法律来影响企业的定价。例如,比利时政府对药品除了规定最高价格,还规定批发商和零售商的最高毛利率。

3. 对分销策略的影响

企业营销组合的各个策略中,分销策略受各国法律的影响最小,企业在选择东道国分销渠道时自由度比较大,一般情况下企业可以根据其面临的内外部实际情况,较为自由地选择分销渠道。出口企业必须深刻掌握东道国关于分销商合同的法律条文,在法律允许的范围内选择合适的营销渠道,寻找好的推销商或代理商。例如,在法国,企业不能采用人员上门推销的方式销售产品,而在其他国家像美国和日本,上门推销是一种家喻户晓、不可或缺的销售方式。

4. 对促销策略的影响

与分销策略不同,促销策略最容易受到各国法律的限制。在企业的各种促销策略中,广告是最容易引起法律争议的环节。各国对广告的管制有多种形式,其中一种管制与广告的信息及其真实性相关,如德国禁止使用对比性的广告和"更好""最好"这类广告词;在阿根廷,药品广告必须事先通过公共卫生部门的批准。另一种管制是限制为某类产品做广告,如瑞士禁止为酒类和烟草做广告;法国和英国禁止酒类和烟草做电视广告;芬兰严格禁止在报纸或电视上做有关政治组织、减肥药品、酒类等广告。还有的国家对广告的媒体进行了限制,对广播或电视商业广告的时间、内容有着极为严格的规定。在促销技巧方面各国也有许多限制,如法国、奥地利等国禁止运用减价、现金折扣和赠送商品等促销手段。

三、国际经济法环境

国际法严格来说是指国际公法,是调整国家之间、国际组织之间、国家与国际组织之间,以及其他国际公法主体之间关系的法律规范的总称。国际法所调整的国际关系一般存在于国家、国际组织等国际公法主体之间,而不存在于自然人、法人等国内法主体之间。企业或个人的案件不能直接交由国际法的实施机构——国际法院来审理解决,只有在国际公法成员的母国政府的出面与支持下才能提交国际法院裁决。解决企业或个人之间经济争端的另一途径是国际经济法。国际经济法的主要依据有国际条约、国际惯例、国际组织的决议等。

目前,国际上对于国际市场营销活动影响较大的国际经济法主要有产品责任法、国际知识产权和国际货物贸易法。

(一)产品责任法

产品责任法属于社会经济立法的范畴,它主要调整产品的制造者、销售者与消费者之间基于侵权行为所引起的人身伤亡和财产损失的责任,它的各项规定或原则大多是强制性的,双方当事人在订立合同时不得事先加以排除或变更。目前国际上已有三个区域性的产品责任公约:《关于产品责任的法律适用公约》《关于人身伤亡产品责任欧洲公约》《关于对有缺陷产品责任的指令》。产品责任法是一种保护消费者的法律,如果产品的制造者或是销售者提供的产品存在某种缺陷,致使消费者的人身遭受伤害或是其财产受到损失,这一产品的制造商、批发商乃至零售商都要对该消费者承担赔偿损失的责任。美国的产品责任法发展较早,对生产者责任有严格的要求。1965 年,美国法学会确认了来自判例法的严格责任的原则,按照这一原则,只要产品存在缺陷,对使用者或消费者具有不合理的危险,并因此而使他们的人身或财产遭受损失,该产品的生产者和销售者都应承担赔偿责任。严格责任原则对消费者的保护是最为充分的,因此,参与国际市场营销的企业必须充分考虑自身产品的质量与安全问题,最大限度地避免产品生产、设计、安全使用说明和危险因素的提醒等警示标志的缺陷。

(二)国际知识产权

国际知识产权的权利和分类,既是一个理论问题,又涉及现在各国法律和国际公约的规定。《建立世界知识产权组织公约》(1967 年,以下简称《公约》)第 2 条第 8 项规定,知识产权包括下列有关的产权:文学、艺术和科学著作或作品;表演艺术家的演出、唱片或录音片或广播;人类经过努力在各个领域的发明;科学发现;工业品外观设计;商标、服务标志和商号名称及标识;所有其他在工业、科学、文学或艺术领域中的智能活动产生的产权。

根据《公约》的规定,我们可以将知识产权分为两大类。第一类是以保护人在文化、产业各方面的智力创作活动为内容的,包括著作权和发明权;第二类是以保护产业活动中的识别标志为内容的,包括商标权、商号权等。前一类又可分为以保护和促进精神文化为主的著作权与以保护和促进物质文化为主的专利权。

(三) 国际货物贸易法

国际货物贸易法的渊源包括国际货物贸易惯例和国际货物贸易条约等。

1. 国际货物贸易惯例

国际货物贸易惯例使用国家最多、最广泛的是《国际贸易术语解释通则》,它由国际商会于 1936 年首次公布,后来进行了多次修订和补充。现行的是从 2020 年 1 月 1 日起生效的《2020 年国际贸易术语解释通则》(Incoterms 2020)。此外,国际法协会制定的《1932 年华沙——牛津规则》和美国的一些商业团体制定的《美国对外贸易定义 1941 年修订本》也被广泛运用。在国际货物贸易的支付领域,国际惯例主要包括国际商会制定的《跟单信用证统一惯例》(2007 年)、《托收统一规则》(1995 年);在国际货物贸易的保险领域,国际惯例主要包括国际海事委员会制定的《1994 年约克·安特卫普规则》(1994 年),以及英国伦敦保险协会制定的《伦敦保险协会保险条款》(1982 年)。

2. 国际货物贸易条约

国际货物贸易条约主要集中于以下三个领域:

(1) 国际货物贸易合同领域的《联合国国际货物销售合同公约》(1981 年)。

(2) 国际货物运输领域的《统一提单的若干法律规则的国际公约》(亦称《海牙规则》,于 1968 年修订称《维斯比规则》)、《联合国海上货物运输公约》(又称《汉堡规则》)、《1910 年统一有关海上救助的若干法律规则的国际公约》《国际海上避碰规则公约》《1974 年约克·安特卫普规则》《国际防止海上油污国际公约》。它们对承运货物的权利和义务、责任豁免、海上船舶碰撞、海上救助、共同海损等作了详细规定。

(3) 国际支付领域的《统一汇票本票法公约》《统一支票法公约》和《联合国国际汇票和国际本票公约》。

国际市场营销企业在出口过程中不仅要注意遵守与国际货物买卖相关的惯例,还要注意遵守与国际知识产权相关的公约。企业所交付的货物必须是第三方不能提出任何权利或要求的货物,而且还必须是第三方不能根据工业产权或知识产权主张任何权利或其他知识产权的货物。典型的案例是我国某出口公司与非洲某客户签订了一份来样加工印花布的合同,由外商提供花样,我方按其花样生产。在成功地交付了第一批货后,我方接到欧洲某国的来函,认为我方出口的上述花样属于其专利,侵犯了其权益,并要求我方支付侵权费。由于我方所交货物是根据买方提供的图纸、图案加工的,我方企业可以不承担知识产权的担保责任。我国改革开放以来，"三来一补"业务发展迅猛，因此，在我国作为加工出口方的外贸企业就应该严格遵守各种国际惯例和公约，积极避免货物买卖过程中的各种纠纷，尤其是知识产权纠纷，为我国企业打造一个良好的国际形象。

四、国际商务争议的解决

企业的国际市场营销活动涉及面广，环节多，手续繁杂，往往会由于各种原因而导致争议或是纠纷的发生。由于交易双方的当事人处于不同的国家，出现纠纷后到底依据哪国的法律来裁决是国际市场营销企业应该充分考虑的事情。交易双方可以依据合同签订地点的法律，也可以依据合同履行地点的法律，还可以依据国际公约的规定解决纠纷。一般而言，为了避免不必要的纠纷，国际市场营销企业应该在交易之前就在合同中规定依据哪个国家的法律。如果合同没有规定，大多是以签订合同所在地国家的法律为准。

1. 协商与调解方式

发生争议后，交易双方可以通过友好协商的方式达成和解。如果不能和解，交易双方可以在自愿的基础上，要求第三方出面从中调解分歧从而达成协议。如果调解失败，交易双方应该根据实际情况，采取诉讼或是仲裁的方式来解决纠纷。

2. 诉讼方式

通过法庭诉讼来解决争议带有强制性，只要一方当事人在享有管辖权的法院起诉，另一方就必须应诉，并且交易双方都无权选择法官。诉讼的费用比较高，程序比较复杂，解决问题比较缓慢，运用这种方式解决争议往往容易造成交易双方关系紧张，甚至泄露公司秘密，不利于双方日后交易往来。

3. 仲裁方式

与建立在自愿基础上的协商、调解和带有强制性的诉讼方式有所不同，既强调自愿又带有强制性的仲裁成为避免诉诸法院、解决争议的一种行之有效的重要方式。仲裁是由交易双方选择公正、知情的一方或几方作为仲裁人，由仲裁人判断事情的是非曲直并作出双方同意执行的裁决。仲裁协议有两种形式，一种是在争议发生之前签订的，通常称为仲裁条款；另一种是在争议之后订立的。两种形式的仲裁协议其法律效力是相同的。仲裁协议约束交易双方只能通过仲裁方式解决争议，不得向法院起诉，排除了法院对有关案件的管辖权。仲裁的优势在于其程序简便、结案较快、费用开支较少，能独立、公正和迅速地解决争议，给交易双方充分的自治权，具有灵活性、保密性、终局性和裁决易于得到执行等优点，从而被越来越多的交易双方所选用。我国一向提倡并鼓励用仲裁的方式解决企业在生产与国际市场营销过程中的商务争议。

第三节　国际市场营销的技术环境

一、知识经济时代的技术革命

1. 现代科技革命

现代科技革命始于 20 世纪中叶,它是以物理学革命为先导,以现代宇宙学、分子生物学、系统科学等学科为标志的一次新的科学革命。现代科学革命推动着现代技术革命,特别是推动着信息技术、能源技术、新材料技术、生物工程技术、海洋工程技术、空间技术等迅猛地发展。高新技术及信息产业成为现代科技革命的核心。

2. 现代科技革命带来的变革

现代科技革命广泛而深刻地影响着社会经济、社会生活、企业经营管理,以及消费者的购买行为等。

首先,现代科技革命引起社会生产力的巨大变化,其促使社会生产率几倍、几十倍甚至数百倍地提高,并推动了许多全新领域的产生。

其次,现代科技革命促进工业结构高级化,主要表现是高新技术产业正在取代传统产业的地位,成为发展的主导部门。例如,10 年前发展还很薄弱的信息产业,如今已占美国 GDP 的 10% 以上;以信息为主的知识密集型服务的出口,已相当于产品出口额的40%。从全球信息产业的销售额上看,信息产业已经超过汽车和钢铁等传统产业。同时,工业结构的高级化还表现为工业劳动力结构的变化。研究结果表明,第二产业劳动力占 GDP 的相对比重呈下降趋势,而第三产业的劳动力占 GDP 的比重上升 50% 以上。

最后,现代科技革命推进传统工业的改造。不可否认,在现代科技革命的进程中,将有一部分传统工业被淘汰,但是,与人们生活息息相关的传统工业,如食品工业、服装鞋帽、代步工具制造等仍不可缺少。与此相关的机械、化工、纺织等工业也不会自行消亡,企业应当采用高新技术去改造这些传统工业。

3. 全球性经济危机推动现代科技革命

全球性经济危机往往催生重大科技创新和产业革命。2008 年全球金融危机爆发以来,在全球知识创造和技术创新的带动下,以新型宽带网络、智能制造、生命科学等为代表的新兴产业加快突破,科技创新与产业变革的深度融合改变着经济社会的发展形态。以史为鉴,现代科技革命能够以摧枯拉朽的力量,为世界走出经济危机提供动力。

4. 现代科技革命的新动向

近年来,各国悄然发力,加大科研投入,重点推动信息、新能源、节能环保、先进制造、新材料、生物、太空、海洋和纳米等一系列技术不断融合,使其逐步呈现群体性突破的态势,并催生蓬勃的产业革命,这为世界经济的再次复苏奠定了基础。下一代互联网、新一代移动通信、物联网、云计算和三网融合等都在孕育着更大的突破,由信息技术打造的"数字经济"将带领世界经济走出低谷。与此同时,由新能源与节能环保技术培育的绿色经济具备担当全球经济新引擎的重任。此外,由先进制造技术所带来的再工业化将重塑全球竞争优势。例如,美国陆续出台诸多政策,包括 2009 年由总统执行办公室、国家经济委员会和科技政策办公室联合发布的《美国创新战略:推动可持续增长和高质量就业》,2011 年由总统科技顾问委员会(PCAST)和总统信息技术顾问委员会(PITAC)联合向时任总统奥巴马提交的《确保美国在高端制造业的领先地位》,2012 年由商务部发布的《美国竞争力与创新能力》,以及 2022 年 10 月 7 日由商务部发布的《先进制造业国家战略》(以下简称《战略》)。《战略》明确了美国为在先进制造业领域继续保持领先地位而需要完成的目标,即确保经济持续增长、创造新的就业机会、强化环境的可持续发展、积极应对气候变化、确保国家安全和改善医疗保健。制造业是美国经济和国家安全的驱动因素,拜登政府将未来的任务重点放在重振制造业、建立强大的国内供应链、投资研发、培训劳动力等方面,以确保美国在全球的经济主导地位。又如,2021 年 7 月,英国商务能源与产业战略部(BEIS)发布了《英国创新战略:创造引领未来》,制订了促进私营部门投资的新计划,以巩固英国在全球创新竞赛中的领先地位。

5. 知识经济时代的到来

目前,以电子信息技术为核心的现代科技革命从地域范围上看是一场全球性革命,它打破了地区性、区域性,甚至不同国度的界线,使各国和各地区构成一个"地球村"。由信息技术打造的"数字经济"已成为很多发达国家的战略性产业,如德国政府先后发布了"工业 4.0""数字议程"和"数字战略 2025",以促进新一代信息技术发展;美国政府发布《美国创新战略》《联邦云计算发展战略》等,将信息技术纳入国家发展规划中。

现代科技革命推进知识经济时代的到来,知识经济的发展又推动着现代科技革命的发展。以数字化、网络化为主要特征,以现代科技革命为基础的知识经济时代,使社会经济发展由传统的经济资源如资本、土地、劳动等变为知识、信息、人力资本等新要素。以软件及信息服务业为核心的新兴知识信息型产业的崛起与发展,将是衡量一个国家生产力水平和综合实力的重要标准,也是 21 世纪世界经济中起决定作用的支柱产业。

二、技术对国际市场营销的影响

(一)技术对消费者需求的影响

技术革命的发展改变着人类的生存环境和生活方式,影响着消费者的消费理念和行为,使消费者的需求呈现出新的特点,消费者需求的变化也对企业的国际市场营销提出了新的挑战。

1. 消费者需求多样化

以高新技术与信息产业为基础的网络经济,突破了市场的时空界限,消费者可以通过网络在全球范围以及在任何时间自由搜寻和选择理想的卖者,这就形成最大、最彻底的买方市场,同时消费者面临更多的购买选择,从而引起卖方之间产生激烈的竞争。企业将不得不通过互联网在每一笔交易、在每一个客户身上展开与对手的竞争。工业经济时代企业家引以为豪的品牌优势,在网络交易中将可能难以保持。

2. 消费者价格敏感化

在知识经济时代,市场信息的充分化使得同类产品难以形成差价,市场价格趋于统一。消费者对价格的敏感程度极大增加,新产品的价格弹性变大,企业市场营销将面对更加不稳定的、容易引起震荡的市场。原先在价格波动较小条件下采取的营销策略,可能难以适应这种波动较大的市场。

3. 消费者需求个性化

技术革命的发展使消费者的需求趋于个性化。原因有两点:第一,消费者受教育程度和文化知识水平的普遍提高,使得其购买需求和购买行为更加富有个性化。第二,知识创新引导着消费者的个性化消费,其中知识消费是比物质消费更个性化的一种消费。消费者需求的个性化,使工业经济时代那种单一化、大批量的营销方式将难以满足知识经济时代的消费者需求。

4. 消费者行为理性化

在知识经济时代,消费者的购买行为更加理性化、科学化。消费者可以借助发达的信息网络,全面、迅速地收集到所有与购买决策有关的信息;借助计算机咨询软件,迅速地拟定和评估不同的购买方案,作出最优的购买决策;通过现代网络,消费者还可以在购买后,及时地向生产商及零售商反馈意见。因此,工业经济时代用来诱导感性消费者的营销手段将越来越不适用。

5. 消费者消费结构知识化

在知识经济时代,技术革命对高素质人才的要求,显著提升了人们对教育、信息、技术、文化等的消费需求,原有的以物质和能源为主的消费结构,逐渐向以知识消费为主的消费结构转变,知识消费成为消费者最重要和最核心的消费内容。

(二)技术对产品的影响

技术革命创造了新产品,使产品的价值由传统的以物质价值为基础变为主要以技术含量为基础进行衡量,因此,利用技术革命对产品进行技术创新,提高产品的知识含量是企业产品策略的重要变化。目前,在西方国家的电子工业、汽车工业以及服装工业中已有不少企业采用了这一营销策略。在网络经济时代,产品的技术创新,可充分利用先进科技和发达的网络信息系统,进一步完善计算机辅助设计,发展管理信息系统、制造资源计划系统、车间作业管理系统,以及决策支持系统等,缩短产品设计和制造周期,生产出能满足消费者个性化需求的产品。知识经济促使企业产品的外延与内涵发生了变化,知识经济时代的开放性,导致知识科技、信息服务等都转化为商品。由于知识经济核心要素的无形性特征,以知识含量为基础的无形产品价值成为消费者的重要消费对象。

(三)技术对交易方式的影响

1. 电子数据交换的兴起

信息技术革命使得全球经济呈现出网络化、数字化的特征,传统的以实物交换为基础的交易方式将被以数字交换为基础的无形交易所代替。技术革命在削弱传统中间商的作用,实现网上一对一直接交易的同时,开拓了新的交易方式——电子数据交换(Electronic Data Interchange,EDI),即通过电子计算机和通信网络处理业务文件。因为EDI这一新型贸易方式无需提供纸张单据,所以其又称为无纸贸易。EDI的使用大大加快了交易速度,降低了交易费用,扩大了客户范围。EDI的采用正在并将进一步引发一场全球范围的结构性商业革命。

2. 电子商务的发展

国际互联网的发展大大拓宽了市场营销网络,创造了一个全新的网上贸易市场,电子商务应运而生。电子商务是通过电子通信工具,包括电话、信用卡、电视、自动提款机和基于互联网而进行的商业贸易,是对传统商业模式的颠覆。

3. 移动支付的普及

国内移动支付市场已经由一只独立支付公司的圈地大战逐渐演变成群雄之争。互联网巨头们围绕支付进行的战争,背后实际是对移动互联网未来的争夺。移动支付被看作移动终端最大的入口之一,相比于台式电脑,手机的便携、高使用频率等特性使其连接线上线下的优势更加明显。随着应用场景的增加,移动支付将介入人们生活的方方面面,这意味着,锁定了支付,就在很大程度上锁定了用户。

(四)技术对企业营销策略的影响

随着科学技术的发展,知识经济、数据库营销、客户关系管理、现代广告、电子商务等新型营销理念和营销方式层出不穷,企业应紧随现代科学技术发展的步伐,不断创新,提高企业的营销决策能力,形成企业的独特竞争力。

1. 对产品策略的影响

在国际市场营销的产品策略上,科学技术的发展使新原理、新工艺、新材料等不断涌现,新品种、新款式、新功能的产品不断推出,产品更新换代速度加快,产品的生命周期缩短。企业的生产和经营也从以物质价值为核心要素转变为以知识、技术价值含量为核心要素。因此,追逐技术进步的浪潮、不断实施技术革新、提高产品知识含量是企业在产品策略上的几个重要变化。

2. 对价格策略的影响

在国际市场营销的价格策略上,企业应当运用科学的方法,准确地预测目标消费者的需求和对价格的认同标准,配合柔性的产品设计和生产方案,提供灵活的价格标准供用户选择。在产品的设计与生产中,虽然高新技术导致产品的初期成本(研发投入等)上升，但是随着技术的普及、不断运用，以及企业规模经济的形成，产品的价格优势将逐步显现出来。

3. 对促销策略的影响

在国际市场营销的促销策略上，科学技术的发展和普及催生了多样化的促销方式。无论是在公共关系策略上还是在广告策略上，乃至在商品销售策略上，企业都有了更多的选择。例如，广告设计中计算机和电子扫描仪等新型工具的应用，除传统媒体以外的新媒体，包括数字电视、移动电视、手机媒体、IPTV、数字杂志等的出现。

4. 对分销策略的影响

在国际市场营销的分销策略上，新的交通运输工具的发明和旧工具的技术改进，缩短了产品的在途时间，大大提高了国际货物运输的效率。新的物流方式和技术代替了部分体力劳动和脑力劳动，也极大地提升了产品的分销效率。准时制生产方式（JIT）、供应链管理（SCM）、企业资源计划（ERP）等新的经营管理方式引发了企业分销领域新的变革。

（五）技术对企业战略的影响

1. 改变了企业的竞争模式

随着知识经济的不断发展，国际市场的竞争由传统的对资本等低层次资源占有的竞争，转变为对知识生产、占有和利用能力的竞争。国际企业，尤其是采用高技术开拓国际市场的企业在获取利润的同时，需要承担更大的风险。因此，企业改变了以往的单纯竞争模式，转而注重与相关企业建立战略合作联盟，在合作中相互依赖、相互竞争。例如，美国的英特尔公司为开拓存储器市场，携手日本的富士通公司，联合开发研制产品，共同享受成果。

2. 改变了企业的经营观念

科学技术的发展改变了企业的经营观念。传统的国际市场营销因为受地理位置和时间的约束，需要在不同市场设立相应的机构和配套组织，所以企业开拓国际市场的成本高、风险大、控制难度大。而信息技术革命带来的便捷的全球通信，使远程办公、远程会议和远程管理成为可能，并且随着信息成本的不断下降，这种现代化的管理模式和方式越来越具有可操作性，节省了传统模式中因旅行而发生的费用和额外开支。

3. 改变了企业的管理模式

知识经济的兴起促使企业从传统的侧重机构组织的硬管理，向教育、培训和提高员工的归属感的软管理转变。培养员工的归属感和提高员工素质已经成为企业国际竞争战略的一个重要组成部分。

国际市场营销的迅猛发展与技术革命是紧密相连的。因此，重视科学技术这一重要的环境因素对企业进行国际市场营销活动的影响，有助于企业抓住市场机会、降低经营风险、更好地在国际市场生存和发展。

三、利用互联网开展国际市场营销

(一)互联网

互联网是一种计算机交互技术,是高科技的产物。它具有全球性、海量性、开放性和交互性的特点。随着互联网技术的日益发展和成熟,联网成本的不断降低,互联网像"万能胶"一样将企业、团体、组织以及个人跨时空地连接在一起,彼此之间的信息交换变得"唾手可得"。市场营销最重要及本质的交换是组织和个人之间的信息传播和交换,如果没有信息交换,交易就成为无本之木。因此,众多厂商开始利用互联网进行客户调查,寻找合作伙伴及分销商,发布产品信息,与客户沟通,提供服务信息以及获取市场分析的数据等。互联网已经成为国际市场营销不可缺少的工具。

互联网的商业应用形式可以分为联机商店、网络展示(平面广告和图示信息)、目录、电子商业街、热点站点和搜索代理六种。互联网的应用改变了信息沟通模式,从传统的一对多的营销模式,变成多对多的相互沟通的营销模式。在传统营销中,厂商准备和提供有关信息,借助各种媒体如电视、报纸、收音机等进行发布和宣传,用户只是被动接受和进行信息选择,这种营销模式是针对群体进行的,无法满足个体需求。在计算机环境下的互联网营销模式中,企业与消费者之间形成互动,两者可以同时发布消息、接收消息和直接进行沟通,企业的营销活动可以是一对一形式的,能够充分满足个体的需求。此外,借助互联网与消费者进行直接交易,减少了营销的中间环节,降低了交易成本,直接增加了厂商和消费者的利益。

(二)网络营销

网络营销(network marketing)产生于 20 世纪 90 年代。网络营销产生和发展的背景主要有三个方面,即网络信息技术发展、消费者价值观改变、激烈的商业竞争。网络营销是企业整体营销策略的一个组成部分,网络营销是为实现企业总体经营目标所进行的,它以互联网为基本手段营造网上经营环境的各种活动。笼统地说,网络营销就是以互联网为主要手段开展的营销活动。网络营销是以互联网为载体,以符合网络传播的方式、方法和理念实施营销活动,以实现组织目标或社会价值。与网络营销概念同义的词语包括网上营销、互联网营销、在线营销、网络行销、口碑营销、视频营销、网络事件营销、社会化媒体营销、微博营销、博客营销等。

(三)网络营销的特点

1. 跨时空

营销的最终目的是占有市场份额,由于互联网能超越时间约束和空间限制进行信息交换,企业脱离时空限制达成交易成为可能,企业能在更大的空间进行营销、可以 24 小时随时随地地提供全球性营销服务。互联网的开放性决定了以互联网技术为基础的电子商务的根本属性为开放性,海量的信息、数据在互联网上进行无国界的交流,为电商企业提供了广阔的市场空间与大量的营销对象。电子商务市场是实现营销效应最大化的最快途径。

2. 多媒体

互联网被设计成可以传输多种媒体的信息，如文字、声音、图片等信息，因而使企业能够采取多种媒体进行信息交换以达成交易，并可以充分发挥营销人员的创造性和能动性。随意打开一个网络销售平台，不管是淘宝、京东还是苏宁易购，里面的产品应有尽有。只要搜索想买的产品，平台上所有店铺的产品就会呈现在网页上，不仅有详细的图文说明，甚至还有视频介绍。价格、规格、可以选择的快递公司等信息，一览无余。

3. 交互式

互联网可以展示商品目录，连接资料库，提供有关商品信息的查询，可以和消费者做互动双向沟通，可以收集市场情报，可以进行产品测试与消费者满意调查等。互联网是产品设计、商品信息提供，以及服务的最佳工具。在网络环境下，消费者能直接参与到产品生产和流通中来，与生产者进行直接沟通，减少了市场的不确定性。互联网成为新的沟通和传播信息的渠道。电子商务环境下的信息沟通是双向沟通，即既有信息源向受众的信息传播，又有受众向信息源的信息反馈。

4. 拟人化

沟通和传播渠道的拟人化是指互联网上的促销是一对一的、理性的、消费者为主导的、非强迫性的、循序渐进式的，以及一种低成本和人性化的促销。网络营销避免推销员强势推销的干扰，企业通过信息提供与交互式交谈，与消费者建立长期良好的关系。

5. 整合性

网络营销可将商品信息的传递、交易、收款、售后服务在网上完成。同时，企业可以借助互联网将不同的传播营销活动进行统一设计规划和协调实施，以统一的传播资讯向消费者传达信息，避免不同传播中不一致性产生的消极影响。在电子商务的流程中，企业能够直接面对客户和终端消费者，通过互联网进行交易，不仅能够实现全天候的交易，还能够省略其他的中间环节。中间环节的减少导致销售成本的降低，进而降低了产品的最终销售价格。

6. 高效性

计算机可储存大量的信息，并能为消费者查询、传送信息，能适应市场需求，及时更新产品或调整价格。

7. 经济性

电子商务通过网络平台与消费者进行直接交易，利用网上银行使用电子货币进行支付。为保证交易的安全，买卖双方也可以使用第三方金融平台对交易活动进行保护，这种交易方式实现了交易的无纸化、货币虚拟化，脱离时间与距离，大幅度降低了交易成本，方便了买卖双方及参与交易的单位，因此其必将成为未来交易支付的主流形式。

8. 技术性

网络营销是建立在以高技术作为支撑的互联网基础上的,因此需要巨额技术投入和技术支持,并需要引进能操作互联网的高级复合型人才。

本 章 小 结

(1) 每一个营销者都必须了解拟进入国家的政治环境。这一点在评价国际市场方面起着至关重要的作用。在国外,政府对企业行为的干预,尤其对外资企业行为的干预,要比在国内受到的干预多得多。

(2) 外国企业必须努力使自己的行为在政治上被东道国接受,否则就会遭到种种政治干预。除了政府所施加的干预,企业经营者经常面临的一个不确定性问题是政府政策的连续性。各届政府的政治观点会有所不同,因此一届政府接受的企业会发现自己的行为可能不受另一届政府的欢迎。

(3) 如果外资企业能成为当地的一笔财富,并能创造性地应对政治与社会活动人士所提出的问题,那么即使对政治环境不熟悉,也不一定会妨碍它在国际市场上取得成功。

(4) 国际市场营销的法律环境是指各种直接或间接地影响企业国际市场营销活动的各种法律因素的集合。企业从事国际市场营销活动过程中所面临的法律环境,主要包括母国的法律环境、东道国的法律环境和国际经济法三类。目前,虽然全世界没有一个统一的约束国际市场营销行为的国际商法,但法律体系大致可以分为大陆法系和英美法系两大体系,不同的法律体系差异较大,因此,企业要事先确定商务纠纷的管辖权。

(5) 国际技术环境对国际市场营销活动的展开有着举足轻重的重要性。现代科学技术革命广泛而深刻地影响着社会经济、社会生活、企业经营管理,以及消费者的购买行为等。

(6) 技术革命的发展改变着人类的生存环境和生活方式,影响着消费者的消费理念和行为,使消费者的需求呈现出新的特点,其中包括消费者需求多样化、价格敏感化、需求个性化、行为理性化、消费结构知识化。同时,技术革命也对产品、交易方式、企业营销策略、企业战略等都产生了深远的影响。互联网的兴起,电子商务的迅速发展同样也对国际市场营销活动提出了新的挑战。

课 后 练 习

一、判断题

1. 政府的构成形式可分为君主制和民主制。　　　　　　　　　　　　　(　)

2. 君主制国家可分为君主专制和君主立宪制。　　　　　　　　　　　　(　)

3. 约旦属于君主专制国家。　　　　　　　　　　　　　　　　　　（　　）

4. 企业在国际环境下开展营销活动,不仅要衡量当地政府制度,还应考虑在野党意见。　　　　　　　　　　　　　　　　　　　　　　　　　　　　（　　）

5. 国际市场营销企业主要应该关心政府政策是否会发生突然剧变,从而给国际市场营销带来不利影响。　　　　　　　　　　　　　　　　　　　　　　（　　）

6. 国际市场营销的法律环境是指各种直接或间接地影响企业国际市场营销活动的各种法律因素的集合。　　　　　　　　　　　　　　　　　　　　　　（　　）

7. 出口管制是对进口国的一种限制。　　　　　　　　　　　　　　（　　）

8. 直接对外汇买卖属于直接外汇管制。　　　　　　　　　　　　　（　　）

9. 信息技术革命使得全球经济呈现出网络化、数字化的特征,削弱了传统中间商的作用。　　　　　　　　　　　　　　　　　　　　　　　　　　　　（　　）

10. 虽然高新技术导致产品的初期成本(研发投入等)上升,但是随着技术的普及、不断运用,以及企业规模经济的形成,产品的价格优势将逐步显现出来。　（　　）

二、单项选择题

1. 如果一个国家的最高行政权掌握在由全国直接或间接选举产生的总统手中,总统既是政府首脑又是国家元首,由他直接任命并领导政府,政府只对总统负责,那么此国的政府类型是（　　）。

A. 君主专制　　　　　　　　　　B. 君主立宪制

C. 议会制共和制　　　　　　　　D. 总统制共和制

2. （　　）中由于一党占绝对支配地位,所推行政策具有相对稳定性,是国际市场营销比较好的去处。

A. 一党制　　　　B. 两党制　　　　C. 多党制　　　　D. 交替制

3. 东道国政府通过采取关税和非关税措施,限制外资企业从国外进口原料、零部件、设备和其他产品,这种手段属于（　　）。

A. 外汇管制　　　B. 本国化　　　　C. 进口限制　　　D. 税收管制

4. 东道国政府突然提高税率,或提前结束投资时达成的有关免税、减税的优惠措施,或针对外资企业征收带有歧视性的特别税,这种手段属于（　　）。

A. 外汇管制　　　B. 本国化　　　　C. 进口限制　　　D. 税收管制

5. （　　）是一国通过制定各种限制性措施和运用行政手段,直接对外汇买卖、汇率、外汇资金来源与运用进行控制的外汇管制方式。

A. 直接外汇管制　　　　　　　　B. 间接外汇管制

C. 出口管制　　　　　　　　　　D. 进口管制

6. 普通法系以传统导向为主,重视习惯和案例,过去案例的判决理由对以后的案件有约束力,即（　　）。

A. 集体决策　　　　　B. 分散决策　　　　　C. 法官决定制　　　　D. 先例原则

7. 规定商标的所有权归最先注册者所有的是（　　　）。

A. 大陆法系　　　　　B. 英美法系　　　　　C. 普通法系　　　　　D. 判例法系

8. 为了避免不必要的纠纷,国际市场营销企业应该在交易之前就在合同中规定依据哪个国家法律的规定。如果合同没有规定,大多以签订合同（　　　）的法律为准。

A. 甲方所在国　　　　　　　　　　B. 乙方所在国

C. 所在地国家　　　　　　　　　　D. 第三方国家

9. 以信息技术为标志的技术革命为（　　　）。

A. 第一次工业革命　　　　　　　　B. 第二次工业革命

C. 第三次工业革命　　　　　　　　D. 第四次工业革命

10. （　　　）是为实现企业总体经营目标所进行的,它以互联网为基本手段营造网上经营环境的各种活动。

A. 电子商务　　　　　　　　　　　B. 电视广告

C. 广告　　　　　　　　　　　　　D. 网络营销

三、多项选择题

1. 政党制度可以分为（　　　）。

A. 一党制　　　　　　　　　　　　B. 两党制

C. 多党制　　　　　　　　　　　　D. 混合制

E. 交替制

2. 国际市场营销过程中政府政策的不稳定性有（　　　）。

A. 政权更替　　　　　　　　　　　B. 治安混乱

C. 宗教对立　　　　　　　　　　　D. 政府干预

E. 文化分裂

3. 在国际贸易中,政府干预的手段有（　　　）。

A. 外汇管制　　　　　　　　　　　B. 本国化

C. 进口限制　　　　　　　　　　　D. 税收管制

E. 价格管制

4. 一个国家为了保护本国市场和某些特殊产品或是与国际惯例接轨,往往制定许多法律制度。这些法律主要包括（　　　）。

A. 出口管制　　　　　　　　　　　B. 进口控制

C. 外汇管制　　　　　　　　　　　D. 反托拉斯法

E. 关税协定

5. 技术对消费者需求的影响有（　　　）。

A. 消费者需求多样化　　　　　　　B. 消费者价格敏感化

C. 消费者需求个性化　　　　　　D. 消费者行为理性化

E. 消费者消费结构知识化

四、问答题

1. 政府类型和政党体制对国际市场营销活动有什么影响？

2. 在国际市场营销活动中，国际商务争议应该如何解决？

3. 技术对国际市场营销造成了什么影响？

五、案例分析题

美国"芯片法案"扰乱全球供应链

美国总统拜登于 2022 年 8 月 9 日签署《2022 年芯片与科学法案》。该法案总额达 2 800 亿美元，分 5 年执行。值得注意的是，该法案不仅试图通过投资补贴吸引半导体企业在美国本土设厂，还意图通过限制补贴资格来阻止半导体企业在中国增产。打压中国芯片科技企业、胁迫台积电等芯片巨头赴美投资设厂、试图组建"芯片四方联盟"小圈子……美国一系列"筑墙""脱钩"的做法，充斥着霸权逻辑和冷战思维，严重扰乱全球芯片供应链。

《2022 年芯片和科学法案》长达 1 054 页。《纽约时报》报道称，该法案融合了经济和国家安全政策的内容，旨在提升美国科技和芯片业竞争力。报道总结了该法案的主要内容：一是向半导体行业提供约 527 亿美元的资金支持，为企业提供价值 240 亿美元的投资税抵免，鼓励企业在美国研发和制造芯片。二是在未来几年提供约 2 000 亿美元的科研经费支持，重点支持人工智能、机器人技术、量子计算等前沿科技。

复旦大学发展研究院副教授江天骄表示，美国试图通过该法案扶持本土芯片产业制造、加强芯片技术研发，尤其重视研发创新型、技术含量高、具有引领性的芯片，抢占未来全球芯片产业链赛道的领先位置。此外，该法案部分条款限制有关芯片企业在华开展正常经贸与投资活动，迫使相关企业在中美之间选边站队，反映出美国一些人根深蒂固的零和博弈思维。"芯片制造方面，该法案反映了在美国，'安全导向'的国家逻辑压倒了'效率导向'的市场逻辑。"中国社会科学院国家全球战略智库副秘书长冯维江表示，该法案强调对美本土芯片产业提供巨额补贴，是典型的差异化产业扶持政策。其中部分条款限制中美正常科技合作，动用政府力量强行改变芯片制造的国际分工格局。这些做法违背市场规律，将扭曲全球半导体供应链，扰乱国际贸易正常秩序。

近年来，为扭转芯片产业在全球的竞争劣势，美国上下其手，蛮横打压他国芯片产业发展。"一是通过双边或多边的方式，限制中国获取和开发先进芯片制造及设计技术。例如，向荷兰政府施压，要求全球最大的光刻机企业阿斯麦公司扩大对中国的禁售范围；拼凑所谓'芯片四方联盟'（美国、日本、韩国以及中国台湾），搞排斥中国大陆的'半导体壁垒'；在全球范围内限制华为的经营活动，在制造上'卡脖子'以实现废除其先进芯片设计能力的目的。二是胁迫并试图控制半导体行业相关龙头企业。例如，要求台积电、三星电子、美光科技、西部数据、联华电子、SK 海力士和新科电子等企业交出半导体供应链数据,威逼利诱台积电等企业到美国投资办厂。"冯维江认为,这些霸凌行径冲击了全球芯片产业链供应链稳定性,扰乱了市场预期,降低了行业投资信心和水平,增加了行业生产经营的成本和风险,以牺牲半导体领域跨国企业全球效率和利润为代价,为美国复制一个相对并不先进的芯片制造业,掣肘全球半导体行业创新发展。

资料来源:贾平凡.美国"芯片法案"扰乱全球供应链[N].人民日报海外版,2022-08-09(10).

思考:

国际政治和法律环境对国际市场营销活动造成了哪些影响?

第三章

国际市场营销的经济、文化环境

学习目标

1. 了解贸易保护主义的内涵和成因。
2. 理解贸易保护主义的表现形式，掌握应对策略。
3. 了解文化的内涵，理解文化的要素。
4. 了解世界各地的管理风格。

2016 年上半年,温州出口打火机类商品 1 272 批、数量为 2 395.53 万只、销售额为 2 569.90 万美元,批次、数量、销售额同比分别增长 5.51%、11.31%、10.58%。这是 2010 年以来温州出口打火机首次呈现全面增长态势。这是否意味着温州打火机历经凤凰涅槃、浴火重生?

一、历史与发展

打火机已经有百年历史,大多数国家都曾制造生产。20 世纪 50 年代,欧洲打火机占据了世界市场的主要份额。20 世纪 60 年代,日本、韩国和中国台湾取代了欧洲的地位,成为世界主要的打火机生产地。20 世纪 80 年代,在中国一款日本的高级打火机价格高达数百元。这个商机被温州企业发现,1988 年,温州企业开始模仿日本企业生产打火机。经过 10 多年的努力,温州产的打火机款式已达 10 000 多种,并以品种多样、质量优良和价格便宜的特点,在借助中国香港进行商品集散的基础上,取代了日本、韩国和中国台湾的地位,销往了全世界。温州产的打火机每年产量达 5 亿只,市场占有率高达 80%,迫使日本、韩国 80% 以上的打火机生产企业关门歇业,进而使日本、韩国从世界最大的两个打火机输出国变为最大的进口国。

此外,温州还是全球最大的金属外壳打火机生产基地,产量曾占全球市场的 70%,中国市场的 98%。温州打火机产品七成以上用于出口,2009 年出口额达 1.08 亿美元。其中,日本是温州打火机的主要进口国。2009 年,温州打火机出口至日本有 541 批、数量为 9 262.01 万只,销售额为 5 809.29 万美元,出口数量和金额占温州打火机出口的 63.27% 和 55.31%。日本市场的金属打火机九成以上来自温州。

1993 年上半年,温州打火机企业进入了一个快速发展的阶段。温州生产的打火机只卖 10 元钱,而日本、韩国这些国家生产的打火机要卖 300 元至 500 元,价格相差实在是太大,温州到处是前来收购打火机的外国人。温州的打火机企业从原先的 100 家至 200 家迅猛发展到 3 000 余家。

2001 年 9 月,温州获得"中国金属外壳打火机生产基地"的称号。大扩张之后,温州打火机企业经历三次大洗牌:第一次洗牌,许多家庭作坊式的小工厂在过度竞争中被淘汰;第二次洗牌,欧盟提出"防止儿童开启装置措施"法案(以下统称 CR 法案),许多打火机企业受到影响,只剩下 100 余家打火机企业;第三次洗牌,日本实施 CR 法案,导致原本有大量日本订单的打火机企业停产或减产。

二、壁垒与突围

温州打火机走向世界之路充满坎坷和壁垒。1994 年,美国通过 CR 法案,2 美元以下的打火机必须加装保险锁。这一法案致使众多温州打火机企业退出美国市场,温州打火机在美国市场占有率下降80%。

1998年,欧洲一些制造商向欧盟官方提出针对温州打火机的反倾销诉讼,而温州打火机企业则共同赴欧进行交涉。2003年,欧盟撤销了针对温州打火机的反倾销调查。

2001年10月5日,温州打火机企业获知欧盟将通过CR法案,而欧盟CR法案的主要内容是:2欧元以下的打火机,必须设有防止儿童开启装置,否则一律不准进入欧洲市场。欧盟对打火机的安全要求包括打火机不能是玩具形状、不能发出悦耳的声音或有动画效果等。常用的防止儿童开启装置措施的技术只有5种,专利权全在西方企业,如果购买,成本昂贵。这实质上就是技术壁垒。而且,中国企业的技术是否符合CR法案也由西方国家判断。

2002年,原中华人民共和国对外贸易经济合作部与我国打火机企业成立CR法案交涉团,交涉的第一站是德国汉堡——欧洲打火机进口商协会所在地,随后又辗转比利时、意大利、法国、西班牙等国。中方最核心理由是,以产品的价格作为安全标准界限是完全违背国际贸易组织有关技术性贸易壁垒原则的。如果按照这样的逻辑,火柴让小孩玩也很危险,是不是也要装安全锁?经过长达2年多的漫长交涉,2003年9月11日,欧盟有关机构宣布原定于2004年6月19日强制实施的CR法案没有生效。2006年,欧盟公布了要求成员国实施打火机防止儿童开启装置措施的新标准,新版的欧盟CR法案取消了"2欧元以下"这一带有歧视性的价格界限。

2010年12月27日,日本对一次性塑料电子打火机、砂轮打火机和塑料点火枪正式实施CR法案。日本的CR法案比欧盟的要求更高。与美国、欧洲国家同类法案相比,日本CR法案没有采用以价格作为评判打火机安全界限的标准,但附加了部分更严格的条款,如对国际打火机安全标准ISO 9994作了强制性要求,并对打火机的重力值进行了限定。日本经济产业省已委托日本文化用品安全试验所作为打火机检测检验的权威机构,中国出口打火机的企业只有通过该权威机构的检测检验才能获得合格标签,该合格标签是一次性打火机在日本市场销售的"通行证"。经过半年的努力,中国6家打火机企业通过认证,拿到进入日本市场的通行证。

三、未来与抉择

中国已成为全球最大的打火机制造基地,已经形成包括原材料供应、零部件制造、产品组装在内的比较完整的打火机产业群,最重要的生产基地是宁波(主要生产塑料电子打火机)、广东(以生产塑料砂轮打火机为主)和温州(以生产金属打火机为主)。中国也是全球打火机消费量最大的国家。

传统打火机市场萎缩给打火机行业的整体发展带来严峻挑战。近年来,不少企业都力求创新来实现企业转型升级。一批生产企业都加大了研发投入,一系列不加气、不加油、充电式的新型打火机和电子点烟器层出不穷,新型的点火器技术标准较高,亦不乏高新技术的应用,有些技术还是企业自主研发的结果。为防止被冒用,企业加强了自我保护意识,及时申请专利。在开发新产品的同时,温州打火机企业通过以展促销、布局电商渠道等方式,大力开拓新兴市场,出口到法属波利尼西亚、卡塔尔、吉尔吉斯斯坦等新兴市场。目前,我国开拓互联网线上销售的打火机企业占全行业的 15% 左右。

温州打火机企业走向国际市场之路是中国企业走出去的缩影。面向未来,大浪淘沙后留下的温州打火机企业到底应当如何抉择?

资料来源:崔新建.国际市场营销[M].3 版.北京:高等教育出版社,2020.

引例启示:温州打火机在国际市场占有率和知名度都很高,然而它在走向世界之路上跌宕起伏,充满坎坷和艰辛。由于国际市场环境的不断变化,特别是贸易保护主义思潮的抬头,温州打火机企业的国际化之路困难重重。企业要在国际市场立于不败之地,就得研究国际市场,适应国际市场营销的环境。

第一节　国际市场营销的经济环境

一、国际收支

国际收支是指一个国家在一定时期内由对外经济往来、对外债权债务清算而引起的所有货币收支。国际收支可以从狭义与广义两个方面来理解。狭义的国际收支是指一个国家或者地区在一定时期内,由于经济、文化等各种对外经济交往而发生的,必须立即结清的外汇收入与支出。广义的国际收支是指一个国家或者地区内居民与非居民之间发生的所有经济活动的货币价值之和。国际收支是一国对外政治、经济关系的缩影,也是一国在世界经济中所处的地位及其升降的反映。国际收支状况通常通过国际收支平衡表来反映,它是系统地记录一国在一定时期内国际收支项目及金融的统计表,这一统计表是各国全面掌握该国对外经济往来状况的基本资料,也是该国政府制定对外经济政策的主要依据,还是国际市场营销企业制定营销决策必须考虑的经济环境。

一国与其他国家的每笔经济交易都反映在国际收支平衡表中。一国的国际收支反映了一国的总体国际经济状况,体现了从外国所得的收入与对外支付之间的差额。负责内部和外部经济平衡的财政部、中央银行和其他政府机构将国际收支作为一项重要的经济衡量指标。国际收支只是一种状况记录,而不是该状况的决定因素。

二、贸易保护主义

(一)贸易保护主义的内涵

贸易保护主义是一种为了保护本国制造业免受国外竞争压力而对进口产品设定极高关税、限定进口配额或其他减少进口额的经济政策。贸易保护主义与自由贸易主义正好相反,后者使进口产品免除关税,让外国的产品可以与国内市场接轨,而不使外国的产品负担国内制造厂商背负的重税。

贸易保护主义经常被人们与重商主义和进口替代联系起来。重商主义认为保持一个可观的贸易顺差对一个国家是很有利的。在对外贸易中实行进口限制政策以保护本国商品在国内市场免受外国商品的竞争,并向本国商品提供各种优惠以增强其国际竞争力的主张和政策。在进口限制方面,贸易保护主义主要采取关税壁垒和非关税壁垒两种措施。前者主要是通过征收高额进口关税阻止外国商品的大量进口;后者则包括采取进口许可证制、进口配额制等一系列非关税措施来限制外国商品的自由进口。这些措施也是经济不发达国家保护民族工业、发展国民经济的一项重要手段。对发达国家来说,这些措施则是调整国际收支、纠正贸易逆差的一个重要工具。

在自由竞争的资本主义时期,较晚发展的资本主义国家,常常推行贸易保护主义。发达国家则大多提倡自由贸易,贸易保护主义只是用作对付危机的临时措施。到了垄断阶段,垄断资本主义国家推行的贸易保护主义,已不仅仅是抵制外国商品进口的手段,更成为对外扩张、争夺世界市场的手段。

(二) 贸易保护主义的成因

21 世纪以来,贸易保护主义再次抬头,其时代背景可归结为以下五点。

1. 世界经济衰退引发的经济压力不断提高

21 世纪以来,世界经济整体衰退,特别是自美国的次贷危机以来,发达国家失业率普遍升高。世界总出口值的年均增长率由 20 世纪 90 年代的 8.5% 下降为 21 世纪初的 5%。2008 年世界经济出现严重衰退,世界贸易总量下降了近 30%。生产增长减慢,美国、日本、欧洲等主要工业国家失业率日益攀高。经济增长一旦减慢,"就业吸纳部门"吸纳失业劳动力的能力就会受到阻滞,使得失业率不断提高。新兴工业国家对发达工业国家的大量出口,进一步恶化了发达国家的失业情况。随着发达工业国家失业率的大幅度提高,实施贸易保护主义的压力也随之不断提高。

2. 世界产业结构调整

20 世纪 50 年代至 20 世纪 70 年代,在世界经济经历了一次空前繁荣的发展之后,世界经济的产业结构发生了一些根本性的变化。最突出的是 20 世纪六七十年代以来新兴工业化国家和地区的出口实现了从主要依赖传统初级产品向制成品的结构性转变。纺织品、服装、基础机械等产业,早期在美国、日本等发达工业国家开发生产,技术逐渐成熟、规范化之后,就从发达工业国家逐渐转移到以"亚洲四小龙"为代表的新兴工业国家和地区。这样一来,这些产业的比较利益就从发达工业国家转移到新兴工业国家和地区,实现了结构性的转移。发达国家原先从事这些产业的企业必然会萎缩,造成失业现象。由于生产要素存在刚性或者基于生产要素结构,国家难以顺利吸收这些失业的劳动力,如此势必会造成国内利益集团之间的矛盾,受到损害的利益集团就会向政府游说,施加贸易保护压力。

3. 美国出现巨额贸易逆差,成为贸易保护主义的重要领头人

21世纪以来,接连不断的石油危机、货币危机和债务危机使得美国经济增长缓慢,陷入战后最大的经济滞胀,其贸易逆差不断增加,国际收支赤字急剧上升。与之相反,日本、欧洲等新兴工业国家贸易顺差持续上升,国际收支产生大量盈余,这也加剧了美国与这些国家之间的贸易摩擦,进而促使美国贸易保护主义的抬头。

出口竞争力严重削弱,是形成巨额贸易逆差的一个重要的原因。国际收支的巨额逆差加重了美国实施贸易保护主义的压力,美国也由此成为贸易保护主义的重要发源地和推动者。

关税与贸易总协定(General Agreement on Tariffs and Trade,GATT)作为一个国际组织,是WTO的前身。美国作为GATT或WTO的主要推动者的同时,又对贸易保护主义起了领头和推动作用。表面上看似矛盾,而实质上并不矛盾,这是因为美国一方面利用GATT和WTO的自由贸易原则来推动其他国家开放市场,另一方面又用各种非关税壁垒和贸易保护主义的手段来保护本国的工业和市场。

4. GATT/WTO条款的含糊和滥用

虽然GATT或WTO的宗旨都是实施自由贸易,但是实质上,它们是承认并接受保护各国国家利益的必要组织。从GATT体制运行的实际情况来看,GATT建立和存在的基础并不完全是自由贸易理论思想,而是由与成员国的目的和利益密切相关的一系列相互适应的原则组成。从各国的国家利益出发,WTO允许各国在某些限定条件下可以使用保护条款,如保护幼稚产业条款、国际收支条款和贸易救济措施等。这些保护条款的实施条件很难界定清楚,因此容易被某些国家钻空子,形成滥用的情况。

5. 世界经济格局发生转变

自第二次世界大战结束到20世纪70年代,世界政治与经济格局发生了巨大变化。美国是第二次世界大战的最大赢家,除美国之外的其他参战国大多损失惨重,经济实力大幅下降,这导致了战后形成以美国为首的世界经济格局,国际的竞争也步入缓和期,竞争缓和促成了战后20多年的繁荣。

好景不长,美国的绝对竞争优势只维持了一段时间。20世纪60年代末,美国国际竞争力已经不再有总体优势,加上美国在越战期间急剧膨胀的军费,进一步加剧了其经济竞争力的衰落,美国在世界国民生产总值中的比重由1955年的36.3%降为1975年的24.5%。与美国的衰落相对应的是战后欧洲和日本经济的逐渐恢复。就这样,世界三大经济体间的经济竞争重新激化。各发达国家争相把劳动密集型行业和高污染、高能耗产业转移到发展中国家,以降低生产成本,但这也造成发达国家失业率的上升。与此同时,随着发展中国家综合国力的增强,其谋求建立新的国际经济秩序的力量增强,发达国家与发展中国家的斗争加剧。提高石油等原材料价格成为发展中国家对抗发达国家的工具,发达国家则以全面提高制成品价格进行反击。原材料和工业品轮番涨价,导致世界范围内通货膨胀居高不下。经济竞争的激化,加上 20 世纪 70 年代以后发达国家陷入"滞胀"危机,使得贸易保护主义再度兴起。

(三) 贸易保护主义的表现形式

迫于经济一体化和贸易自由化主潮流的压力,21 世纪的贸易保护主义采用了比传统关税壁垒更加隐蔽和"合理"的方式,以诸如环境保护措施、技术认证与安全标准等环保与技术壁垒,以及反倾销、保护知识产权等作为它们在国际经贸领域规避多边贸易制度的约束机制,从而达到保护本国就业、维护在国际分工和国际交换中的支配地位的目的。

1. 以环境保护为名筑起"绿色壁垒"

GATT 作为一个国际协定,是 WTO 的主要协定。GATT 第 20 条规定,为保护人类、动植物的生命或健康,为保护可用尽的自然资源,允许对贸易进行限制。在其后的 WTO 的规定中亦允许各成员建立自己的卫生、安全、环境等方面的标准,限制进口不符合本国标准的产品。一些发达国家和新兴工业化国家以此为借口,凭借其经济和技术上的优势制定了一系列苛刻的环保措施和高于发展中国家技术水平的环境质量标准,作为市场准入条件,对本国的市场甚至某些夕阳工业加以保护,构筑起"绿色壁垒",即进口国政府以保护生态环境、自然资源以及人类和动植物的健康为由,以限制进口、保护贸易为根本目的,通过颁布复杂多样的环保法规、条例,建立严格的环境技术标准,制定繁琐的检验、审批程序等方式对进口产品设置贸易障碍。它是一种全新的非关税壁垒。其主要形式有绿色标志制度、绿色包装和环境成本。21 世纪初,"绿色壁垒"在以下几个方面有新的发展:

(1) 分别于 2005 年 8 月 13 日正式实施的《关于报废的电子电气设备指令》(WEEE 指令)和 2006 年 7 月 1 日正式实施的《关于在电子电气设备中限制使用某些有害物质指令》(简称 RoHS 指令),被称为"双绿指令"。这两项指令涉及 10 大类产品,包括几乎全部电子电气产品,如电视机、冰箱、空调、微波炉、音响、电脑、通信设备、缝纫机、钟表、照明设备等。规定限制使用的 6 种有害物质包括铅、汞、镉、六价铬、聚溴二苯醚、聚溴联苯。目前我国无铅标准与国际标准有差异,企业依赖进口符合标准的原材料将导致成本大幅上升。

(2) 于 2007 年 8 月 17 日开始正式生效的用能源产品生态设计框架指令(EuP 指令),成为欧盟颁布的又一大环境壁垒。EuP 指令涵盖了所有用电的产品,而且涉及从设计、制造到使用、维护、回收和后期处理一整条产业链。按照该指令的要求,设计人员在设计新产品时就要考虑整个产品生命周期对能源、环境、自然资源的影响程度。这对于发展中国家的企业来说确实是个新的挑战。EuP 指令实施后,除了会增加机电企业的原材料成本,还将提高设计和制造成本。

(3) 2008 年 2 月 29 日,由美国联邦贸易委员会(FTC)修订的《器具标签法规》(ALR)

生效。ALR 是美国自 1980 年 5 月 19 日起全面实施的强制性耗能器具的能源标示制度。法规要求制造商必须使用抬头为"Energy Guide"的黄色标签,必须按照规定的格式和类型提供标签信息。该黄色标签可以帮助消费者比较各种型号产品之间的运行成本,同时确认那些可减少能源使用的高能效型号的产品。ALR 要求冰箱、冷冻机、洗碗机、洗衣机、热水器、熔炉、锅炉、房间空调器、火炉、中央空调、热泵、水池热水器等家电执行黄色标签制度。此次修订主要针对能效标签的设计和内容,对其提出更高要求。ALR 为我国出口到美国的家电设置了新的能耗壁垒。

"绿色壁垒"具有双重性。一方面,它有助于遏止全球环境恶化和资源浪费的趋势,解决人与自然不协调发展这一全球性难题,实施可持续发展;另一方面,对"绿色壁垒"的不合理运用使其成为披着合法外衣的新贸易保护主义的一种有效形式,从而对国际贸易进行不合理的限制,并延缓了发展中国家的工业化和现代化进程。对于"绿色壁垒"消极一面,我们要坚决抵制,对其积极的一面则要积极借鉴和改进,不可一概否定。

2. 凭借技术优势构建技术性贸易壁垒

技术性贸易壁垒是指一国以维护国家安全、保障人类健康、保护生态环境、防止欺诈行为和保证产品质量等为由而采取的一些技术性措施。它主要通过颁布法律、法令、条例、规定,建立技术标准、认证制度和卫生检验检疫制度等方式,对外国进口商品制定苛刻的技术、卫生检疫、商品包装和标签等标准,从而提高对进口商品的技术要求,最终达到限制其他国家商品自由进入本国市场的目的。构成技术性贸易壁垒的实质性内容包括安全标准、卫生标准、包装标识和信息技术标准等几个方面。21 世纪初,技术性贸易壁垒在以下几个方面有新的发展:

(1) 欧盟自 2006 年 1 月起开始实施的《欧盟食品与饲料安全管理法规》,已成为其他国家农产品出口欧盟的隔离墙。该法规进一步拉长了食品安全控制的链条,除了禁止带有 320 种农药残留的农产品在整个欧盟市场中销售,还要求食品生产与销售的每一个环节,即"始于农场止于餐桌"的全过程,都要符合新出台的一系列标准,否则欧盟委员会将取消其进口资格,并将相关外国企业列入"黑名单"。

(2) 2006 年 5 月 29 日,日本正式对进口农产品实施《食品中残留农业化学品肯定列表制度》。该制度对所有农业化学品残留制定了限量标准,涉及 302 种农产品、796 种农业化学品、53 862 个限量标准,全面提高了进口农产品的技术门槛和市场进入标准,成为一种非关税的新贸易壁垒。该制度的推行使我国对日本农产品出口难度增加,尤其是以日本为主要出口市场的蔬菜、肉类产品受到了冲击。

(3) 欧盟关于食品污染物最高限量的法规(EC1881/2006 号条例)已于 2007 年 3 月 1 日正式生效。该法规对各类进口食品的质量安全提出了更高、更全面的要求。该法规对硝酸盐、真菌毒素、重金属、二噁英和类二噁英多氯联苯、三氯丙醇、多环芬香烃六大类食品污染物作出了最高限量规定。上述食品污染物涉及范围广泛,水产品、动物产品、粮食制品、调味品、罐头食品、蔬菜、水果、酒类等各类食品和农产品大多在该法规的监控范围内。欧盟实施食品污染物最高限量法规后,进一步抬高了中国食品、农产品进入欧盟市场的门槛,相关企业所需投入的生产成本及技术成本也随之增加。

(4) 2007 年 6 月 1 日,欧盟《关于化学品注册、评估、许可和限制的法规》(REACH)正式生效。REACH 并不是一个单独的法令或法规,而是一个涵盖化学品生产、贸易和使用安全的综合性法规。REACH 把欧盟市场上约 3 万种化工产品和其下游的纺织、轻工、制药等 500 多万种制成品全部纳入注册、评估、许可 3 个管理监控系统。欧盟自己生产的、用于出口的和从国外进口的所有化工及其下游制品都必须进行注册并被许可后,才能在欧盟市场中流通。

(5) 2007 年,美国利用所谓的食品药品安全问题和非食品药品类产品安全问题设置大量的贸易壁垒。2007 年 1~9 月,美国对我国出口食品药品拒绝批次达 1 993 次,被拒绝的中国出口产品包括各种农产品、食品、化妆品、陶瓷器皿、药品、轻工产品、医疗设备等,其中农产品和食品饮料类最多;2007 年 1~12 月,美国消费品安全委员会对我国出口美国产品召回近 300 次,每批次涉及大量产品,少则上千件,多则上万件,给我国的出口企业造成了巨大的损失。

3. 反倾销、反补贴和保障措施等贸易救济措施

(1) WTO 允许成员国采取有关的国际贸易救济措施。WTO 为追求贸易自由化、反对不公平竞争及不公平贸易,允许成员国采取有关的国际贸易救济措施。例如,《1994 年关税与贸易总协定》第六条"反倾销税和反补贴税"第 1 款规定:用倾销的手段将一国产品以低于正常价值的办法挤入另一国贸易内,如因此对某一缔约领土内已建立的某项工业造成重大的损害或产生重大威胁,或者对某一国内工业的新建生产严重阻碍,这种倾销应该受到谴责。同时第 3 款规定"反补贴税"一词应理解为:为了抵消商品于制造、生产或出口时直接或间接接受的任何资金或补贴而征收的一种特别关税。《1994 年关税与贸易总协定》第十九条则对保障措施的实施作了基本规定:如果因意外情况的发展或因一缔约国承担总协定义务(包括关税减让在内)而产生的影响,使某一产品进入到这一缔约国领土的数量大为增加,对这一领土内相同产品或与它直接竞争产品的国内生产者造成严重损害或产生严重损害的威胁时,这一缔约国在防止或纠正这种损害所必需的程度和时间内,可以对上述产品全部或部分地暂停实施其所承担的义务,或撤销,或修改减让。

(2) WTO 对成员国滥用国际贸易救济措施的约束。为了加强对各成员国实施这些贸易救济措施的约束,防止它们被作为一种贸易保护主义的工具被滥用,WTO 还另行颁布了与反倾销、反补贴和保障措施相关的几项具体的规定,即《关于实施〈1994 年关税与贸易总协定〉第 6 条的协定》《补贴与反补贴措施协定》和《保障措施协定》。但这些协定的许多条款由于其本身在很大程度上存在着模糊性,从而实际上赋予了各缔约国主管当局在实施贸易救济措施过程中过多的自由裁量权,直接导致了贸易救济措施被过度滥用的可能。

（3）贸易保护主义通过干预本国对外贸易加强对对外贸易的管理。最著名的法规是1988年由美国国会修订并通过的《综合贸易及竞争办法法规》，从法律上标志着贸易保护主义的形成。该法规授权政府对贸易对手不合理或不公正的贸易可采取必要的行动，以减少国内产业的压力，从而加强了美国政府对外贸易调控的合法性。该法规第301节包括了"超级301条款"和"特别301条款"。前者授权美国贸易代表办事处对世界上美国认为"自由贸易"方面做得不够的国家和地区提出名单和报告，并在规定的时间内通过"谈判"迫使其采取符合美国要求的开放措施，否则将对其进行报复；后者授权美国贸易代表办事处，对未适当有效保护其知识产权的国家及未给予依赖知识产权的美国企业公平进入市场机会的国家进行调查和考虑实施报复。以上条款在事实上已成为美国政府打压别国的具有"进攻性"的推行贸易保护主义的"武器"。

（4）贸易保护主义的另一种表现形式是把反倾销作为控制进口的有效且便利的手段。贸易保护主义运用反倾销战略将受指控方原本符合公平竞争原则的比较利益优势消除殆尽，彻底违背了WTO关于反倾销协议所作出的规定。除此之外，劳工标准、区域性协议、关税升级保护和"灰色区域"措施等也是贸易保护主义所采取的手段。对贸易保护主义的研究表明，与以关税壁垒为特征的传统的贸易保护主义相比，当前时代贸易保护主义具有名义上的"合理性"和形式上的"隐蔽性"。与可以通过谈判施行减让的关税措施相比，绿色和技术贸易壁垒很难通过外交努力或谈判来弱化和消除，而且其具体形式复杂多变、花样翻新、常以最新科技中的技术为支撑条件。我们只有用相应的高科技手段"以强制强"，才能成功抵制贸易保护主义对本国经济的影响。

4. 反规避和反吸收调查

规避是指一种出口产品在被另一国实施反倾销措施的情况下，出口国通过各种形式减少或避免出口产品被征收反倾销税或被适用其他形式的反倾销措施的行为。例如，出口国通过改变商品的生产地、组装地或产品形态，将产品转移到第三国或进口国国内进行装配，从而改变其产品的原产地，以规避反倾销税。反规避是指进口国为防止出口国规避反倾销措施的行为而采取的措施。吸收是指在进口国已对某进口产品征收反倾销税的情况下，出口国采取低报出口价格的方法减轻进口国因承担反倾销税产生的负担，从而降低反倾销税对其产品在进口国市场份额的影响。此种情况下，进口国可以进行反吸收调查，如进口国发现反倾销措施对倾销产品的售价未能产生预期影响，可通过重新调查确定新的倾销幅度，并最终提高反倾销税率。反吸收是反规避的一种表现形式。

随着越来越多的中国企业遭遇反倾销调查，为了避免诉讼，它们采取曲线出口的方式，在境外设厂生产产品并以所在国身份进入国际市场，以避免成为反倾销的对象。反规避和反吸收调查则成为某些西方发达国家针对上述现象的贸易壁垒措施。

5. 知识产权壁垒

在反倾销和保障等措施为国人熟知以后,一种新型的非关税国际贸易壁垒——知识产权壁垒成为困扰中国企业的对外贸易障碍。这种贸易壁垒是占有知识产权优势和先进技术水平的发达国家及其跨国企业,利用国际和国内的知识产权制度及相关的国家政策,以保护知识产权为名义,对含有知识产权的商品,如专利产品,贴有合法商标的商品,以及享有著作权的书籍、唱片、计算机软件等实行进口限制;或者凭借拥有的知识产权优势,实行不公平贸易,以此维护其知识产权优势,使贸易从制造业具有优势的发展中国家向其所在的发达国家发生转移。

目前,进行海外专利申请已经成为某些发达国家的大公司运用知识产权保护自身利益的一种普遍做法。它们将自己的发明专利拿到其他国家申请注册,一方面可以作为占领对方市场的"护身符",另一方面又可以成为威胁竞争对手"侵权"的"狼牙棒"。

6. 企业的社会责任

社会责任标准(SA8000),是全球首个道德规范国际标准,旨在确保供应商所供应的产品符合社会责任标准的要求。社会责任标准的具体内容包括:商品和服务生产过程中未使用童工和强制劳动力;尊重所有员工的结社自由和集体谈判权;不得有歧视行为和惩戒措施;工人报酬合理;工人工作条件良好;工厂有完善的卫生和安全规定;工时工资不低于法律或行业标准等。美国于2006年在已实行的社会责任管理系统认证标准中,把人权标准与进口贸易相结合。社会责任标准是一个规定了制造商和供应商社会雇佣的行为规范的国际标准,它被视为最广泛的工作场所标准,并且适用于任何国家或地区和任意规模的企业。该标准的实施一是成为我国农产品出口美国的巨大阻碍;二是按照这些标准约束我国企业,使其产品成本大幅增加,丧失出口优势。

(四) 贸易保护主义的理由、优势和弊端

1. 贸易保护主义的理由

为支持政府对贸易实施限制,贸易保护主义者提出了无数条理由,但归纳起来无非有以下几条:①保护幼稚工业;②保护国内市场;③以防货币外流;④鼓励资本积累;⑤维持生活水平和实际工资;⑥保护自然资源;⑦实现欠发达国家的工业化;⑧维持就业机会并减少失业;⑨国防;⑩扩大企业规模;⑪报复和讨价还价。其中,经济学家一般仅认可保护幼稚工业、实现欠发达国家的工业化和国防这三条理由。如今由于人们环境保护意识的提高和世界范围内原材料及农产品的短缺,保护自然资源这一理由越来越被人们所接受。当一国的生产能力或劳动力出现过剩时,该国会实施临时性的市场保护,以利于这些过剩资源的顺利转移。不幸的是,这种临时性保护措施往往会变成长期行为,造成工业效益低下,不利于一国为适应世界客观形势而作出调整。

2. 贸易保护主义的优势

(1) 能够保护新兴产业的发展。在贸易自由化的环境下,面对国外成熟技术及过硬产品,本国后起的新兴产业想要发展起来是非常困难的。此时,国家对这些产业的贸易保护将有助于该国新兴产业的发展。例如,韩国政府曾在汽车行业初始阶段大幅度提高进口汽车的关税。在汽车行业逐步发展起来后,韩国政府仍采取很多种非关税保护措施限制外国汽车品牌进入韩国。这一系列贸易保护措施使得韩国汽车行业在起步阶段免受外国产品的干扰,保护了新兴产业的发展。

（2）短时间内促进经济增长。实行贸易保护措施可以在短时间内让经济快速增长,这是因为实行贸易保护措施是将自己国家内的压力转向其他国家。企图通过抬高关税获得一部分利益或是通过限制进口促进本国产品的生产及销售。但这不是长久之计,只能使经济短暂地增长,不能解决根本性问题。

（3）保护进口国环境。"绿色壁垒"披着保护环境的外衣,其实质却是贸易保护。辩证地来看,"绿色壁垒"可以避免破坏环境的产品或者破坏环境生产方式的产品进入国内,确实在一定程度上保护了进口国的环境。而出口国为了免受"绿色壁垒"的制约,也会加强其国内环保事业,走上绿色发展的道路。环境保护与经济发展之间的关系理应首先保证环境不遭受破坏,其次追求经济发展。因此,在尊重彼此国家主权的基础上,"绿色壁垒"可以促进环保产业,保护生态环境。

3. 贸易保护主义的弊端

（1）不利于全球经济发展。经济全球化是世界经济发展到一定阶段的产物。经济全球化的形成使得资本在世界范围内自由流动,其超越了国界,让各国在世界市场中各司其职,形成全球各国相互依存的局面。贸易保护主义的出现破坏了原有的经济形势,打破了已经形成的金融体系、全球性分工体系、生产体系和销售体系链条,使得世界经济严重倒退。贸易保护主义对已形成的或即将形成的多边贸易组织和体制推动的贸易自由化非常不利。

（2）不利于世界的和平与稳定。经济危机爆发后,一国采取贸易保护措施企图将经济危机产生的不利影响转嫁给其他国家,这必将引起全球性的报复措施,使得其他国家对该国进行贸易制裁。这使整个世界都陷入经济危机,引发社会动荡和政治危机,非常不利于世界的和平与稳定。

（五）贸易保护主义的应对方法

国际分工由全球价值链分工主导,在全球价值链分工模式下会有很多中间产品跨境流动的环节,各国采取贸易保护主义会使得国际贸易成本增加,成本会沿着全球价值链分工产生累积效应,影响最终产品的价格、生产和贸易。针对日益抬头的国际贸易保护主义,我国要积极应对。

1. 统一国内市场,完善社会主义市场经济体系

社会主义市场经济通过市场中的供求、价格和竞争等机制对社会资源配置起决定性作用。不可否认的是,各地区都或多或少存在着地方贸易保护主义,进而阻碍了统一、开

放、竞争、有序的市场的形成。在社会主义市场经济条件下培育出自主经营、自负盈亏的市场主体,可以使潜在生产力快速转化为现实生产力,鼓励我国企业"走出去",参与全球竞争。我国只有形成统一的国内市场,不断发展与完善社会主义市场经济体制,才能有效应对外部挑战,才能降低发达经济体采取贸易保护政策所带来的风险。同时,我国还要坚定不移地推动贸易和投资的自由化与便利化,通过"一带一路"倡议的互联互通,积极参与构建国际经济新秩序和全球经济新规则。

2. 优化经济结构,促进战略性新兴产业发展壮大

促进第三产业尤其是生产性服务业发展壮大,要以产业结构、分配结构和区域结构调整作为重点突破口。从当前来看,经济结构调整对经济发展的支撑作用更加明显,要打好防范化解重大风险、精准脱贫、污染防治三大攻坚战。同时,要把改造传统农业、鼓励制造业升级、加大对高科技技术的研发投入有效结合起来,形成经济社会发展新的驱动力。要举全国之力发展新一代信息技术产业、高档数控机床和机器人、航空航天装备、农机装备、生物医药和高性能医疗器械等为代表的战略性新兴产业,引领经济社会长远发展。

3. 建立完善的知识产权保护体系,加大原创科技的研发投入

知识产权保护体系包含行政执法、司法保护、授权确权、仲裁调解和行业自律等各个环节,它既可以给创新主体和市场主体提供有力的法制保障,又可以创造出更加包容、平衡有效的知识产权国际规则,使我国知识产权在国外得到更好的保护。知识产权保护与原创性科技相辅相成,没有有效的知识产权保护体系,原创性的创造发明就难成规模出现,更不用说有效地转化为现实的生产力。原创性科技与知识产权保护能极大地激发国家与民众的活力,因此要加大对教育与基础研究的投入。同时,对原创性研发需要有持之以恒的毅力。

三、全球性的国际经济组织

世界贸易组织、国际货币基金组织(International Monetary Fund,IMF)和世界银行(World Bank)是公认的对全球经济最有影响力的三大国际经济组织。企业了解它们有助于开展国际市场营销活动。

(一) 世界贸易组织
1. 世界贸易组织的含义

世界贸易组织是负责监督成员经济体之间各种贸易协议得到执行的一个国际组织。1994 年 4 月 15 日,在摩洛哥的马拉喀什市举行的关贸总协定乌拉圭回合部长会议决定成立更具全球性的世界贸易组织,以取代成立于 1947 年的关税与贸易总协定。

2. 世界贸易组织的性质

世界贸易组织是一个独立于联合国的永久性国际组织,于 1995 年 1 月 1 日正式开始运作,负责管理世界经济和贸易秩序,总部设在瑞士日内瓦的莱蒙湖畔。它与世界银行、国际货币基金组织被称为当今世界经济体制的"三大支柱"。其贸易量已占世界贸易总量的95%以上。世界贸易组织具有法人地位,它在调解成员争端方面具有极高的权威性和有效性。

3. 世界贸易组织的成员

世界贸易组织的成员分为四类:发达成员、发展中成员、转轨经济体成员和最不发达成员。截至2023年7月,世界贸易组织有164个成员,25个观察员。世界贸易组织被认为是多边贸易体制的代表,其核心是世界贸易组织的各项协定。这些协定是由世界上绝大多数国家和地区通过谈判达成并签署的,并经各成员立法机构的批准。这些协定包含国际贸易通行的法律规则,一方面保证各成员的重要贸易权利,另一方面对各成员政府起到约束作用,使它们的贸易政策保持在各方议定且符合各方利益的限度之内,以便向产品制造者和服务提供者提供帮助,并有利于进出口业务的开展。

(二) 国际货币基金组织

1. 国际货币基金组织的含义

国际货币基金组织是根据1944年7月在布雷顿森林会议签订的《国际货币基金协定》,于1945年12月27日在美国华盛顿成立的,其成员有近200个国家或地区。它与世界银行同年成立,并与其并列为世界两大金融机构,其职责是监查货币汇率和各国贸易情况,提供技术和资金协助,确保全球金融制度运作正常;其使命是为陷入严重经济困境的国家提供协助。对于严重财政赤字的国家,国际货币基金组织可能提供资金援助,甚至协助管理国家财政。

2. 国际货币基金组织的宗旨

国际货币基金组织的宗旨是通过一个常设机构来促进国际货币合作,为国际货币问题的磋商和协作提供方法;通过国际贸易的扩大和平衡发展,把促进和保持成员的就业、生产资源的发展、实际收入的高水平,作为经济政策的首要目标;稳定国际汇率,在成员之间保持有秩序的汇价安排,避免竞争性的汇价贬值;协助成员建立经常性交易的多边支付制度,消除妨碍世界贸易的外汇管制;在有适当保证的条件下,国际货币基金组织向成员临时提供普通资金,使其有信心利用此机会纠正国际收支的失调,而不采取危害自身或国际繁荣的措施,从而缩短成员国际收支不平衡的时间、减轻不平衡的程度等。

成员在国际收支困难时,可以向国际货币基金组织申请贷款,但其用途限于短期性经济收支的不均衡。各成员可利用的资金的最高限额为该成员分摊额的2倍,而在此限额内1年仅能利用分摊额的25%(目前国际货币基金组织已慢慢放宽成员对于资金利用的限制,以配合实际的需要)。

3. 国际货币基金组织的主要措施

国际货币基金组织规定了各成员汇率、资金移动和其他外汇管制措施:成员的国际收支,除非发生基本不均衡,否则不得任意调整其货币的平价。基本不均衡是指除了因季节性、投机性、经济循环等短期因素的原因,所产生的国际收支不均衡。对于资金移动,基金组织则规定各成员不得将国际货币基金组织的资金用于巨额或持续的资本流出的支付。对于此种资本流出,成员得加以管制,但不得因此而妨碍经济交易的对外支付。

(三) 世界银行

1. 世界银行的含义

世界银行是世界银行集团的简称,由国际复兴开发银行、国际开发协会、国际金融公司、多边投资担保机构和国际投资争端解决中心五个成员机构组成。世界银行成立于1944 年,并于 1946 年 6 月开始营业,总部设在美国华盛顿,有员工 10 000 多人,分布在全世界 120 多个办事处。凡是参加世界银行的国家和地区必须首先是国际货币基金组织的成员。狭义的"世界银行"仅指国际复兴开发银行和国际开发协会。

2. 世界银行的作用

世界银行最初的使命是帮助重建在第二次世界大战中被破坏的国家;主要任务是资助相关国家克服穷困,各机构在减轻贫困和提高生活水平的使命中发挥着独特的作用。现在世界银行的主要帮助对象是发展中国家,在人类发展领域(如教育、医疗)、农业及农村发展领域(如灌溉、农村建设)、环境保护领域(如降低环境污染),以及基础设施建设(如修建新路、城市复兴、电网增容)等领域,向成员提供优惠贷款,但同时向受贷成员提出一定的要求,如减少贪污、建立民主等。

第二节　国际市场营销的文化环境

一、文化的内涵

(一) 狭义的文化

文化一词来源于西方,在拉丁文中原指"农耕及对植物的栽培"。在大多数西方语言中,文化通常是指"文明"或者"对思想的提炼(对人的品德和能力的培养)",提炼的成果包括教育、各种文学、艺术等。

在中国的古籍中,"文"既指文字、文章、文采,又指礼乐制度、法律条文等。"化"是"教化""教行"的意思。从社会治理的角度而言,"文化"是指以礼乐制度教化百姓。汉代刘向在《说苑》中说:"凡武之兴,为不服也;文化不改,然后加诛。"此处"文化"一词与"武功"相对,含教化之意。南齐王融的《曲水诗序》中有"设神理以景俗,敷文化以柔远",其中"文化"一词也为文治教化之意。

可见,文化一词在中西方国家中的意思,殊途同归。

（二）广义的文化

文化的广义含义是从人类学角度加以诠释的。

英国人类学家泰勒于 1871 年在其出版的《原始文化》一书中指出，据人种志学的观点来看，文化或文明是一个复杂的整体，它包括知识、信仰、艺术、伦理道德、法律、风俗和作为一个社会成员的人通过学习而获得的任何其他能力和习惯。另一位英国人类学家马林诺夫斯基拓展了泰勒对文化的定义，于 1944 年在其出版的《文化论》中指出，文化是对一群传统器物、货品、技术、思想、习惯和价值而言的，它包容并调节着一切社会科学。他还进一步把文化分为物质的文化和精神的文化，即"已改造的环境和已变更的人类有机体"两种主要成分。英国人类学家拉德克利夫—布朗认为，用结构功能的观点来研究文化是英国人类学的一个传统。他认为文化是一定的社会群体或社会阶级与他人的接触交往中习得的思想、感觉和活动方式的总和；文化是人们在相互交往中获得知识、技能、体验、观念、信仰和情操的过程。他强调文化只有在社会结构发挥功能时才能显现出来，如果离开社会结构体系就观察不到文化。例如，父与子、买者与卖者、统治者与被统治者的关系，只有在他们交往时才能显示出一定的文化。

法国人类学家列维—斯特劳斯从行为规范和模式的角度上定义文化，他认为文化是一组行为模式，在一定时期流行于一群人之中，并易于与其他人群的行为模式相区分，并且显示出清楚的不连续性。

美国人类学家克罗伯和克拉克洪于 1952 年在其出版的《文化：关于概念和定义的探讨》中，分析考察了 100 多种文化定义，他们认为文化存在于各种内隐的和外显的模式之中，借助符号的运用得以学习与传播，并构成人类群体的特殊成就，这些成就包括他们制造物品的各种具体式样，文化的基本要素是传统（通过历史衍生和由选择得到的）思想观念和价值，其中尤以价值观最为重要。

荷兰心理学家霍夫斯泰德于 2004 年在其出版的《文化与组织》中认为，文化是所有思维、感情和行为模式的集合，并以计算机编程的方式将其作类比，把它们称为"心理程序"。

上述种种的文化定义，反映了近现代人类学家、心理学家们对文化的认识过程。本书亦从人类学的角度综合定义文化，即文化是人类环境中的人为部分，是人类作为社会成员所习得的知识、信仰、艺术、伦理道德、法律、风俗、其他能力和习惯的总和。

二、文化的要素

文化具有五大要素：价值观、礼仪和仪式、符号、信仰和思维方式。国际市场营销者在设计产品、分销体系和促销计划时必须充分考虑这五个文化的要素。

（一）价值观

价值观是基于人们思维感官之上而作出的认知、理解、判断或抉择，是人们认定事物、辨别是非的一种思维或价值取向。简单来讲,价值观是人们对事物或观念重要性的认知导向。价值观的差异决定了世界各国文化的千差万别。霍夫斯泰德通过对70多个国家和地区近10万人的调查数据进行统计分析,认为国家和地区之间的主要文化差异体现在价值观上,不同国家和地区的人们在以下5个方面的认知和行为上存在差异:个体与群体的关系、权力与平等的价值观、处理生活中不确定事件的方式、对男性和女性社会角色的预期、人们更关注未来或过去或现在。他把这5个方面的差异界定为"价值观维度",即"个人主义/集体主义""权力差距""不确定性规避""男性化/女性化"和"长期导向/短期导向(该维度是对前4个维度的重要补充,它主要是针对华人价值观的调查,因而也称为'儒家动态变量')"。霍夫斯泰德认为这5个维度分别从不同的角度反映出各个国家的文化特征,并以可预见的方式长期影响人们的思想、情感和行为模式。同时,在其随后对IBM公司在世界各地员工的重复研究中,进一步证实了人们的行为模式与其价值观有关。

1. 个人主义/集体主义

个人主义/集体主义反映某一社会群体偏向于关注个人利益/集体利益。个人主义的社会里,人与人之间的联系是松散的,人们只顾自己及其核心家庭。集体主义的社会里,人们一出生就融入强大而紧密的群体中,这个群体为人们提供终身保护,从而得到人们对该群体的绝对忠诚。个人主义高的文化反映了以自我为中心的思维,鼓励追求个人成就、个人权利和自我独立性,鼓励个性发挥,并认为个人利益比集体利益更重要。个人主义社会中,消费模式表现出自助化,媒体是信息的主要来源。集体主义高的文化则反映了以集体为中心的思维,认为个人利益是建立在集体成员的利益基础之上的,个人必须服从集体、对集体保持忠诚,而集体负责保护个人。集体主义社会中,消费模式表现出对他人的依赖,社会关系是信息的主要来源。

2. 权力差距

权力差距反映了人们对社会不平等的容忍程度,即在某一社会制度中,上下级的权力不平等状况的容忍程度或者是人们对人与人之间不平等权力关系的认同程度。权力差距高的国家和地区往往等级森严,人们对于由权力与财富所引起的层级差异有较高的容忍和接受度;而权力差距低的国家和地区,人们则不看重由权力与财富引起的层级差异,更加强调个人权力、地位和机会的平等。

3. 不确定性规避

不确定性规避是指人们对模棱两可或不确定性的容忍程度。不同文化背景下的人在面对不确定的事物时,会采取不同的态度和措施来规避风险和威胁。不确定性规避高的文化比较注重寻求有序的社会系统,往往采取各种手段或措施减少不确定的因素,在创新方面更加强调连续性和稳定性,甚至把行为规范当作规避风险的一种手段,将其树立更高的权威;而不确定性规避低的文化对不确定的事物则具有较高的容忍度和适应力,做事灵活性较大,喜欢新的变化和新鲜事物,愿意面对来自未知领域的风险和挑战。

4. 男性化/女性化

男性化/女性化是指性别间的社会角色分布。在男性化高的国家和地区中,性别角色区分明显,人们更多地表现出男性的性格特征,如自信、果断、追求成就等。在这些国家和地区中,男性通常占支配地位,凡事拥有决定权,一般比较看重成功和金钱;消费中女性购买食品,男性购买轿车,营销推广强调彰显身份的产品;管理方式武断,往往通过直接的斗争解决问题。在女性化高的国家和地区中,人们则更加注重和谐的人际关系、崇尚礼让及谦虚、强调男女平等、关心生活质量等;消费中男女性都会购买食品和轿车,营销推广强调家庭用品;管理方式倾向直觉和共识,往往通过妥协和谈判解决问题。

5. 长期导向/短期导向

长期导向/短期导向是指特定文化中的成员对延迟其物质、情感、社会需求的满足所能接受的程度。在长期导向高的国家和地区中,人们做事通常会着眼于未来,看重长期的承诺,推崇节俭、坚韧不拔和持之以恒等品质;而在短期导向高的国家和地区中,人们则更关心眼前利益,强调尊重传统,履行社会义务。霍夫斯泰德对39个国家和地区长期导向/短期导向价值观的研究结果中,中国长期导向的得分最高。对于消费者行为的分析,在长期导向较高的国家中,人们在房地产行业的投资更多;而在短期导向较高的国家中,人们更倾向于投资开放式基金。研究表明,长期导向的文化背景中,人们倾向于投资终生的人际关系网络,具有很高的储蓄倾向,这或许能很好地解释在中国,人们为什么那么热衷于投资房地产业、偏爱储蓄和建立人际关系网络了。

(二)礼仪和仪式

生活中到处存在礼仪,即可以习得并不断重复的行为和交往方式。婚礼庆典和葬礼仪式是很好的例子。对于学生而言,仪式体现在毕业典礼上穿学位服、戴学士帽、齐声读毕业宣言,以及让老师为自己拨穗正冠等。通常这些仪式随文化的不同而不同。在新德里,骑着白马的新郎和可食的花朵是高收入人群婚典仪式的一部分内容。生活中同样也有一些小的礼节,如在餐厅就餐、去百货商场,甚至清晨去上班或上学前的打扮。在马德里的高档餐厅,上菜顺序是甜点一般先于主菜,而宴会通常午夜开始并且整个过程差不多要3个小时。美国的百货商场通常要找寻解答问题的服务员,但日本不同,一进门的地方就有提供帮助的服务员向你鞠躬。在美国拜访医生通常只穿件单薄的检查衣在冷飕飕的检查室等上15分钟,而在西班牙通常在医生办公室里做检查,病人无须等待医生。礼仪和仪式是非常重要的,它们规范着人们在社会交往活动过程中应共同遵守的行为。

(三)符号

符号是表层的文化构成要素,一般包括语言、文字、电码、数学符号等。社会生活中,诸如打招呼的动作、仪式、游戏、文学、艺术、神话等的构成要素都可称为符号。符号通常可分为语言符号和非语言符号两大类,其中语言符号是最重要的,也是最复杂的符号系统。美国人类学家爱德华·霍尔在《无声的语言》中指出"文化是一种交流",而交流是从语言开始的。因此,我们以语言符号作为符号体系讨论的开端。

1. 语言符号

语言是文化交流的基础,在国际市场上从事营销活动,懂得当地的语言自然事半功倍。语言对营销活动的影响是显而易见的,它不仅影响日常的沟通和交流,还影响品牌、包装和产品说明书的翻译,以及广告文案的撰写,营销者尤其需要关注不同语言的各种习惯表达方式。多数语言的语义特别丰富,同一词汇的含义千差万别,如汉语中的"意思""方便""多少"等。在西班牙语系的拉丁美洲,"tambo"一词在玻利维亚、哥伦比亚、厄瓜多尔和秘鲁等国家的含义是"路边店",在阿根廷和乌拉圭则是指"奶牛场"。根据《中国大百科全书记载》,在我国56个民族中,55个少数民族使用了80多种语言。

2. 非语言符号

爱德华·霍尔所揭示的无声的语言——声调、手势、表情、时间和空间等都可以称为非语言符号,尤其是时间和空间语言,有时候可能更直接决定国际市场营销沟通的成败。

关于空间的语言,爱德华·霍尔的研究认为,在美国文化里,人们对空间的使用大有区别,身体距离太远显得冷淡,太近又显得咄咄逼人;而近距离在拉丁美洲、阿拉伯、中国等文化里则表示对谈话者的友好。因此,当我们不确定交谈的对方对距离的要求时,原地不动,让对方来调整距离也许是较为明智的选择。

有些研究表明,语言对人们的价值观有直接的影响,其直接表现在人们对社会平等的期望,汉语的"你"和"您"就区分了说话者与对方的身份差异。能否恰当使用这些语词取决于谈话者对社会背景的了解。

需要注意的是,在一些国家,语言常常具有特别敏感的政治意义。例如,法国人会不计代价地极力维护法语的纯正。又如,在加拿大,由于双语社会,语言有可能成为政治争论的焦点。

(四) 信仰

法国哲学家保罗·萨特曾经说过,世界上有两种东西是亘古不变的,一是高悬在我们头顶上的日月星辰;二是深藏在每个人心底高贵的信仰。正如19世纪英国著名的社会改革家塞缪尔·斯迈尔斯在《信仰的力量》中所说:"信仰象征着人类的理想,代表着人类不断探索追求的渴望,因为那里有我们未曾踏足的原始状态,鬼斧神工的辉煌,碧海青天的梦想……"人们的信仰部分来自宗教,我们很难把风俗与宗教严格区分开来。例如,中国人最忌讳的数字是4,这是因为"4"与"死"谐音,而6、8和9则是人们喜欢的数字。"6"是顺,连着有六六大顺的好口彩。"8"与"发"谐音,有"发财"的意思,备受人们,特别是经商人喜欢。过去商人远行,一般选在逢八的日子出门,依照的就是"要得发,不离八"的吉言。"9"与"久"谐音,含有长久之意。上海话中,"十三点"为贬义,多指愚昧无知。在西方国家中,人们对"13"有厌恶情绪。相传出卖耶稣的弟子犹大,是耶稣的第13个弟子,而耶稣被钉死在十字架上的日期也是 13 号。西方文化中还有许多关于"13"的可怕传说,并形成了一些习俗,比方说很多写字楼避开第 13 层,门牌号避开 13 等。然而,佛教却认为"13"是大吉数,佛教传入中国分为 13 宗,代表功德圆满,西藏布达拉宫、天宁宝塔都是 13 层。同样的数字"13",在不同的地区,从不同的角度看,却有如此截然相反的含义。

有人说信仰是艺术、科学、哲学,对人们的思维观念影响深刻。对于营销者而言,轻视这些信仰,可能要付出高昂的代价。同时,营销者还必须高度警惕宗教的教义、活动、禁忌等对人们思想和行为的影响。

(五) 思维方式

不同的文化毫无疑问具有不同的思维方式。理查德·尼斯贝特在《思想的地理学》中深入研究了"亚洲和西方"的思想,以孔子和亚里士多德作为其研究的引导,提醒人们简单地把中国、日本和韩国文化视为一端,把欧美文化视为另一端是很危险的。关于艺术,在他看来,亚洲人观赏绘画的整体并能觉察出画的背景和前景,西方人则聚焦于前景,只关注中心画面的细节,漠视背景。显然,这种观察上的差异是与完全不同的价值观、偏好和对未来事物的预期相联系的。

文化的五个构成要素对营销战略计划都有着直接的影响,营销者从产品开发到终端销售必须仔细评估每一个文化要素,它们如何被接受和拒绝也必须要认真考量。

三、世界各地的管理风格

国际市场营销过程中无疑会遇到千差万别的管理理念和行为,因而在评估国际市场的文化要素时,必须充分估计文化对管理决策、管理者的目标和志向、沟通风格、时间观念及其利用方式、谈判重点,以及营销导向的冲击和影响。

(一) 管理决策

规模、所有权归属、公共责任和价值观共同影响一家企业或组织的权力结构,其中价值观的影响更为突出。一项针对欧洲 12 国的研究表明,英国的前 100 家大型企业中有 61 家企业具有分散所有权结构,而在奥地利和意大利却看不到大型企业采用这种所有权结构。分散所有权比例的高低与个人主义显著相关。权力差距也会影响企业的权力结构。高权力差距环境下,上下级认为彼此之间天生就不平等,组织机构总是尽可能把权力集中在少数人手中,并享有特权,明显的地位标志有助于增加上司的权威。相反,低权力差距环境下,上下级认为彼此之间天生平等,等级制度不过是角色不同而已,制度的建立仅仅是为了方便工作,没有特权,上级往往在征询下属意见之后才会作出与下属有关的决策。

在国际市场营销活动中,营销者会遇到不同的权力决策模式,归纳起来主要有以下三种:高层管理者决策、分散决策和集体决策。

高层管理者决策往往出现在如下两种情形中:一是所有者拥有绝对的控制权。二是在企业发展初期,规模小使决策权高度集中。我国改革开放的 40 多年,催生了一个庞大的民营企业群体,少数高层拥有绝对的决策权,并且带有特别浓郁的家长制作风。同样的情形在中东地区、墨西哥和委内瑞拉特别普遍。尤其在中东地区,所有的决策都由高层人物制定,而且这些高层人物也只愿意与那些有决策权的管理者打交道。

社会经济的迅猛发展促进了职业经理人阶层的快速成长和壮大,也撼动了高度集中的权力中心,决策权力逐步分散并下移,不同层次的管理者在其职责范围内享有相应的决策权,即分散决策。在欧美等发达的经济体系下,众多大型企业都采用这种管理制度。

集体决策需要协商或集体一致通过才能完成,它可以高度集中,也可以分散完成。这种模式在许多个人主义较低的文化中非常普遍,尤其在亚洲的许多特别强调和谐和集体精神国家的企业中采用集体决策。

营销者需要具有极强的创造性和灵活性来适应国际市场营销活动中遇到的不同权力决策模式,并采取恰当的营销策略。在高层管理者和分散决策的文化背景下,必须明确谁是决策人。而在集体决策的文化背景下,就必须说服每一个参与决策的成员接受你的产品或服务。

(二)管理者的目标和志向

文化不仅影响人们的生活层面,也影响其社会地位。管理者的社会地位和等级影响其目标和志向,并直接影响管理者对创新及与外国人做生意的态度。管理者的目标和志向不仅表现为对财务目标的追求,还体现为对安全感和流动性、个人生活、社会认可,以及权力和成就感的追求。

1. 管理者的目标

霍夫斯泰德与其合作者邀请 15 个国家和地区的 21 所当地大学的 MBA 学生,对自己国家或地区中成功的高层管理者所关注的目标(分别)进行评估,结果表明,高层管理者所关注的目标中,企业成长、持续性和利润位列前三。美国的高层管理者最为看重以下几个方面:企业的成长、短期利润、个人财富与权力不违法、尊重伦理规范(反映对对错抉择的关注)。其他国家则有不同的看法。例如,德国、荷兰、英国、新西兰的高层管理者表现为对员工的关注,这是因为在这些国家里,有组织的工会长期以来在社会上有着重要的影响地位。拉丁美洲国家和印度的高层管理者都表现出对家庭利益的关注,这是因为在这些国家里,企业本身就是一件家庭事务。高层管理者为亚裔美国人,最为看重的是未来 10 年的利润。不同国家的高层管理者关注重点的差异与价值观维度直接相关,权力差距与"权力""荣誉、面子、信誉"和"家庭利益"的重要性正相关。长期导向与"未来10 年的利润"的重要性正相关,与"当年的利润"的重要性负相关。有些研究者认为全球化和企业的跨国并购会消除这些差异,实际上这些基于文化的结果大多数是根深蒂固的,因此冲突很难避免。

2. 安全感和流动性

马斯洛的需求层次理论认为,人们追求安全是除生存之外的基本动机,尽管安全感的内涵因文化而有所不同。对于中国人来说,安全感意味着稳定的工作、较高的收入、老有所养和丰厚的福利。对于管理者来说,安全感意味着稳定的终身职位,因而其流动性不高。在英国有一种说法,管理者特别注重个人成就和自主性;法国管理者更关心有效的监督、详细的企业政策、福利、安全和舒适的工作环境,因而在法国,管理者的流动性较英国低得多。

3. 个人生活

管理学者戴维·麦克利兰通过对个人志向的研究发现,在很多国家,与收入和成就相比,人们更关心美好的个人生活。古希腊享乐主义的人生观就认为工作是使人们不快乐的原因之一,是人们追求美好生活和寻求快乐的"绊脚石"。在日本,企业生活就是个人生活,造就了许多的"工作狂",然而持续低迷的日本经济已摧毁了这一群体的追求。

希腊债务危机期间,经济合作与发展组织(OECD)调查了包括其成员国在内的 36 个国家的员工平均每年工作小时数,发现希腊是这些国家中工作时间最长的国家之一(以每年平均工作 2 042 个小时,即每周工作 39.27 个小时),高居排行榜第四。与之相比,德国是这些国家中工作时间最短的国家,一直工作认真、努力的德国员工的年平均工作小时数只有 1 371 个小时(即每周工作 27.37 个小时)。排行榜显示,墨西哥是工作时间最长的国家,员工年平均工作小时数为 2 228 个小时(即每周平均工作 42.85 个小时)。美国则以员工年平均工作小时数为 1 789 个小时(即每周平均工作 34.40 个小时)排在第 16 位,高于英国、法国、德国、澳大利亚等发达国家,连以加班文化闻名的日本都无法与之匹敌。此外,根据盖洛普的调查,美国员工的工作时间似乎更长,美国全职员工每周平均工作的时间是 47 个小时。排行榜末尾的几个国家均为发达的西欧或北欧国家(法国、丹麦、挪威、荷兰、德国),这与它们的福利政策导向有关。在中国,员工以每天 8 个小时、周工作日 5 天计算,年工作时间为 2 112 个小时,低于韩国但高于希腊。由此不难看出不同文化在权衡工作与个人生活关系上的差异,提醒着国际市场营销者需要重视各国的工作习惯。

4. 社会认可

在许多国家被邻居和同事认可似乎成为人们在企业工作的重要目标。社会认可在许多亚洲国家直接表现在集体决策中。包括在中国,人们总是渴望被社会认可。"荣誉、信誉"等是人们对被社会认可的具体表现形式。

5. 权力和成就感

几乎全球的经营者都追求某种权力和个人成就,尤其是南美洲的一些国家。在这些国家中,很多企业领导人不仅追求利益,还利用其企业的地位使自己成为社会和政治领导人。麦克利兰所说的成就动机与此既有联系又有区别。麦克利兰认为,成就动机是指人们渴望成功、追求优越感以及希望把事情做到极致的一种需求。

(三)沟通风格

人类学家爱德华·霍尔在《无声的语言》一书中强调了"时间""空间""事物""友谊"

"赞同"等的象征意义及它们在不同文化中的差异。尽管他当时无法预见互联网所引起的变革,他持有跨文化沟通的所有观点完全可以应用到互联网背景中。沟通分为面对面沟通和互联网沟通。

1. 面对面沟通

语言是面对面沟通过程中的重要工具,在各种语言中,字词的含义相去甚远,如中文里的"方便的时候""意思意思""能穿多少穿多少""谁也赢不了""谁也打不过"等在不同的情境下,含义大相径庭,常常让初学汉语的外国人摸不着头脑,难以对应翻译,而谈话中的言外之意就更令人难以琢磨了。

语言沟通无论怎样不精确,至少是明确表达的,但很多国际商务沟通更多地依赖于无法用语言表达的"话中话"和"弦外音"。爱德华·霍尔在《无声的语言》中指出,在有些文化中,信息是明确表达的,词语本身包含了要表达的大部分信息;但在另一些文化环境下,通过语言传递的信息不多,更多地依赖于语境传达。前者称为低语境文化,信息的沟通通过明确的语言和符号表达;后者称为高语境文化,信息的沟通主要依赖于语境(说话者是谁、什么时候说的、怎么说的)及一些非语言方式表达。

2. 互联网沟通

从 20 世纪 90 年代开始,互联网的商业用途加快扩展,网页和浏览器的出现吸引了更多用户。网页是显示文字、图像和其他信息的载体,浏览器是呈现网页、实现交互的工具,两者结合使用户浏览互联网信息大大简便,加速了互联网在全球的普及。20 世纪90 年代后期,浏览器逐渐出现在手机、掌上电脑等互联网移动终端设备上,用户可以运用移动浏览器浏览网页。新闻报道、论坛帖文、博客博文等各类信息以网页的形式进行传播,这成为互联网信息沟通的重要方式。无论哪一种方式,语言都是最先需要慎重考虑的因素。

英语是互联网上最流行的语言。依据全球领先的研究型在线统计门户网站之一"Statista"的数据,截至 2023 年 1 月,近 59% 的网站使用英语。就互联网用户而言,2020 年约有 11.9 亿英语用户使用互联网,占全球互联网用户总数的 1/4 以上。中文用户紧随其后,占比超过 19%。在不使用翻译的情况下,几乎 3/4 的互联网用户无法理解超过 60% 的网站中的内容。

互联网沟通除了要审核语言因素,还要审核符号及其他非语言表达方式以免传递错误的信息。例如,网站常用的符号一不留神就会引起误解甚至更为严重的后果。在希腊,表示举手击掌的图标是一种当地人们无法接受的侮辱;在巴西,大拇指和食指连成一个圈状,并竖起其余三根手指表示的"OK 手势"会激怒对方;由两个手指构成的和平标志,在英国人看来是很粗鲁的。诸如此类的例子需要国际市场营销者仔细研究并谨慎使用。

网站设计还需要注意颜色问题,如在中东地区的文化里,绿色是神圣的,不可以用来作为轻浮的网页背景色。

企业管理者是否使用邮件及使用的频率也会因文化不同而不同。在高语境文化中的商务人士使用邮件这种媒介的人远低于低语境文化,他们认为很多情景信息特别重要,不能简单地通过计算机来传递。

(四) 时间观念及其利用方式

爱德华·霍尔在《无声的语言》中把人们对时间的利用方式区分为单一时间利用方式和多种时间利用方式两类。前者是北美人、瑞士人、德国人和斯堪的纳维亚人对时间的利用方式。他们喜欢把时间分段,一次只做一件事,对他们而言,同时做两件事是不道德的。多数低语境文化采用单一时间利用方式。然而,在拉丁美洲,一个人可以同时做几件事,或者伏案做几件事,或者穿梭于几张办公桌之间,每件事花一点点时间。多数高语境文化采用多种时间利用方式,人们注重人际交往,一时多用。不过越来越多的国家同时采用两种时间利用方式,不同场合有不同的侧重点。采用不同时间利用方式的营销者相遇时,需要彼此调整,以便建立和谐的商务往来关系。

(五) 谈判重点

商务谈判是国际市场营销过程中的基本商务活动。各国谈判重点大同小异,几乎都涉及产品本身、价格、付款方式、服务、买卖双方的关系等,只是因为文化差异,常常使谈判过程变得复杂,误会也时常发生。因此,为使谈判过程轻松愉快,谈判人员必须知己知彼,时时提醒自己避免犯自我参考标准的错误。

(六) 营销导向

事实证明,企业的营销导向与企业利润呈正相关关系。虽然总体上美国的企业越来越接受这一理念,但是其他国家的企业还没有从传统的生产导向(消费者较喜欢供应充足的产品)、产品导向(消费者喜欢质量好、性能优、形式新的产品)和销售导向(没有促销,就没有销量)快速地转变过来。例如,在很多国家中,工程师掌控着公司董事会,其重点就是产品导向。然而,高利润的美国企业已经完全采用了营销导向,鼓励甚至奖励企业中的每个人去创造、应用市场信息(即消费者偏好、竞争行动、市场政策等),以及对信息作出反应。研究人员实证发现,出于包括文化在内的种种原因,营销导向在很多国家并没有普遍实施,这是因为企业文化的多元化,在全球范围内推广营销导向是有一定难度的。

四、国际商务中的性别偏见

许多国家都存在对女性管理者的性别偏见,不少美国跨国企业对于把女性员工派驻国外工作显得迟疑不定。虽然美国女性差不多构成了美国劳动力的 60%,但派驻国外的比例相对很小,不足 20%。有人指出其根源在于古代农业社会对女性有着根深蒂固的负面观念。最常提及的理由是女性缺乏在国外取得成功的能力,但这一看法可能更多的是臆想出来的而不是事实。遗憾的是,很多人认同这种看法,这种看法可能源于这样一个观念,即在男性占支配地位的社会中,女性的传统角色使得她们不可能与东道国的同事建立起一种成功的关系。一个经常提出的问题是,把女性派去与女性通常不在管理职位的文化中的客户开展业务是否合适?有些人认为,如果在对方的文化中人们不接受女性担任管理职位,那么,他们同样不会接受来自外国的女性管理者。在很多文化中,如亚洲、中东地区和拉丁美洲,女性一般不会进入高级管理层。女性和男性的工作待遇有很大差异。此外,男性与女性领导者所偏爱的领导风格在很多国家也存在差异。

不论男性还是女性,成功的关键在于企业支持的力度的大小。当一个女经理受到企业的培训、得到企业的大力支持时,她通常会受到与她的职位和她所代表的企业相称的尊重。为了取得成功,女性需要一个能在其所工作的文化中迅速获得信任的头衔,有一个有助于她做好工作的支持结构和汇报关系。总之,只要有企业的支持,不会因为员工是女性而对她抵制,至少不如先前所想象得那么严重。商务谈判开始后,东道主对交易的热情和对外国客商的尊重是增加还是减少,取决于客商的经商能力而不是性别。正所谓国际派遣中最困难的是派遣,而不是派遣以后如何取得成功。

本 章 小 结

(1) 国际收支是指一个国家在一定时期内由对外经济往来、对外债权债务清算而引起的所有货币收支。国际收支状况通常通过国际收支平衡表来反映,它是系统地记录一国在一定时期内国际收支项目及金融的统计表。

(2) 贸易保护主义是一种为了保护本国制造业免受国外竞争压力而对进口产品设定极高关税、限定进口配额或其他减少进口额的经济政策。

(3) 世界贸易组织、国际货币基金组织和世界银行是公认的对全球经济最有影响力的三大国际经济组织。

(4) 文化是人类作为社会成员所习得的知识、信仰、艺术、伦理道德、法律、风俗、其他能力和习惯的总和。文化具有五大要素:价值观、礼仪和仪式、符号、信仰和思维方式。国际市场营销者在设计产品、分销体系和促销计划时必须充分考虑到这五个文化的要素。

(5) 文化不仅影响人们的生活层面,也影响其商业习惯和管理风格,主要体现在管理决策、管理者的目标和志向、沟通风格、时间观念及利用方式、谈判重点,以及营销导向。

课 后 练 习

一、判断题

1. 国际收支是指一个国家在一定时期内由对外经济往来、对外债权债务清算而引起

的所有货币收支。 （　　）

2. 文化具有五大要素：价值观、礼仪和仪式、符号、信仰和思维方式。 （　　）

3. 个人主义/集体主义指数是指有利于他人利益的行为取向。 （　　）

4. 在自由竞争资本主义时期，发达的资本主义国家，常常推行贸易保护主义政策。
（　　）

5. 美国出现巨额贸易逆差，成为保护主义的重要领头人。 （　　）

6. "绿色壁垒"是自由贸易的表现。 （　　）

7. 知识产权壁垒是发达国家及其跨国企业保护主义的一种表现形式。 （　　）

8. 世界贸易组织是负责监督成员经济体之间各种贸易协议得到执行的一个国际组织。 （　　）

9. 文化是一种交流。 （　　）

10. 多数高语境文化采用多种时间利用方式，人们注重人际交往，一时多用。（　　）

二、单项选择题

1. 国际收支反映了一国的（　　）。

A. 总体国际经济状况　　　　　　　　B. 经济发展水平

C. 国民收入　　　　　　　　　　　　D. 资源

2. （　　）是人类环境中的人为部分，是人类作为社会成员所习得的知识、信仰、艺术、伦理道德、法律、风俗及其他能力和习惯的总和。

A. 社会规则　　　B. 文化　　　　C. 资金　　　　D. 城市建筑

3. 在当前时代，贸易保护主义的重要领头人是（　　）。

A. 中国　　　　　B. 美国　　　　C. 日本　　　　D. 韩国

4. 人们对事物或观念重要性的认知导向为（　　）。

A. 价值观　　　　B. 人生准则　　C. 文化　　　　D. 书籍

5. 国际货币基金组织的成立时间为（　　）。

A. 1991 年 11 月 3 日　　　　　　　B. 1945 年 12 月 27 日

C. 1947 年 2 月 18 日　　　　　　　D. 1938 年 3 月 3 日

6. 可以习得并不断重复的行为和交往方式指的是（　　）。

A. 风俗习惯　　　B. 符号　　　　C. 社交准则　　D. 礼仪和仪式

7. 世界贸易组织是建立在（　　）基础上的多边贸易体制。

A. 计划经济　　　B. 自由竞争　　C. 市场经济　　D. 无政府主义

8. 社会责任标准的英文是 Social Accountability 8000，其简称为（　　）。

A. SA8　　　　　　　　　　　　　　B. Social 8000

C. AS8000　　　　　　　　　　　　D. SA8000

9. 某一国家对外国进口商品制定苛刻的技术、卫生检疫、商品包装和标签等标准，从而提高对进口商品的技术要求,属于贸易保护主义中的(　　　)。

A. 反倾销　　　　　B. 技术壁垒　　　　　C. 反补贴　　　　　D. "绿色壁垒"

10. 贸易保护主义中的(　　　)有助于遏止全球环境恶化和资源浪费的趋势,解决人与自然不协调发展这一全球性难题,实施可持续发展。

A. "绿色壁垒"　　　　B. 关税　　　　　C. 技术壁垒　　　　　D. 反倾销

三、多项选择题

1. 网络沟通需要注意的因素有(　　　)。

A. 语言

B. 符号

C. 非语言表达方式

D. 颜色

E. 是否使用邮件及使用频率

2. 贸易保护主义的成因有(　　　)。

A. 世界经济衰退引发的经济压力不断提高

B. 世界产业结构调整

C. 美国出现巨额贸易逆差,成为保护主义的重要领头人

D. GATT/WTO 条款的含糊和滥用

E. 国际经济格局发生转变,国际竞争日趋激烈,贸易保护的压力被提高

3. 贸易保护主义的表现形式有(　　　)。

A. 以环境保护为名筑起"绿色壁垒"

B. 凭借技术优势构建技术壁垒

C. 反倾销、反补贴和保障措施等贸易救济措施

D. 反规避和反吸收调查

E. 知识产权壁垒

4. 贸易保护主义的优势有(　　　)。

A. 能够保护新兴产业发展　　　　B. 短时间内促进经济增长

C. 在一定程度上保护进口国环境　　D. 利于全球经济发展

E. 利于世界的和平与稳定

5. 公认的对全球经济最有影响力的三大国际经济组织为(　　　)。

A. 世界贸易组织　　　　　　　B. 国际货币基金组织

C. 世界银行　　　　　　　　　D. 欧盟

E. 中国人民银行

四、问答题

1. 如何看待贸易保护主义?

2. 语言对国际市场营销活动有什么影响?

3. 霍夫斯泰德把价值观分为哪几个维度?

五、案例分析题

"美国优先"式贸易保护主义

美国发布的《通胀削减法案》是美国与欧洲的矛盾焦点,贯穿了美欧之间的一系列经贸和外交互动。法国总统马克龙在对美国进行国事访问期间痛批《通胀削减法案》让西方出现裂痕。相关争议还覆盖了2022年12月5日举行的美国—欧盟贸易和技术委员会(TTC)第三次部长级会晤,冲淡了外界对于该会晤本身的关注焦点。

欧洲对《通胀削减法案》的核心关切在于美国向其本国及北美国家制造的电动汽车、绿色制氢、可再生能源等清洁能源产品提供的高额税收抵免补贴,其总额当年预计达到3 690亿美元。欧盟和各成员国则认为,相关补贴法案对于包括欧洲产品在内的清洁能源产业造成了严重歧视,而美国产品则在本土获得了不公平的贸易待遇。

更值得警惕的是,美国这一政策意在重振美国在清洁能源等前沿产业的竞争力和主导地位,其实现途径则是通过不公正补贴让外资企业在美国市场遭遇歧视和赴美投资之间二选一,通过挖他国产业根基墙脚的方式来实现强化本国产业的目的。这一做法再次暴露美国政府的单边主义和本国优先的本质。欧盟委员会执行副主席东布罗夫斯基斯指出,《通胀削减法案》中的补贴政策对欧盟的电动汽车、电池、可再生能源和能源密集型等行业构成歧视,并呼吁欧洲企业在美国应受到公平对待。

对于经济深陷多重困境的欧盟而言,美国此举无疑是在张开背刺盟友的"黑手"来"趁火打劫"。欧洲经济面临较为严峻的挑战,天然气供应的紧张以及对俄"石油限价令"的落地,使欧洲的能源成本进一步水涨船高,加剧其经济下行风险。

与此同时,各国制造业的盈亏平衡被能源动荡打破,停减产现象大面积出现。欧洲企业纷纷看衰本土制造业前景。例如,德国巴斯夫集团表示,将"永久性削减"欧洲产能;比利时化工巨头索尔维宣布,将在美国建立新工厂。德国《商报》报道称,仅美国俄克拉何马州就吸引了60多家德国企业前往投资扩展业务,其中包括汉莎航空、西门子、阿尔迪和费森尤斯。这四家公司最近累计扩大投资近3亿美元。

与此同时,欧盟对于美国在经济领域攫取私利,不顾盟友利益的态度愈发不满。法国总统马克龙曾公开抨击美国以高于本土天然气售价3~4倍的价格出售天然气,认为这种行为是对美欧企业的"双重标准",将其称为"对待盟友的错误方式"和"不公平行为"。欧盟官员接受美国Politico网站采访时发表爆炸性言论,直接将美国向欧洲高价出售军火和能源的行为称为"发战争财"。种种迹象表明,美国在国际贸易问题上的做法实际上仍是本国利益优先的利己主义,而"重视盟友""重振多边主义"不过是掩盖其隐性贸易保护主义和经济民族主义的外交话术,打着"中产阶级外交"旗号的拜登政府实际上在坚持着"美国优先"的底层逻辑。

在此背景下,欧盟和各成员国都纷纷要求以强硬方式应对美式产业掏空。法国经济和财政部部长布鲁诺·勒梅尔表示,欧洲需要努力对《通胀削减法案》作出"充分的回应"。捷克工业和贸易部长西卡拉表示,美国补贴政策加上高能源价格因素,或将能源生产从欧洲"推向更有利的市场",并呼吁迅速找到解决方案。欧盟委员会分管内部市场专员蒂埃里·布雷顿指出,若美国不能修正国内法案,欧盟应当向世界贸易组织上诉,或采取贸易反制措施。德国财政部长林德纳警告称,美国正在实施"极具保护主义的经济政策",大西洋两岸的贸易争端有升级的态势。

《通胀削减法案》仅仅是一个缩影,揭示了美国为一己私利将道义、规则纷纷抛之不顾的虚伪本质。曾经有战略界人士指出"做美国的敌人很危险,做美国的盟友更危险。"面对乌克兰危机下欧俄互相伤害,美国"坐收渔利"的现实,欧洲或许真应当思考是否要更加坚定和果断地维护自身的产业利益,因为这不仅关乎其短期经济前景,更事关长远的产业竞争力和战略影响力。

资料来源:董一凡."美国优先"式贸易保护主义将加深美欧之间的裂痕[EB/OL].(2022-12-10)[2023-3-06].https://baijiahao.baidu.com/s? id=1751810018370998827&wfr=spider&for=pc.

思考:

美国的《通胀削减法案》对国际市场营销活动会造成哪些不良影响?

第四章

国际市场营销调研

学习目标

1. 理解国际市场营销调研的含义。
2. 了解国际市场营销调研的内容。
3. 掌握国际市场营销调研的程序。
4. 掌握国际市场营销调研的方法。
5. 熟练掌握调查问卷的设计技术。

引例 "海底捞"在美国市场经营的坎坷之路

在国内火爆异常的火锅连锁品牌"海底捞"于2013年秋天在美国南加州阿凯迪亚市开设了第一家海外分店。虽然"海底捞"早在新加坡已经有了几家分店,但是远跨大洋开到美国的分店还是头一家。张勇,"海底捞"的创始人,虽然很谨慎地选择了阿凯迪亚市这个华人聚集区,但是"海底捞"的美国梦并没有想象中那么顺利。

"海底捞"创建于1994年,那时的创业资本只有1万元人民币,张勇在四川简阳开了第一家"海底捞"。"海底捞"以它独特的品牌形象和周到贴心的服务被称为"时尚川味火锅第一家"。除去它火锅店的本质,"海底捞"的一系列增值服务可谓是其品牌的象征,客人在门口等位时可免费享受擦皮鞋、做美甲、品小吃等项目,入位后的服务更是无微不至,包括提供保护手机的塑料小袋、眼镜布等贴心赠品,更有欢快的甩面舞供用餐客户欣赏。然而,这一系列的增值服务却并不被美国客户买单。在中国的大众点评网上,"海底捞"的评分接近满分5分,而在美国的点评网站Yelp.com上,"海底捞"的评分却只有3分(满分5分),很多人评价反映"海底捞"的价格偏高,而且没有觉得店里的服务员训练有素,甚至都没有能力应对排队人群。还有评价说"海底捞"在美国应该降低定价,这是因为美国的文化是要给小费的。另外,店里的饭后甜点竟然是咸味的,这也很难被美国人接受。

貌似"海底捞"的优质食物、顾客为上、服务周到的经营理念很适合美国的文化理念,但究其坎坷的美国之路的原因主要还是源于它对目标市场的调研失误所造成的发展战略的错误定位。

首先,在中国大城市的消费者愿意花费多一些在健康、新鲜的食物上,可是美国的某些中国餐馆给美国人的印象是便宜、不太讲究、服务态度差,甚至连多要酱料还要收费。因此,一下子让美国人花大价钱吃一顿中式火锅且只是为了体验他们的周到服务就不是那么有吸引力。

其次,美国人通常不习惯吃有太多调味料的东西,但川式火锅底料却含有大量的辣椒、花椒等调料,而一下子让他们改变自己的饮食习惯不是件容易的事。

最后,国内"海底捞"的员工福利、薪资和待遇被人认可,丰厚的薪资和免费的食宿吸引了很多来"海底捞"工作的优秀人才,他们在这里不是寻求一份打零工的机会,更多的是在餐饮业有一个很好的职业发展机会。可是在美国,很多在餐馆打工的人是外来移民人员,他们大多数没什么文化,只是为了挣零用钱且并没有一个稳定的职业规划,自然也不会对企业有什么忠诚度和上进心,因此"海底捞"在美国的服务质量也就大打折扣了。

"海底捞"的美国梦并不是一帆风顺的,若想像它的名字一样在美国的市场"海底捞宝"，"海底捞"还需要更多、更深地去了解其客户的爱好和文化。

资料来源：新浪教育.南院案例：海底捞美国受挫的三大原因［EB/OL］.（2014-03-26）［2023-3-06］.http://edu.sina.com.cn/bschool/2014-03-26/1007413264.shtml.

引例启示：在中国,张勇经营的"海底捞"取得了巨大的成功,企业规模快速扩大,市场不断开拓,品牌的知名度可以说家喻户晓。然而,美国不同于中国,美国消费者对火锅的需求、对中国饮食店的定位和对食材的要求等,完全不同于中国的消费者,甚至来"海底捞"打工的员工的目的和期望也完全不同于中国的员工。因此,"海底捞"要在美国发展,得先开展市场调研,了解美国市场的需求特点,再依照美国的国情开展市场营销工作。

第一节　国际市场营销调研概述

任何企业进入国际市场时,必然面临着国际市场的挑战。这不仅需要企业在心理上做好准备,还需要企业在行动上做好安排。为了在激烈的国际市场竞争中立于不败之地,企业必须做好国际市场营销调研,尽最大可能收集市场信息,以便了解市场、认识市场,分析企业的生产经营和国际市场需求的内在联系,分析、研究国际市场的特征及变化规律,用来指导企业的生产经营活动,提高企业的管理水平和经济效益。

一、国际市场营销调研的内涵

（一）国际市场营销信息的特征

众所周知,市场信息对于每一家企业来说都是至关重要的。对国际市场营销信息的了解、分析和掌握是企业进行国际市场营销活动的基本课题。国际市场营销信息作为广义信息的组成部分,除了具有一般信息所有的属性,还具有以下三个特征。

1. 时效性强

市场营销活动与市场紧密联系在一起,信息的有效性具有极强的时间要求。这是由于作为国民经济大系统的中心位置的市场,受到错综复杂的要素的影响和制约,处于高频率的不断变化中,信息一旦传递加工不及时,就很难有效地利用。对此,日本的商业情报专家认为,一个准确程度达到100%的情报,其价值还不如一个准确性只有50%,但赢得了时间的情报。特别是在市场竞争激烈之际,若企业采取对策慢了一步,可能就会遭到覆灭的命运。

2. 变化更快

国际市场营销信息随市场的变化与发展处于不断的"运动"中,市场活动的周期性并不意味着简单的重复,但必定是在新环境下的新过程。虽然这种过程与原有的过程有着时间上的延续性,但绝不表明可以全部沿用原有的信息。信息总是不断地随着环境的变化而不断更新,这要求企业营销部门必须不断地、及时地收集与分析各种新信息,以便不断掌握新情况、研究新问题、取得营销主动权。

3. 信息量大

由于科学技术的迅猛发展,人类认识世界的能力达到历史前所未有的高度,新知识、新技术、新信息大量涌现、知识的更新替代以几何级数推进。如此一来,国际市场上必然充斥着大量信息。这对企业的国际市场营销既是机遇,又是挑战。说是机遇是因为市场信息量大且通信技术发达,为企业进行国际市场调研、搜集信息带来了福音,提供了方便;说是挑战是因为虽然有如此大量的市场信息,企业要获得对自己营销有用的信息却实为不易,市场上往往充斥着大量无用、有误的信息,以及由于未能及时送到而使重要的信息变为毫无用处的信息。

(二)国际市场营销调研的含义

调研是指个人或组织有目的、有计划地对有关信息进行系统搜集、记录、整理、分析和说明,从而为决策提供依据的活动。调研的本质属于信息工作,其中,调查主要是对信息进行搜集、记录和整理工作,研究则主要是在调查成果的基础上对信息进行分析和说明。调研对一切管理工作都具有极为重要的意义,它是科学决策的首要前提和基础。在营销管理工作中,营销调研也起着举足轻重的作用,它既是企业营销活动全过程的起始环节,又是贯穿于全过程和渗透于各种营销职能活动的一项基础工作。

在了解国际市场营销调研的含义前,有必要先了解市场调研、营销调研等概念。

1. 市场调研

市场调研是指在市场营销观念指导下,以满足消费者需求为中心,通过系统地收集、记录资料,把消费者、客户、大众和市场人员联系起来,并借助这些资料发现和确定营销机会和问题,为企业营销管理者制定正确的营销决策提供依据。市场调研要解决的问题有:企业现有顾客和潜在顾客由哪些人或组织构成,它们在哪里、这些顾客需要企业提供哪些产品和服务、为什么购买、何时何地及如何购买。

2. 营销调研

营销调研比市场调研的含义更广,除了要研究顾客,还要调查竞争者、中间商和有关各营销因素(产品、价格等)的数据资料,作为企业营销决策的依据。

与市场调研相比,营销调研有两个特征:一是从纵向上看,营销调研贯穿于市场营销活动的全过程。二是从横向上看,营销调研涵盖所有市场营销活动的领域,只要企业的市场营销活动与信息有关,就需要进行营销调研。

3. 国际市场营销调研

国际市场营销调研是指企业以国际市场和国外消费者为对象,以掌握国际市场营销环境中各种因素的变化及其相互关系为目的,运用科学的手段和方法,系统地、客观地搜集、记录、整理、分析与企业国际市场营销有关的各种信息,为企业的国际市场营销决策提供科学依据。

(三)国际市场营销调研与国内市场营销调研的区别

市场营销调研可分为国际市场营销调研和国内市场营销调研。一般说来,国际市场营销调研的基本原理、过程和所需要的技术及方法与国内市场营销调研并无太大区别,但两者所应用的环境却大相径庭。国际市场营销调研的范围更加广泛,方法更加复杂、难度更加大。因此,营销者进行国际市场营销调研时,应将某些行之有效的市场营销调研方法,创造性地、娴熟地应用于(全新的)国际市场营销环境中。国际市场营销调研与国内市场营销调研的主要区别有以下几点。

1. 国际市场营销调研的范围比国内市场营销调研更加广泛

从国别上看,国际市场营销调研涉及 200 多个国家和地区,每个国家和地区都有不同的营销环境和市场特色。此外,国际市场营销调研中,需要记录的因素和变量也比国内市场营销调研多。这些因素和变量包括法律制度、分销渠道、国际政治局势、经济环境、国际汇率等。

2. 国际市场营销调研比国内市场营销调研需要做更多的决策

国际市场营销调研必须跨越国境,会遇到许多国内市场营销调研中不会遇到的问题,因此国际市场营销调研决策与国内市场营销调研决策差别很大。这些问题主要包括:企业是否要进入国际市场? 如果是,企业应采取何种方式进入国际市场? 企业应首先进入哪个国家和地区,或哪些国家和地区? 企业国际市场营销的战略和策略组合是什么? 企业的国际市场营销组织和机构应如何设置、管理和控制? 从以上决策的内容来看,国际市场营销调研的内容明显不同于国内市场营销调研。

3. 国际市场营销调研比国内市场营销调研的方法更加复杂和困难

第一,世界各国的现实情况存在较大差异,国际市场营销信息的搜集很难做到准确、及时,尤其在一些发展中国家,搜集和获取信息的成本非常高。第二,由于统计口径、统计时间等方面的不一致,从其他国家获取的信息一般不能直接使用,有些需要经过复杂的换算、加工后才能使用,有些则因为不具有可比性,而只能舍弃。第三,各国的经济发展水平不一致,营销者进行国际市场营销调研在调研方法、手段的选择上会受到限制,进而更加困难和复杂。

4. 国际市场营销调研设计的差异性比国内市场营销调研更加大

营销者进行国际市场营销调研时必须考虑不同的政治局势,法律制度,经济、社会和文化环境,从而产生了国际市场营销调研设计上更大的差异性,其差异性问题主要有以下五种:

(1)概念差异性是指不同国家或文化背景的消费者对同一对象或刺激物可能会产生不同的理解,甚至根本无法理解,这是因为某一国家可能根本不存在这一对象或刺激物。

例如,在英国,订婚代表承诺结婚,但在意大利和西班牙,这仅仅说明有男朋友或女朋友。又如,在20世纪60年代当西方国家已普遍接受现代营销观念时,我国绝大部分消费者可能还未听说过"营销"一词。

(2)功能差异性是指某一既定的概念或行为在不同国家有不同的目的或功能。例如,同样是骑自行车,在美国更多的是一种健身或娱乐休闲方式,而在我国则更多的是一种交通选择。因此,同样是自行车,在美国和我国其替代产品是不同的。又如,同样是采购食品,在美国被认为是琐事,人们尽可能采用"一站式"的方式去完成,而在其他国家,如法国,采购则可能是日常社交活动的一部分。再如,美国《读者文摘》曾调查过西欧人的饮食习惯,调查结果竟是法国人和德国人消费的意大利式面条竟然比意大利人自己还要多。后来,事实证明这是一个错误的结论。造成这一错误结论的原因在于调研人员在调查时,询问的是购买"有包装、有商标的意大利式面条"的情况,实际上意大利人喜欢买散装面条,法国人和德国人则喜欢买包装好的且印有商标的面条。

(3)类别差异性是指不同国家对事物有不同的归类。例如,许多国家把啤酒归类为软饮料;甜点在许多国家是正餐的一部分,而在中国则不是。

(4)语言差异性是指不同国家使用的语言不一样,使得对测量工具进行翻译时可能很难找到相对应的词,或者容易用错词。例如,在日语中没有"丈夫"一词的对应词语;英语"washer"一词除了表示"洗涤器",还有"垫圈"的意思。当一个来自英语国家的调研人员询问一个德国人"德国人某年购买洗涤器的数量是多少"时,对方告诉的可能是购买垫圈的数量。

(5)度量单位差异性是指不同国家在度量货币、重量和距离等的时候,习惯采用的单位体系不同。美国习惯用磅或吨表示重量,而其他发达国家则习惯用千克,在中国的很多地方,人们则习惯用斤。

正是由于存在以上五种差异性问题,营销者在国际市场营销调研设计时必须根据调研所在国的经济、社会和文化环境对具体的调查方法进行调整。这种调整可能会涉及国际市场营销调研的许多方面,如原始资料的收集方法、测量工具的选择、问卷设计和抽样设计等。否则,可能收集不到所需要的信息,从而达不到调研目标,甚至得出错误的结论。

5. 国际市场营销调研结果的可比性问题比国内市场营销调研更加突出

在国际市场营销中,企业经常会面临如下决策问题:哪个国家的机会最好?怎样在各个国家之间分配市场营销支出?产品、包装和广告在不同国家有多大程度的不同?要回答这些问题,必须对不同国家的市场状况进行有效的比较,这就需要营销者在多个国家同时开展调研工作,从而来发现不同国家之间客观存在的相同之处和差异之处。

然而,我们在对国际市场营销信息数据进行处理时,却经常遇到各国信息数据在时间、范围、指标含义、调查方法等方面都存在缺乏可比性的问题。虽然在美国等市场经济发达的国家，可以得到现成的有关资料，但在其他很多国家，尤其是发展中国家，资料可能是许多年以前的，也可能是偶尔、不定期收集的。当今社会，许多发展中国家正在发生的社会经济的迅速变化使得资料的连续性成为一个很重要的问题，即使现在这些国家正在收集和公布越来越多的资料，由于这种统计活动是近年才开始的，通常没有可比较的历史资料。另一个问题是资料的收集及公布方式。资料往往按不同类别公布或者由于所分类别太宽泛而没有具体价值。另外，信息提供者是否持客观的态度或信息收集者引用数据目的的不同，也会影响资料的准确性，从而使各国信息数据缺乏可比性。例如，有的国家为了维护自己的国际形象而有意把一些反映一国国际地位的经济指标提得高一点；在医疗保健的资料中，有的国家有意把一些疾病的发病率报得很低，不至于"吓跑"国外旅游者等。

从理论上来讲，国际市场营销调研是在不同文化背景下展开的，调研方法必须适应调研所在国的文化，也就是说，通常情况下在不同国家进行的调研需要分别采取不同的调研方法。这是产生不同国家调研的信息数据缺乏可比性问题的主要原因，信息数据的可比性取决于调研方法的可比性。要使多国调研结果能反映不同国家之间真实存在的差异，就必须实现信息数据的可比性。由此可见，在国际市场营销调研中，存在调研方法适应性要求和信息数据可比性要求相矛盾的现象。解决这一矛盾的方法是确保不同国家信息数据收集过程中各个方面的等价性。也就是说，为适应当地文化，调研方法也可以不一致，但必须是等价的。

总的来说，国际市场营销调研与国内市场营销调研的根本区别在于调研环境的不同。因此，国际市场调研人员不是要获得新的适用于国外的调研方法，而是必须培养一种能力，使自己能在陌生的环境中熟练地应用以往试验过的调研技术。

二、国际市场营销调研的内容

从广义上讲，国际市场营销调研的内容包括任何与国际市场营销有关的直接的或间接的信息，上至天文地理、社会人文，下至企业内部的各类管理材料。从狭义上讲，国际市场营销调研的内容是指"商业情报"，或称"商情""行情"，即指那些反映国际市场发展变化规律、直接影响企业国际市场营销决策的信息。归纳起来，国际市场营销调研的内容主要包括调查国际市场营销宏观环境和国际市场营销微观环境两大方面。

（一）国际市场营销宏观环境

调查国际市场营销宏观环境的状况是为了从宏观上把握企业运营的外部影响因素及产品的销售条件等。对企业而言，国际市场营销宏观环境调查的内容基本上属于不可控制的因素，如世界各国的政治、法律、经济、社会文化、技术和自然资源等方面。

有关国际市场营销宏观环境的信息是企业制定国际市场营销决策的基础，即企业需要考虑：是否应该进入国际市场从事国际市场营销；应该进入哪些国家的市场；应该以何种方式进入国际市场;应该如何制定产品策略及其他营销策略等问题,这些问题都依赖于对国际市场营销宏观环境信息的搜集和分析。国际市场营销宏观环境的信息直接制约和影响着企业的国际市场营销活动,有时甚至一条信息就能决定企业国际市场营销的成败。例如,我国某工厂由于没有获悉摩洛哥禁止进口货物带有英制单位的信息,在向该国出口的钢卷尺上不仅刻了国际单位制长度单位,同时也刻了英制单位,结果货物被该国海关全部扣留,后经过多方交涉,才将货物全数退回,损失达十几万元。

(二)国际市场营销微观环境

国际市场营销微观环境是指那些为达到企业某一特定的国际市场营销目标所需的某些方面的信息,这种信息比国际市场营销宏观环境信息的范围小,但要求更为具体、明确。

1. 市场机会信息

市场机会信息主要包括:当前国际目标市场的销售量和潜在的销售量;国际目标市场的供求状况及产品结构特点;国际目标市场的人均收入水平情况;国际目标市场消费者类别、人口数量、人口结构、需求特点等;企业产品在国际目标市场可能达到的销售量及市场占有率;国际目标市场销售的发展变化方向;企业营销策略的变化对本企业产品销售量和市场占有率的影响等。

2. 国外消费者信息

国外消费者信息主要包括:国际目标市场消费者的性别、性格、收入、职业、文化修养、审美情趣、价值取向等;企业客户的信息,即客户基本资料,包括名称、地址、电话或传真机号码、成立与开业年份、业务范围、营业额及利润、公司组织形式、财务资产状况、信誉与信用等级情况等。营销者调查国外消费者信息时,要重点关注消费者的购买动机和购买行为。购买动机是指人们为满足一定需要而进行购买活动的愿望和意念。消费者的购买动机是复杂多变的,一般可以分为本能动机、心理动机和社会动机三大类。消费者的购买行为的内容主要包括消费者购买模式和习惯,即通常所讲的"3W1H",即了解消费者在何时购买(when)、何处购买(where)、由谁购买(who)和如何购买(how)等方面的信息。

3. 产品信息

产品信息主要包括:国际目标市场上同类产品的效用、形态、大小、规格、色彩、包装、款式、使用的方便性、耐用性等的具体情况;国际目标市场上产品生命周期所处的阶段、产品线和产品组合的情况;有关产品生产技术的变化及发展,如新技术、新设计、新工艺、替代产品发展、关联产品发展、客户和消费者对产品的改进意见;产品的商标和包装;有关国家或地区在产品的质量、检验、标准、包装、商标方面的法律法规、产品的售前和售后服务的情况等。

4. 价格信息

价格信息主要包括:国际目标市场上产品的生产成本;产品在各个销售环节的国际

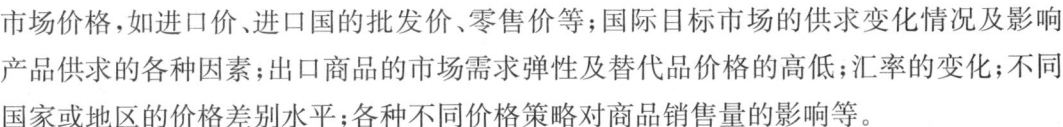

市场价格,如进口价、进口国的批发价、零售价等;国际目标市场的供求变化情况及影响产品供求的各种因素;出口商品的市场需求弹性及替代品价格的高低;汇率的变化;不同国家或地区的价格差别水平;各种不同价格策略对商品销售量的影响等。

5. 产品销售渠道信息

产品销售渠道信息主要包括:各种产品进入国际目标市场的方式;产品的销售方式,如包销、代理、直接在进口国当地批发等;进口国的销售渠道特点及其习惯做法;企业直接在国际目标市场的销售情况,如销售数量比重、销售费用、销售周期等;主要中间商(如代理商、经销商、批发商、零售商等)的销售情况;中间商所联系的顾客的特点;国际目标市场零售网点的分布;国际目标市场运输、仓库、通信等基础设施的情况等。

6. 产品出口业务信息

产品出口业务信息主要包括产品在国际转移的有关业务,如国际运输,保险,仓储,流通,结算,海关报关手续及费用,合同的商订,商务纠纷处理的有关知识、程序和相关国际惯例等。

7. 促销信息

促销信息主要包括:国际目标市场常见并有效的促销方式;企业在国际目标市场采用的各种促销方式的费用及其效果;国际目标市场上有关中介服务机构,如广告公司、营销策划公司、咨询公司、顾问公司的基本情况等。

8. 竞争信息

竞争信息主要包括:在国际市场或某一国际目标市场上,企业的竞争地位;企业的主要竞争对手;市场竞争的激烈程度;企业与竞争者相比的优势和劣势;竞争者现在和今后的策略;针对企业的国际市场营销活动,竞争者可能的反应;企业今后可能的竞争者等。除了直接竞争对手的信息,企业对间接竞争对手的有关信息也应该有所了解。

三、国际市场营销调研的类型

国际市场营销调研根据目的和形式的不同,一般分为以下四种类型。

1. 探索性调研

探索性调研用于探询企业所要研究的问题的一般性质。如果研究者对所需要研究的问题或范围不甚明确,可采用探索性调研,以便发现问题,确定研究的重点。例如,某企业近几个月的国际某细分市场的销售量一直在大幅度下降,是因为本土竞争者抢走了生意、受当地经济衰退的影响、当地顾客的爱好发生了变化,还是因为广告支出的减少。显然,影响的因素很多,该企业只好先用探索性调研法来寻求一些最可能的原因,并从一些客户或中间商那里搜集多方面的信息资料,从分析中发现问题,以便进一步调查。

2. 描述性调研

描述性调研主要进行事实资料的收集、整理,着重回答消费者买什么、何时买、如何买等问题,通过详细的调查和分析,对市场营销活动的某一方面进行客观的描述,对已经找出的问题作如实反映和具体回答。大多数的国际市场营销调研都为描述性调研,如对国际目标市场潜力、产品市场占有率、竞争对手的状况描述等。

3. 因果性调研

因果性调研的目的是找出关联现象或变量之间的因果关系,一般是为回答调研中"为什么"的问题提供资料。例如,营销者要了解企业可控制的变量(产品产量、价格、各项促销费用等)与企业不可控制的变量(产品销售量、市场的供求关系等)之间的变化关系和影响程度,就需通过因果性调研得知。因果性调研是在描述性调研的基础上进一步分析问题发生的因果关系,揭示和鉴别某种变量的变化受哪些因素的影响及影响程度如何。

4. 预测性调研

对市场的未来需求进行估计,即预测性调研,它是企业制订有效的营销计划和进行营销决策的前提。预测性调研是在前述所有调研的基础上进行组织处理信息,从而估计市场的未来需求。预测性调研涉及的范围比较大,可采用的研究方法比较多,研究方式较为灵活,对于企业今后发展有一定的意义。

第二节　国际市场营销调研的程序

国际市场营销调研工作是有计划、有组织的活动,是围绕企业国际市场营销决策的需要而开展的。国际市场营销调研的任务在于通过运用科学的方法来收集和分析数据并评估信息,为企业国际市场营销决策提供更多的选择机会,减少决策的不确定性,进而降低作出错误决策的风险。任何企业在进入一个新市场时,市场营销调研都是关键的环节。任何企业都应做好市场营销调研,并针对其结果制定产品价格、销售网络、服务体系等方面的策略。

一、设计国际市场营销调研方案

(一)分析调研背景

调研背景是有关调研项目总体状况的描述和分析。营销者在分析调研背景时,首先,应对所处行业的发展状况、社会、经济和法律等宏观环境进行简要描述与分析,以此说明发展趋势及调研项目目前的生存环境和市场空间;其次,应对微观环境进行分析,主要是针对现状和所面临的主要问题展开分析,从而确定本次调研工作的主题;最后,对以上宏观环境和微观环境的分析进行简单的提炼和总结,说明选择本次调研项目的原因。

（二）确定调研目的与内容

确定调研目的，即明确在调研中要解决哪些问题。例如，通过调研要取得什么样的资料、取得的资料有什么用途等。确定调研内容，即在确定调研目的的基础上，把调研问题展开和细化的过程。调研目的与调研内容应该高度精练。衡量一个国际市场营销调研方案设计得是否科学，主要就是看该方案的设计是否能体现调研目的与内容符合客观实际。

（三）选择调研类型

如前所述，常用的调研类型主要包括探索性调研、描述性调研、因果性调研和预测性调研。

（四）定义目标被调研者

定义目标被调研者是根据调研目的，确定调研的范围及调研的总体。目标被调研者是由某些性质上相同的调研单位所组成的。在进行目标被调研者定义时，应注意严格界定调研对象的含义，并明确与其他有关现象的区别，以免在调研活动实施时因界定不清而发生差错。

（五）设计调研方法

在设计调研方法时，采用的方式、方法不是固定和统一的，而主要取决于调研对象和调研任务。一般情况下，为准确、及时、全面地取得市场信息，营销者尤其应注意对多种调研方法的结合运用。国际市场营销调研的方法按其信息来源，可以分为桌面调研法和实地调研法，具体内容将在本章第三节"国际市场营销调研的方法"中详细讨论。

（六）抽样设计

抽样设计是根据调研项目自身的特点，采用最适合本调研项目的抽样方法，使得调研的样本具有代表性，调研结果详实、可靠，并能充分反映调研的总体的情况。

抽样设计主要需要解决抽样总体、样本大小和抽样方法三个具体问题。抽样总体由调研对象总体构成，其具体范围由调研目的和调研特性确定。样本大小对调研结果的准确性有一定的影响，样本越大，调研结果越可靠；反之，调研结果的代表性就越差。然而，样本越大，调研费用就越高。因此，样本量要先根据调研费用的限制、允许的抽样误差，以及被调研问题的基本性质等因素来确定，再结合调研项目的具体情况，选择最适合调研项目的抽样方法。

（七）确定样本量

一般情况下，确定样本量需要考虑调研目的、调研的性质、误差容忍度，以及实际操作的可行性和调研费用。除此之外，决策的重要性、数据分析的性质、资源、抽样方法等也决定样本量的大小。然而，这些因素只能原则上确定样本量的大小，确定具体的样本量还需要从定量的角度上考虑。不同的抽样方法确定样本量用不同的公式。简言之，样本量的大小主要取决于：研究对象的变化程度，即变异程度；要求和允许的误差大小，即误差容忍度要求；要求推断的置信度，一般情况下，置信度应取 95%；调研的总体的大小；抽样的方法。

（八）安排访员

安排访员主要是指调研的组织管理、调研项目组的设置、调研人员的选择与培训、调研质量的控制等。

（九）说明录入、处理的数据

这一部分要说明在数据录入与处理时所运用的统计分析软件，还要说明数据录入复核的方式和比例。

（十）规划调研时间

这一部分通常是运用表格的形式对各阶段的工作任务和起止时间进行规划，其目的是使调研工作能及时开展，并按时完成。

（十一）预测调研费用

虽然开展市场营销调研能给企业带来管理性效益，但每次市场营销调研活动也都需要支出一定的费用。因此，在设计市场营销调研方案的过程中，应编制调研费用预算表，合理估计调研的各项目（包括劳务费、问卷设计费、差旅费、邮寄费、电话费、被调研者的礼品及礼金、杂费、税金等）和各阶段的费用支出。通常情况下，一个调研项目前期的计划准备阶段的费用安排占总预算的 20%，实施调研阶段的费用安排占总预算的 40%，后期整理数据、分析报告阶段的费用安排占总预算的 40%。在编制调研费用预算表时，应注意以下原则：在保证实现调研目标的前提下，力求使调研费用支出最少，或在调研费用有限的条件下，力求取得最好的调研效果。

（十二）选择调研报告的提交方式

调研报告提交方式的选择，通常要跟客户沟通后再确定。调研报告的提交方式主要包括书面报告和口头报告，提交的内容主要包括报告的形式、份数、基本内容、原始数据、分析数据、演示文稿和原始问卷等。

二、实施国际市场营销调研活动

在国际市场营销调研方案设计完成后，应按照调研计划和调研活动进度表的规定实施调研活动，这是国际市场营销调研的核心环节。要想保障调研活动成功实施并顺利完成，这一阶段应做好调研人员的甄选与培训工作，并监督及管理好整个调研活动的全过程。

（一）组建调研实施队伍

调研实施队伍通常由项目主管、项目督导和调研员三部分组成。

1. 项目主管

项目主管是调研实施过程中的统领,在整个调研项目的实施过程中起重要作用。项目主管不仅应该掌握有关市场营销调研的基本理论和方法,具有丰富的工作经历和经验,还应该具备较强的组织、运作和管理能力。为了确保市场营销调研活动的顺利进行,项目主管必须做到以下六点:

(1) 深入了解调研项目的目的、任务、内容和具体的实施要求。

(2) 制定相应的调研实施方案和制订培训计划。

(3) 挑选及培训项目督导、调研员。

(4) 在调研过程中实施过程管理与质量控制。

(5) 对项目督导、调研员的工作进行指导、监督。

(6) 对最终的调研结果进行评价。

2. 项目督导

项目督导是在调研实施过程中具体的项目运作监督人员,负责调研实施过程的检查、监督和对实施结果的检验工作。合格的项目督导应该做到以下八点:

(1) 在调研实施过程中进行现场检查和指导。

(2) 对没有经验的调研员进行有计划的陪访。

(3) 对遇到拒访率较高的调研员进行有效的鼓舞和激励。

(4) 对不符合调研实施要求的调研员进行纠错和指导。

(5) 对调研实施进行必要的公开或隐蔽的监督。

(6) 对调研员的访问结果进行尽可能频繁、尽可能及时的检查。

(7) 负责问卷的回收。

(8) 对全部调研员的工作进行评价。

3. 调研员

调研员是调研实施过程中具体的执行者,因此调研员本身的素质是调研实施能够成功的最基本保证。合格的调研员应具备以下七项道德素质和基本社会交往素质:

(1) 有强烈的事业心和责任感。

(2) 有高度的敏感性。

(3) 有广博的知识和广泛的兴趣。

(4) 有较高的综合分析能力。

(5) 有良好的工作态度,严谨细致的作风。

(6) 为人诚恳,待人亲切、自然,具有信任感。

(7) 掌握现代化科学知识。

上述七项道德素质和基本社会交往素质,是保证调研员能够准确理解调研问题、能正确地向被调研者说明本次调研的目的,以及灵活处理在调研中出现的有关问题的重要因素。

基于以上分析,我们在进行调研员的甄选时,除了要考察其是否具备一定的基本素质,还应遵循以下原则:一是尽量选择与访问对象的人口特征、地理特征和社会经济特征相匹配的调研员。二是从调研员完成访问工作的有效性和可靠性方面考虑,应尽量选择调研技术过硬的调研员,但也不能就此排除没有经验的调研员,对有经验的和没有经验的调研员要进行合理的选择及搭配。

(二)培训调研实施队伍

培训调研实施队伍对于提高数据收集的质量非常重要,培训能够保证所有调研员以同样的态度对待问卷,使得收集的数据具有一致性。为了使调研员尽快熟悉调研项目的基本内容,以确保调研实施的成功,有必要对调研员进行常规培训和项目培训。

(1)对调研员进行常规培训,首先是职业道德的培训,要求调查员认真作业,不作弊,为被调研者保密,为客户保密,克服困难,完成作业;要让调研员明白他们在整个调研实施过程中的重要性,从开始培训到调研结束,每位调研员都应该保持诚实、客观、认真、负责和保密习惯的工作态度。其次是调研基础知识的培训,要让调研员掌握一些基本的访问原则和技巧。例如,在访问时间的选择上,通常会选择在周末 9:00～21:00 的时间段进行调研,但要避开被调研者的就餐时间。在访问地点的选择上,通常会选择人口密集区或被调研者家里。

(2)对调研员进行项目培训,首先是要向调研员介绍项目背景,并讲解调研实施的方式和要求、调研技术说明和标准、调研实施指南以及其他与调研有关的事宜。其次是发放调查问卷,对调研员进行调查问卷培训,即逐题讲解调查问卷,并对调查问卷中的专业词汇和"跳题"作强调,告诉调研员如何向被调研者解释专业词汇,如何做好"跳题"。

调查问卷培训完后,接下来要做的就是模拟调研访问。要求调研员两人一组,一位扮演调研员,另一位扮演被调研者。两人互相配合完成模拟调研访问。对在模拟调研访问过程中出现的问题,每组调研员要及时地向培训者反映,由培训者对问题进行解答。

(三)监督管理调研实施队伍

调研实施队伍培训完毕后,进入市场营销调研活动的实施阶段。在这个阶段中,市场营销调研活动的管理工作主要表现为以下三个方面:

(1)对调研工作质量进行监督和控制。项目督导要及时对现场调研员进行评估,了解他们的工作状况,为寻找并建立更好、更高质量的调研实施队伍总结经验。调研评估标准在培训时就应该明确告知现场调研员,对现场调研员的评估应该从成本、时间、调查成功率、调查质量和数据质量方面进行评价。

(2)对调研进度进行控制。为了保证调研项目能够按时完成,企业管理者必须对调研工作进度进行监督和控制,具体控制内容包括:要求调研实施队伍定期提交书面报告;对调研情况加以汇报;定期与调研机构的有关人员交谈;了解工作进展等。

（3）对调研费用进行控制。在委托调研任务时，企业一般已经与调研机构达成了有关费用的协议。该协议是费用控制的基本标准，调研机构的调研费用应控制在协议范围以内，如果费用超出标准，除非有充分的理由，否则企业不予支持。

三、整理分析国际市场营销调研数据

国际市场营销调研所收集到的数据资料是分散的、零碎的和不系统的，是反映个体的，不是反映总体的数据资料。根据这样的数据资料，研究者难以对总体进行分析，也无法对总体作出判断和结论，因此必须先对数据资料进行整理。那么，我们应该如何对国际市场营销调研所得到的原始数据资料进行科学的分类、分组、汇总和再加工呢？

（一）国际市场营销调研数据的标准

国际市场营销调研数据整理是一项理论性和技术性要求都很高的工作，整理后的数据必须达到一定的标准才能使用，这些标准包括以下七个方面。

1. 合格

合格是指整理后的数据必须符合调研目的，是有效的资料。

2. 真实

真实是指整理后的数据必须是发生过的客观事实，没有弄虚作假、主观独撰的情况。

3. 可靠

可靠是指整理后的数据必须具有可信度，即数据无论是同一调研员多次重复使用还是由其他调研员复测，其结果应大体相同。

4. 准确

准确是指整理后的数据要准确，特别是数字资料更应该准确。

5. 完整

完整是指整理后的数据必须尽可能全面地反映客观事实。

6. 可比

可比是指各种原始资料由于指标范围、口径、计算方法、计算单位等不同，不能进行比较。国际市场营销调研数据整理的目的之一就是将不可比的数据经过调整变成可比数据，以便进行对比和分析。

7. 系统

系统是指整理后的数据应尽可能条理化和系统化。

（二）国际市场营销调研数据整理的步骤

国际市场营销调研数据整理包括以下七个步骤。

1. 检查问卷

检查问卷是指检查所有问卷填写的完整性和数据质量，检查资料是否齐全、是否有

重复或遗漏、是否具有可比性、是否存在差错、是否具有一致性等。对不合格的问卷的处理方式通常包括将问卷返回给现场工作人员以获得更好的数据、填补缺失值，或者丢弃不合格问卷。

2. 编辑数据

编辑数据是为了提高问卷数据的准确性和精确性而进行的再检查，其目的是筛选出问卷中看不清楚、不完整、不一致，或者模棱两可的答案。

3. 编码数据

编码数据是为每个问题的每种可能的答案分配一个代码，通常是五个数字。编码数据一般应用于大规模的问卷调查中，借助于编码技术和计算机可大大简化调研资料的统计汇总工作。例如，消费者关于性别问题的回答在资料编码过程中可作如下处理：用数字 1 代表男性，数字 2 代表女性。又如，消费者关于年龄问题的回答在资料编码过程中可根据分析的需要作如下处理：将消费者的年龄分为 18 岁以下、19～25 岁、26～35 岁、36～45 岁、46 岁以上五组，并分别用数字 1～5 代表。编码数据工作的基础是对调研资料中涉及的各个问题的回答概括归纳，形成恰当合理的分类。

4. 转录数据

将经过编码的数据输入并储存在计算机中的过程称为转录数据。使用计算机进行数据的处理分析可极大地提高数据分析的质量和效率。将数据输入计算机可使用计算机卡片、光电扫描仪等设备，但最常见的还是使用计算机键盘直接输入。在大量的数据输入过程中，输入人员不可避免地会产生一些输入错误。为方便改正输入错误，保证数据的转换质量，输入人员可采用编制程序自动检查的方法，或者采用重复输入两份数据，由计算机自动比对有无差异并予以纠正的方法。

5. 选择数据分析方法

数据分析方法的选择要考虑数据的特点，其中数据的测量尺度将对选择何种分析方法产生很大的影响。此外，研究设计也可能需要特定的分析方法，同时还需要考虑统计技术本身的特性，尤其是其用途和隐含的基本假设。总体来说，一个数据研究项目可能存在多种适用的分析方法。

6. 分析数据

分析数据是指运用所选择的数据分析方法和软件，对录入的数据进行统计处理和分析，得出符合调研要求的分析结果。

7. 保存数据分析结果

数据分析结果生成之后，可将其自带的数据格式进行存储，同时也可利用常见的数据格式进行数据输出，以供其他系统或编写调研报告使用。

四、制作国际市场营销调研报告

国际市场营销调研报告是整个调研成果的表现形式，是衡量整个市场调研质量和水平的重要标志,更是研究者与调研项目委托者进行沟通的有效方式。对于企业和客户来说,开展市场营销调研活动的目的就是获得包含决策所需信息和依据的调研报告。因此,在进行了大量艰苦、细致的调研之后,制作调研报告就成为整个调研过程中最重要的工作。

1. 制作封面

制作封面时要注意排版设计的美观度,最好把与调研项目相关的图片放在封面上,以增加封面的美观度。此外,还应把调研题目、调研项目委托单位、调研机构名称、汇报日期写在封面上。

2. 生成目录

目录是为了便于调研报告使用者快速了解调研报告的内容。目录应包含四个部分的标题和页码:章节目录、表格目录、图形目录、附录。

3. 简单描述调研背景

简单描述调研项目所在行业的宏观背景、所在企业的微观背景,以及做这个调研项目的目的和原因。

4. 概括调研项目的执行情况

在概括调研项目的执行情况时,应包含两部分的内容:一部分是调研项目的具体实施情况(实施方法、实施时间和地点、人员安排、问卷回收情况等);另一部分是有关本次被调研者基本情况(如性别、年龄、职业和收入等)的描述。

5. 撰写调研基本结论

这是调研报告中篇幅最长的部分。在这部分内容中,要对调研中发现的基本事实资料进行有组织、有重点、层次分明的陈述。为了便于调研报告使用者理解有关文字说明,可选择重要且简单明了的数据分析图表插入相应的叙述内容中,过分复杂冗长的图表则列入附录部分。

6. 撰写小结与建议

小结是对调研基本结论的总结和提炼。建议是在每个小结的基础上给出的,它是关于调研项目下一步改进和实施过程中将要运用的一些市场营销策略及方法。这部分内容建议一定要体现出可操作性,要与调研项目的可执行性相吻合,切勿空泛。从调研性质方面看,调研报告是不提供建议和对策的,是否撰写这部分内容,完全由研究人员自己决定。然而,随着市场营销调研业务的竞争越来越激烈,研究人员主动提出建议以提高客户满意度的情况越来越普遍,因此,这一部分内容正在逐步成为调研报告的构成内容之一。

7. 制作附录

附录是对调研报告正文的补充或更为详细的专题性说明,这部分内容通常包括调研报告中引用的数据资料、统计报表、资料分类统计数据、研究方法的详细说明及参考文献。

第三节　国际市场营销调研的方法

国际市场营销调研的方法包括桌面调研法及实地调研法。收集二手数据采用桌面调研法，收集原始数据采用实地调研法。

一、桌面调研法

1. 桌面调研法的含义

桌面调研法又称为间接调研法、办公室调研法、文献调研法、二手资料分析法等，是一种通过收集已有的，以及由他人所搜集、记录、整理和积累的资料，即二手资料或间接资料，并加以整理、分析、研究和利用的活动。

2. 桌面调研法的优缺点

桌面调研法具有的优点包括：①节省费用；②缩短调研时间；③超越时空限制；④搜集信息方便、自由、迅速。

桌面调研法具有的缺点包括：①时效性差；②某些市场资料匮乏；③可靠性不稳定等。

3. 桌面调研法的功能

桌面调研法的功能主要包括以下四点：①桌面调研法可以作为一种独立的调研方法加以采用；②桌面调研法可为实地调查创造条件；③桌面调研法可用于有关部门和企业进行经常性的市场营销调研活动；④桌面调研法可取得某些实地调查无法获取的资料。

4. 桌面调研法的资料来源和收集渠道

桌面调研法的资料可以从国内和国外获得，企业可以通过国际性组织、本国政府、外国政府、各种行业商会机构、出版社等新闻媒介、银行和证券商等金融机构、消费者组织等公共机构、研究机构或数据资料供应者、各种在线数据库等获得资料。

在互联网高度发达的今天，互联网上有大量的在线数据库，除了一些商业机构收取一定费用，政府网站、商业出版社、新闻媒体等都提供了大量的免费资料，调研员要学会从大量资料中找到对自己有用的资料。常见的一些资料来源网站如表 4-1 所示。

表 4-1　常见的资料来源网站

网站名称	网址	数据内容
中华人民共和国国家统计局	http://www.stats.gov.cn	统计年鉴、统计月报等
全国政策咨询信息网	http://www.drcnet.com.cn	宏观经济、货币金融等

（续表）

网站名称	网址	数据内容
中国经济信息网	http://www.cei.gov.cn	宏观经济信息等
经济日报	http://www.ce.cn	宏观经济信息
经济参考	http://jjckb.xinhuanet.com	宏观经济信息
企业信息网	http://www.xinxiqy.com	各地企业信息
华通数据中心	http://data.acmr.com.cn	宏观经济数据等
三农数据网	http://www.sannong.gov.cn	三农信息
美国人口普查局	http://www.census.gov	人口、家庭等
美联储经济数据库	http://www.stls.frb.org/fred	宏观经济信息、数据、金融、货币
世界银行	http://www.worldbank.org	宏观经济信息、数据、金融、货币
A.C.尼尔森公司	http://www.acnielsen.com	超市销售额、市场份额、零售价格、家庭购买、电视观众

二、实地调研法

实地调研法是指调研资料直接来源于被调研者,从而取得第一手资料的调研方式。实地调研法与桌面调研法的主要区别在于前者获得的是直接资料,后者获得的是间接资料。实地调研法所获得的直接资料来源于两种方式:一种方式是调研员亲自到现场进行调查从而获得资料,另外一种方式是通过采用调查问卷等方式直接从被调研者处获得资料。常用的实地调研法包括访问法、观察法和实验法。

(一)访问法

访问法是指市场调研员直接向被调研者提出问题,并以所得到的回答作为调研结果,是实地调研法中最常用的一种方法,在获取消费者行为及态度方面的资料中比较常用。访问法按访问形式不同,可分为电话调查、面谈访问、邮寄调查、留置问卷调查、网络调查、小组座谈法和深层访谈法。

1. 电话调查

电话调查是通过打电话向被调研者进行询问,以获取资料的一种调研方法。这种方法抽样简便、速度快、效率高、费用低、完成快、容易联络不易接近的调查对象,适合于小样本调研,但调研范围小、易受时间限制、易被拒。

2. 面谈访问

面谈访问是指调研员通过与被调研者面对面进行访谈,以获取资料的一种调研方法。面谈访问通常是调研员根据事先拟好的问卷或调研提纲上的问题,依次发问,有时可采用自由交谈的方式进行。面谈访问可以是个人访谈,也可以是集体访谈;可以是依次面谈,也可以是多次面谈。面谈访问按照访谈地点不同,可分为入户访问和拦截访问。面谈访问比较灵活、效率高、可靠性强,但费用大、时间长、代表性差,其常用于消费者调查。

3. 邮寄调查

邮寄调查是指将设计好的调查问卷通过邮政网络系统寄给选定的调研对象,并由被调研者按规定的要求和时间填写并寄回调查问卷的一种调研方法。这种方法以如何提高邮寄调查问卷的回收率为关键点。

4. 留置问卷调查

留置问卷调查是指调研员将调查问卷当面交给被调研者,说明调研目的和要求,由被调研者自行填写回答,调研员按约定的时间收回调查问卷,它是介于面谈访问与邮寄调查之间的一种方法。其主要优点有:回收率高,被调研者的意见可不受调研员的影响;由于调查问卷留给被调研者填答,被调研者可详细思考,认真作答,避免由于时间仓促或误解产生误差。其主要缺点有:调研范围受到一定限制,难以进行大范围的留置问卷调查,调研时间长、费用相对较高。

5. 网络调查

网络调查是指调研员利用互联网来搜集和掌握市场资料的一种调研方法。目前网络调查的方法主要有站点法、电子邮件法、随机 IP 法、视频会议法、在线访谈法和搜索引擎法等。

6. 小组座谈法

小组座谈法是指调研员采用小型座谈会的形式,挑选一组(8～12 位)具有代表性的消费者或客户,在一个装有单面镜和录音录像设备的房间内,在主持人的组织下就某个专题进行讨论,从而获得对有关问题的深入了解的一种调研方法。小组座谈法的主要优点有:资料收集快、效率高;取得的资料较为广泛和深入;结构灵活,能将调研与讨论相结合,可进行科学监测。小组座谈法的主要缺点有:对主持人的要求较高;容易造成主持人判断错误;被调研者回答散乱,后期资料整理工作有难度;有些涉及隐私、保密的问题,不宜在座谈会上提问;讨论时间受限,很难深入交流。

7. 深层访谈法

深层访谈法是指在访问过程中,由掌握高级访谈技巧的调研员,与对某一问题(或专题)有丰富经验的人进行深入的访谈,用来揭示被调研者对某一问题的潜在动机、态度和情感的一种调研方法。这种方法主要用于获取对问题理解的探索性研究。深层访谈法的主要优点有:能更深入地了解被调研者的内心想法和态度;能更自由地交换信息;便于对保密、敏感问题进行调研;能将被调研者的反映与其自身相联系,便于评价所获资料的可信度。深层访谈法的主要缺点有:要求调研员具有较高的访谈技巧,访谈效果的好坏更易受调研员自身素质高低的影响;访谈结果的资料难以统计分析;时间长,经费高;调研对象难预约。

（二）观察法

观察法是指调研员在商业街道、营业场所通过观察事情发生的经过，对被调研者的情况进行直接观察、记录，或者利用照相机、录音机和监视器等现代化手段间接地进行观察，以取得市场资料的一种调研方法。

1. 观察法的具体形式

观察法的具体形式包括以下三种：

（1）直接观察法又称为行为记录法，包括现场观察，如参展；顾客动作观察，以设计门店布局、路线；时空观察，如统计客流量、车流量。

零售企业经常采用一种称为"神秘购物法"（mystery shopping studies）的直接观察法，即聘请对行业有一定了解的调研员，以"神秘"顾客的身份亲自到被调研企业现场感受其服务（即暗访），在真实消费环境中感受企业与顾客接触的每一个时刻，不定期形成报告反馈给企业。当然，零售企业为了解竞争对手的经营情况时，也会派遣调研员作为顾客到竞争对手的店中进行观察，以获取竞争对手的商品、价格、陈设布局、促销活动、服务状况等信息。表 4-2 列举了某家服装专卖连锁店，为督促其服务质量，派出调研员对各专卖连锁店进行暗访调查，并以此暗访调查作为评比依据。

表 4-2　暗访调查表

调查项目	等级	评分标准
1. 营业员的礼貌程度		
（1）顾客进店时有营业员立即面对顾客打招呼	优	有营业员立即面对顾客热情、自热地打招呼
	良	有营业员立即面对顾客打招呼，但不热情
	中	有营业员对顾客打招呼，但不面对
	差	不打招呼
（2）营业员衣着统一、佩戴胸卡、发饰整洁、化妆自然	优	营业员衣着统一、佩戴胸卡、发饰整洁、化妆自然
	良	四项中欠缺一项
	中	四项中欠缺两项
	差	四项中三项以上欠缺或有一项严重欠缺
（3）营业员各就各位，无倚靠、聊天、干私活的现象	优	各就各位，无倚靠、聊天、干私活的现象
	良	四项中欠缺一项
	中	四项中欠缺两项
	差	四项中三项以上欠缺或有一项严重欠缺
（4）营业员用普通话接待顾客，礼貌用语，面带笑容	优	营业员用普通话接待顾客，礼貌用语，面带笑容
	良	三项中欠缺一项
	中	三项中欠缺两项
	差	全部没有

调查项目	等级	评分标准
（5）当顾客只"橱窗购物"时，营业员没有板起面孔的现象	优	营业员态度热情，并适当推荐一些特色商品
	良	营业员态度热情，但未推荐商品
	中	营业员态度有较大变化，也未推荐商品
	差	营业员板起面孔
（6）营业员态度亲切、和蔼，唱收唱付，并说"谢谢"	优	营业员态度亲切、和蔼，唱收唱付，并说"谢谢"
	良	营业员态度一般，并说"谢谢"
	中	营业员态度一般，不说"谢谢"
	差	营业员态度差
2. 营业员的推销技巧		
（7）营业员向停留在货架前挑选货品的顾客主动打招呼并询问其需求	优	营业员主动向顾客打招呼并询问其需求
	良	营业员主动向顾客打招呼但不询问其需求
	中	营业员未主动向顾客打招呼，但顾客招呼时能迅速过来
	差	营业员未主动向顾客打招呼，顾客招呼一遍以上才过来
（8）营业员全面地介绍商品的特性、面料和洗涤方式	优	营业员全面地介绍商品的特性、面料和洗涤方式
	良	顾客询问后，一问二答或以上
	中	顾客询问后，被动解答，一问一答
	差	顾客询问后，因反感而不答
（9）营业员鼓励顾客试穿，乐意陪同顾客到试衣间，并将待试服装准备好	优	营业员鼓励顾客试穿，乐意陪同顾客到试衣间，并将待试服装准备好
	良	营业员鼓励顾客试穿，乐意陪同顾客到试衣间，但未将待试服装准备好
	中	营业员不鼓励顾客试穿，顾客提出试穿后同意试穿，但不陪同顾客到试衣间
	差	营业员不鼓励顾客试穿，也不同意顾客试穿
（10）营业员主动告诉顾客售后服务的内容，包括免费修改裤长、更换颜色、尺码等	优	营业员主动告诉顾客全部售后服务的内容
	良	营业员告诉顾客两项售后服务的内容
	中	营业员告诉顾客一项售后服务的内容
	差	营业员未告诉顾客售后服务的内容
（11）如果服装不合适，营业员则主动热情地给顾客更换或介绍其他货品给顾客试穿	优	若顾客提出不合适，营业员主动征询不合适的原因，并能提供相应的合适货品给顾客
	良	若顾客提出不合适，营业员没有征询不合适的原因，直接为顾客提供其他货品
	中	若顾客提出不合适，营业员让顾客自己挑选其他货品
	差	若顾客提出不合适，营业员收回货品，不予理睬，或者强行推销该货品

（续表）

调查项目	等级	评分标准
（12）若试穿满意，营业员顺便向顾客介绍、搭配其他货品或饰品	优	营业员主动介绍并主动引导顾客搭配其他货品
	良	营业员未主动为顾客搭配，当顾客提出要求后，能主动热情地帮助搭配
	中	顾客提出搭配要求后，营业员不情不愿地寻找相应货品
	差	顾客提出搭配要求后，营业员没有反应
（13）营业员的服饰搭配水平恰到好处，令顾客满意	优	营业员的服饰搭配水平恰到好处，顾客非常满意
	良	营业员的服饰搭配水平较高，顾客比较满意
	中	营业员的服饰搭配水平一般，顾客可以接受
	差	营业员的服饰搭配水平太差，顾客不能接受
（14）营业员在不需要同时接待其他顾客时，陪同顾客到收银处付款，并说致谢语	优	营业员陪同顾客付款，并说致谢语
	良	营业员陪同顾客付款，不说致谢语
	中	营业员让顾客自己去付款，并说致谢语
	差	营业员让顾客自己去付款，不说致谢语
（15）顾客离店时，营业员能立即主动地对每位离店顾客说送别语	优	顾客离店时，营业员自然热情地打招呼
	良	顾客离店时，营业员打招呼，但不热情
	中	营业员偶尔对个别离店顾客打招呼
	差	不打招呼
3. 购物环境		
（16）在收银台附近，整洁摆放或张贴着"顾客服务热线的标牌"	优	店内收银台附近有标牌且很整洁
	良	店内收银台附近有标牌，但不够整洁
	中	店内收银台附近有标牌，但很脏
	差	无标牌
（17）店内货架、橱窗、门面招牌、地面整洁	优	店内货架、橱窗、门面招牌、地面整洁
	良	四项中有一项欠缺
	中	四项中有两项欠缺
	差	四项中有三项或以上欠缺，或有一项严重欠缺损害店铺形象
（18）货品摆放分门别类且整齐，货架不空置，货品和模特无污渍、无损坏	优	货品摆放分门别类且整齐，货架不空置，货品和模特无污渍、无损坏
	良	有一个货架（或货品、模特）未达到要求
	中	有两个货架（或货品、模特）未达到要求
	差	货品乱放，或三个以上货架（或货品、模特）未达到要求

（续表）

调查项目	等级	评分标准
（19）试衣间整洁,门镜安全,设施齐全（配备衣钩、拖鞋）	优	试衣间整洁,门镜安全,设施齐全
	良	三项中有一项欠缺
	中	三项中有两项欠缺
	差	三项均有欠缺或其中一项以上严重欠缺
（20）灯光明亮,音响适中,温度适宜,走道通畅（无杂物堆放）	优	灯光明亮,音响适中,温度适宜,走道通畅
	良	四项中有一项欠缺
	中	四项中有两项欠缺
	差	四项中有三项或以上欠缺,或有一项严重欠缺

（2）间接观察法是通过对实物的观察,追溯和了解过去所发生过的事情,故其又称为实物观察法。间接观察法的调研员作为"旁观者"的身份对被调研者进行观察。其主要优点是观察的时间、空间能极大地扩展。间接观察法包括垃圾观察法和食品柜观察法。

垃圾观察法是指调研员通过对家庭垃圾的观察与记录,收集家庭消费资料的调研方法。垃圾观察法的特点是调研员并不直接地对住户进行调查,而是通过察看住户所处理的垃圾进行家庭食品消费的调研。

食品柜观察法是指调研员通过察看住户的食品柜,记录住户所购买的食品品牌、数量和品种等,以此收集家庭食品的购买和消费的资料。

（3）借助机械的观察法是指调研员借助摄像机、交通计数器、监测器、闭路电视、计算机、扫描仪等来观察或记录被调研者的行为或所发生的事情,以提高调研的准确性。

2. 观察法的优缺点

（1）观察法的优点有：可以观察到消费者的真实行为特征,资料的准确性高,内容客观、真实；能够收集到一些被调研者无法直接用词语表达的资料。

（2）观察法的缺点有：观察时间长,需要人员多,成本高；观察对象由于感觉到被观察,可能改变其行为方向,从而影响观察的持续进行；调研员易疲劳,影响观察质量；调研员只能观察表面现象和外在行为,难以观察内在因素。

3. 采用观察法的注意事项

采用观察法时应注意：第一,为了使观察结果具有代表性,应设计好抽样方案。第二,为了观察被调研者的自然反应,最好不要让被调研者有所察觉。第三,为保证观察结果的客观真实,调研员必须实事求是、客观公正,不能带有主观偏见色彩。第四,为了保证观察结果具有可比性,观察记录用纸和观察项目最好有一定的格式。第五,为了观察客观事物的发展变化过程,以进行动态对比研究,需要做长期反复的观察。

（三）实验法

1. 实验法的含义

实验法是指在控制的条件下对所研究的现象的一个或多个因素进行操纵，以测定这些因素之间的关系的方法，如食品的品尝会。实验法是因果关系调研中经常使用的一种行之有效的方法，如改变品种、包装、设计和价格对产品销量的影响，广告及服务对品牌态度的影响等。实验法一般限于较小规模的活动。

2. 实验法的种类

实验法根据操作环境不同，分为实验室实验和现场实验。其中，实验室实验是指调研员创造一种符合一定条件的环境，在对某些变量实施控制的同时，操纵另一些变量发生变化，观察和测量自变量对因变量的影响程度。现场实验是在现实的环境中，观察和测量自变量对因变量的影响程度。两者的根本区别在于所处的环境不同，前者是在人造的环境中，后者居于自然环境中。

3. 实验法的应用步骤

实验法的应用步骤包括以下五步：①根据调研课题，提出研究假设；②进行实验设计，确定实验方法；③选择实验对象；④进行实验；⑤整理分析资料，做实验检测，得出实验结论。

4. 实验法的特点

实验法具有一定的可控性和主动性，可提高调研的精确度，其结果具有一定伪客观性和实用性。其中，现场实验的特点是方法科学，能够获得较真实的资料，但是大规模的现场实验往往很难控制混淆变量，影响实验结果的内部有效性。实验室实验正好相反，内部有效性易于保持但难以维持外部有效性。此外，实验法实验周期较长，研究费用昂贵，实验的保密性及实验实施阻力较大等问题严重影响了该调研方法的广泛使用。

三、调查问卷的设计

在实地调研法中，常常要用到调查问卷，调查问卷已经成为市场营销调研中最常用的工具，用来记载和反映调研内容和调研项目，面谈访问、电话调查、留置问卷调查、小组座谈法等都需要使用这一工具。使用调查问卷进行调研，一方面能够正确反映且重点突出调研目的和调研的具体问题；另一方面调查问卷能正确记录和反映被调研者回答的事实，提供正确的资料，也便于统计和整理这些资料。

（一）调查问卷的构成

一份正式的调查问卷一般由以下三个部分组成：

（1）前言。前言主要列明被调研者的姓名、单位、住址、电话号码，以及调查时间和编号等数据，还要说明调研的主题、调研的目的、调研的意义，以及向被调研者表示感谢。这部分内容一般出现在调查问卷的开头。"AA 出国留学服务中心留学市场调查问卷"的开头部分如下所示。

亲爱的同学：

　　您好！AA 出国留学服务中心为了了解大学生的出国留学意向，特进行这次问卷调查，请您提供宝贵意见，它将帮助我们今后为您和您的亲朋好友更好地提供服务，请您在您认为合适的答案上打"√"。您提供的情况，我们将严格保密，谢谢您的合作！

　　（2）正文。它是调查问卷的主体部分，一般设计若干个问题要求被调研者回答。

　　（3）附录。这一部分可以将被调研者的有关情况加以登记，为进一步的统计分析收集资料。如果采用邮寄调查，这些资料将由被调研者直接提供；如果采用面访或电话调查，则可以通过观察或询问获得资料，这类资料一般放在调查问卷的末尾进行收集。

（二）调查问卷的设计原则

调查问卷在设计时应该遵循以下原则：

　　（1）调查问题简明扼要。一是问题要清楚、明确、具体。二是要明确问题的界限与范围，问句的字义要清楚，否则容易产生误解。三是与调查问题无关的一切事项不应在调查问卷中出现。

　　（2）调查问题是被调研者了解的，以确保获得答复。如果调查问题是被调研者不了解的或难以回答的问题，只能得到"我不知道"的答案。

　　（3）调查问题方便被调研者毫无拘束地提供他所知道的一切信息，也就是在问问题时，不要拐弯抹角。例如，如果想知道顾客为什么选择你的店铺买东西，就不要问："你为什么不去张三的店铺购买？"这是因为此时得到的答案是他们为什么不喜欢张三的店铺，而不是他们为什么喜欢你的店铺。根据顾客对张三店铺的看法来了解顾客为什么喜欢你的店铺可能会导致错误的推测。

　　（4）调查问题要便于归类、分析、整理。调查问卷提问时要注意：第一，避免用引导性问题或带有暗示性的问题，这样容易诱导被调研者按某种方式回答问题，结果是得到的答案是调研员自己提供的答案。第二，避免提出使人尴尬的问题。第三，对调研的目的要有真实的说明，不要说假话。第四，利用调查问卷做面对面访问时，要注意给被调研者足够的时间，让他们讲完要讲的话。为了保证答案的准确性，将答案向被调研者重念一遍。第五，不要对任何答案作出负面反应，即使答案令人不悦，也不要显露出来。如果被调研者回答"从未听说过你的产品"，不要有负面情绪，这正是为什么要做调查问卷的原因。

（三）调查问卷的提问方式

调查问卷的提问方式可以分为以下两种。

1. 封闭式提问

封闭式提问是指在每个问题后面给出若干个选择答案，被调研者只能在这些被选答案中选择自己的答案。其具体可以分为以下五种格式：

（1）顺序式：要求被调研者从备选答案中选出部分或全部答案，并按一定顺序排列。例如：

以下是几个选择出国留学国家的标准，它们在您心目中的重要程度如何？

第一重要_____，次重要_____，第三重要_____

① 生活环境好　　② 留学费用合理　　③ 就业率高

② 社会治安良好　⑤ 教学质量高　　　⑥ 社会福利好

（2）等级式：对两个以上分成等级的答案进行选择，只能选择出一项（有三、五和七项式，常用五项式），其常用于满意度调查。

例如：

您对我院露天电影的放映时间满意吗？

① 很满意　② 满意　③ 一般　④ 不满意　⑤ 很不满意

（3）矩阵式或表格式：当询问若干个有相同答案形式的问题时，可将这些问题集中在一起，构成一个问题的表达方式。

例如：

以下列出了关于我院露天电影播放质量的四方面指标，请问您对这四方面的满意度情况如何？请根据表 4-3 作出评价。

表 4-3　满意度调查表

项目	很满意	满意	一般	不满意	很不满意
1. 播放时间	5	4	3	2	1
2. 播放地点	5	4	3	2	1
3. 播放质量	5	4	3	2	1
4. 播放片种	5	4	3	2	1

（4）两项式：答案只有两个，回答者只选择其中一项即可，其常用于民意测验。

例如：

您是否知道我院每周五晚上播放露天电影？

① 知道　②不知道

（5）多项式：给出的答案至少在两个以上，回答者根据要求可选择其一也可选择多项，其常用于调查表中。

例如：

您在周末的时候通常都做些什么？（可多选）

① 看电影 ② 上网 ③ 逛街 ④ 看电视 ⑤ 外出打工 ⑥ 待在家里 ⑦ 不一定

2. 开放式提问

开放式提问允许被调研者用自己的话来回答问题。由于采取这种方式提问会得到各种不同的答案,不利于资料统计分析,在调查问卷中不宜过多。

(四)调查问卷的问题数目和顺序安排技巧

调查问卷的问题数目不宜过多,若回答时间过长,回答者会产生厌烦心理,答题质量将无法保证。一般调查问卷问题数目的多少要依据研究内容、样本性质、分析方法,以及拥有的人力、物力、财力等因素来决定,以回答者 20 分钟内完成为最佳,最多不超过 30 分钟。如果研究经费充足,可付给回答者一定的报酬或礼物。问题本身质量高、回答者对问题比较有兴趣的情况下,可适当增加一些问题数目。

调查问卷中题目的顺序安排要有一定技巧,应将熟悉、简单的问题放在前面,陌生、复杂的问题放在后面;应将引发回答者兴趣的问题放在前面,引起回答者紧张、顾虑的问题放在后面;封闭式问题应放在前面,开放式问题应放在后面;要体现按时间顺序排列问题,或将询问同一类事物的问题放在一起,以体现逻辑关系;有关个人背景资料应放在前面,有关行为和态度的问题应放在后面。

本 章 小 结

(1)国际市场营销调研是指企业以国际市场和国外消费者为对象,以掌握国际市场营销环境中各种因素的变化及其相互关系为目的,运用科学的手段和方法,系统地、客观地搜集、记录、整理、分析与企业国际市场营销有关的各种信息,为企业的国际市场营销决策提供科学依据。

(2)国际市场营销调研的内容主要包括调查国际市场营销宏观环境和国际市场营销微观环境两大方面。国际市场营销调研根据目的和形式的不同,一般分为探索性调研、描述性调研、因果性调研和预测性调研四种类型。

(3)国际市场营销调研工作是有计划、有组织的活动,是围绕企业国际市场营销决策的需要而开展的。国际市场营销调研的任务在于通过运用科学的方法来收集和分析数据并评估信息,为企业国际市场营销决策提供更多的选择机会,减少决策的不确定性,进而降低作出错误决策的风险。任何企业在进入一个新市场时,市场营销调研都是关键的环节。

(4)国际市场营销调研的方法包括实地调研法及桌面调研法。收集原始数据采用实地调研法,收集二手资料采用桌面调研法。

(5)在实地调研法中,常常要用到调查问卷,调查问卷已经成为市场营销调研中最常用的工具,用来记载和反映调研内容和调研项目,面谈访问、电话调查、留置问卷调查、小组座谈法等都需要使用这一工具。

课后练习

一、判断题

1. 国内市场营销调研的范围更加广泛,方法更加复杂、难度更加大。（　　）

2. 国际市场营销调研设计的差异性比国内市场营销调研更加大。（　　）

3. 不同国家在度量货币、重量和距离等的时候,习惯采用的单位体系是相同的。
（　　）

4. 国际市场营销调研与国内市场营销调研的根本区别在于调研环境的不同。
（　　）

5. 常用的国际市场营销调研主要包括探索性调研和描述性调研两种类型。（　　）

6. 在设计调研方法时,采用何种方式、方法应该是固定和统一的。（　　）

7. 桌面调研法主要使用的是一手资料。（　　）

8. 观察法可以观察到消费者的真实行为特征,资料的准确性高,内容客观、真实。
（　　）

9. 现场实验是在现实的环境中,观察和测量自变量对因变量的影响程度。（　　）

10. 市场营销调研的数据应直接使用,不能进行整理。（　　）

二、单项选择题

1. （　　）是通过收集已有的,由他人所搜集、记录、整理和积累的资料,即二手资料、间接资料,并加以整理、分析、研究和利用的活动。

A. 桌面调研法　　　　　　　　　B. 实地调研法

C. 问卷法　　　　　　　　　　　D. 实验法

2. （　　）是指调研资料直接来源于被调研者,从而取得第一手资料的调研方式。

A. 桌面调研法　　　　　　　　　B. 实地调研法

C. 问卷法　　　　　　　　　　　D. 实验法

3. 食品品尝会属于（　　）。

A. 桌面调研法　　　　　　　　　B. 实地调研法

C. 问卷法　　　　　　　　　　　D. 实验法

4. （　　）是调研实施过程中的统领,在整个调研项目的实施过程中起重要作用。

A. 调查员　　　B. 项目督导　　　C. 项目主管　　　D. 调研员

5. 对调研员进行常规培训,首先是（　　）的培训。

A. 职业道德　　　B. 调研方法　　　C. 问卷设计　　　D. 实验法

111

6. （　　）是指整理后的数据必须具有可信度，即数据无论是同一调研员多次重复使用还是由其他调研员复测，其结果应大体相同。

A. 合格　　　　　B. 可靠　　　　　C. 真实　　　　　D. 准确

7. 调研队伍通常由项目主管、项目督导和（　　）三部分组成。

A. 专家　　　　　B. 市场部经理　　　C. 调研公司　　　D. 调研员

8. （　　）是根据调研项目自身的特点，采用最适合本调研项目的抽样方法，使得调研的样本具有代表性，调研结果详实、可靠，并能充分反映调研的总体的情况。

A. 抽样设计　　　　　　　　　　B. 设计调研方法

C. 安排访员　　　　　　　　　　D. 处理数据

9. （　　）主要是指调研的组织管理、调研项目组的设置、调研人员的选择与培训、调研质量的控制等。

A. 抽样设计　　　　　　　　　　B. 设计调研方法

C. 访员安排　　　　　　　　　　D. 处理数据

10. （　　）是对设计方式、方法的选择。

A. 抽样设计　　　　　　　　　　B. 设计调研方法

C. 安排访员　　　　　　　　　　D. 处理数据

三、多项选择题

1. 国际市场营销调研与国内市场营销调研的区别有（　　）。

A. 国际市场营销调研的范围比国内市场营销调研更加广泛

B. 国际市场营销调研比国内市场营销调研需要做更多的决策

C. 国际市场营销调研比国内市场营销调研更加复杂和困难

D. 国际市场营销调研结果的可比性问题比国内市场营销调研更加突出

E. 消费者消费结构知识化

2. 观察法的优点有（　　）。

A. 可以观察到消费者的真实行为特征，资料的准确性高，内容客观、真实

B. 能够收集到一些被调研者无法直接用词语表达的资料

C. 观察时间长，需要人员多，成本高

D. 观察对象由于感觉到被观察，可能改变其行为方向，从而影响观察的持续进行

E. 调研员易疲劳，影响观察质量

3. 访问法按访问形式不同，可分为（　　）。

A. 面访调查　　　B. 电话调查　　　C. 留置问卷调查　　　D. 邮寄调查

E. 网络调查

4. 观察法具体包括（　　）。

A. 直接观察法　　　　　　　　　　B. 间接观察法

C. 借助机械的观察法　　　　　　　　D. 网络调查

E. 深层访谈法

5. 实施国际市场营销调研活动的步骤是（　　　）。

A. 组建调研实施队伍　　　　　　　　B. 培训调研实施队伍

C. 监督管理调研实施队伍　　　　　　D. 整理分析国际市场营销调研数据

E. 制作国际市场营销调研报告

四、问答题

1. 国际市场营销调研和国内营销调研有什么不同？

2. 实施国际市场营销调研的程序是什么？

3. 调查问卷的设计原则是什么？

五、案例分析题

乐高公司的市场营销调研

乐高公司（以下简称乐高）是世界上最知名的玩具品牌之一。小巧的彩色积木已经催生无数的套装、小雕像、视频游戏，甚至是电影和主题公园。乐高玩具建立在一个非常简单的概念之上，即每块积木都能与其他积木组合在一起，从而创造出无穷无尽的建筑、机器人、汽车以及其他用户能想到的组合。乐高采用设计思维进行产品创新，每次发布新产品，都会通过创造性利用彩色砖块的方式保持新鲜感。2017年，乐高成为世界上最大的玩具制造商，是所有行业中最强大的品牌之一。

乐高诞生于1932年丹麦比隆的一家小商店里。木匠奥尔·科克·克里斯蒂安森（Ole Kirk Christiansen）与他的儿子戈特弗里德（Godtfred）一起销售木制玩具、梯子和熨衣板。1934年，两人将他们的公司命名为"LEGO"，是丹麦语"LEg GOdt"的缩写，意思是"玩得好"。在接下来的几年里，乐高扩大其产品线，制作木制鸭子、衣架和简单的木砖等产品。直到1947年，乐高购买了一台注塑机，才开始大规模生产塑料玩具，这就是现代乐高"小砖块"的前身。1957年，乐高创造了能够相互锁定的塑料砖；第二年，乐高引入了螺柱和管子的耦合机制，这成为后来所有乐高玩具的基础。乐高玩具在客户中大受欢迎，于20世纪60年代初开始在全球范围内扩张。1964年，乐高开始销售套装，其中包括建造特定模型的组件和说明书。此后不久，乐高打造了取材自电影和书籍的主题套装，如《哈利·波特》《星球大战》《侏罗纪公园》系列，成为世界上最抢手的儿童玩具。

20世纪末，由于人口出生率下降，乐高的增长和扩张有所减缓。孩子们也对不能提供即时满足的玩具不那么感兴趣了。同时，由于对酒店业不熟悉，乐高在世界各地开设的许多主题酒店未能实现盈利。为了吸引更多客户，乐高开始生产越来越复杂和独特的套装，但其销售额却没有增长。乐高玩具的复杂性也加大了生产难度，并使库存更难管理。主要的零售商都有很大一部分库存没有售出，甚至在节假日时也是如此。1998年，乐高第一次遭遇亏损，到2003年，乐高已处于破产的边缘。

2004年,加入乐高仅3年的约恩·维格·克努德斯托普(Jorgen Vig Knudstorp)被提拔为首席执行官,乐高的局面开始扭转。约恩通过改进业务流程、削减成本、管理现金流,稳定了乐高的发展。为了恢复乐高玩具的知名度,约恩非常注重创新、市场和消费者研究。他认为,为了重新建立顾客与乐高玩具之间的情感联系,乐高必须深入了解每位顾客的愿望和行为。

乐高将决策建立在广泛调研的基础上。这一转变减少了产品生产的复杂性,促进了新产品的成功。2011年,该公司推出了"乐高好朋友"系列,努力吸引更多女孩爱上该品牌。乐高通过市场调查了解到女孩更喜欢用乐高套装进行角色扮演,而男孩则喜欢刺激的叙事和背景故事,如"幻影忍者""气功传奇"套装所讲述的故事。女孩和男孩都喜欢用乐高玩具进行建造。"乐高好朋友"系列提供了更多的套装和场景,如商场、果汁店和创意实验室,从而女孩可以用她们的"小雕像"来进行角色扮演。"乐高好朋友"系列在包括中国、德国和美国在内的世界各地市场上大受欢迎。

乐高还建立了未来实验室。这是一个"神秘的"研究开发团队,负责创造乐高有史以来最具创新性和最成功的玩具系列。未来实验室的团队由工业设计师、程序员、营销者,甚至是建筑大师组成。他们通过头脑风暴来产生现代化的作品。在每年进行的为期一周的巴塞罗那实地考察中,未来实验室的团队广泛开展头脑风暴,利用现有的砖块、动画软件和专业水平的数码相机设计乐高原型,其中最成功的原型会被进一步探讨,而那些最可行的想法将会在丹麦被转化为产品。未来实验室创造的乐高玩具系列包括乐高机器人——一个与麻省理工学院合作创建的机器人平台、乐高融合——一个增强现实的应用程序,以及乐高建筑——世界上最有名的建筑模型系列。

2017年,乐高超越竞争对手美泰公司(Mattel),成为世界上最大的玩具制造商。虽然乐高自2003年的历史最低点以来取得了巨大的财务成功,但其研究表明孩子们花在实体玩具上的时间一年比一年少。在一个日益数字化的时代,乐高必须继续研究其客户并尝试创新产品线,以保持在玩具行业的领先地位。

资料来源:菲利普·科特勒,凯文·凯勒,亚历山大·切尔内夫.营销管理[M].16版.陆雄文,蒋青云,赵伟韬,等译.北京:中信出版集团,2022.

思考:

1. 乐高是如何做到不断重塑其业务的?

2. 市场营销调研在乐高的成功中发挥了什么作用?

3. 乐高与竞争对手的区别是什么?乐高的竞争优势是否可持续?

第五章

国际目标市场营销战略

学习目标

1. 了解国际市场细分的含义和作用。
2. 理解国际市场的细分变量、阶段和原则。
3. 掌握国际目标市场选择的五种策略。
4. 掌握国际目标市场定位的七种类型。

在运动服饰市场中,"NIKE""adidas"品牌的行业地位人尽皆知,但 2000 年在加拿大温哥华开设第一家门店的 lululemon,目前市值已超 400 亿美元,并超越 adidas 跻身全球运动品牌第二名的位置,显然,"黑马"已经现身市场。lululemon 究竟有何"魔力"能赢得消费市场? 一起来看!

一、差异化竞争,专注行业细分赛道

NIKE、PUMA 等大品牌的产品线长,体育种类覆盖范围较广,产品聚焦篮球、足球、跑步和综训四大版块,但对于户外运动、瑜伽的投入较少,这给了 lululemon 机会。lululemon 定位高端瑜伽运动品牌,兼具现代潮流时尚性和专业性,抓住了瑜伽这种市场规模相对较小的运动为品牌发展点,以精英女性为受众切入点,形成了 lululemon 独有的特点。

在销售价格方面,adidas 的价格带相对较宽,入门级价格较低;NIKE 聚焦于中端价格带;而 lululemon 的定位是高端人群,价格带相对较窄,主力价格放在其核心产品瑜伽裤上,一条普通的瑜伽裤价格超过 900 元人民币,折扣很少,但样式新潮,外穿出门没有问题,从而形成差异化竞争。

二、私域营销,逐步打造知名度与好感度

常见的品牌成长路径是先砸知名度,再做美誉度,最后是维护忠诚度,从"金字塔"底一路攻顶。lululemon 作为一个开创运动细分品类的小众品牌,品牌成长路径却是"倒金字塔"形的,先是忠诚度、美誉度,最后才是知名度。对于私域流量的打造与运用,lululemon 主要采取了以下两种方式:

其一,每进驻一个城市,lululemon 都会找到当地 20 位左右的瑜伽老师,以服装赞助的形式展开合作。比起运动潮牌重金赞助运动员、明星,lululemon 的营销策略更实在。对于瑜伽小白、运动初学者来说,他们就是垂直领域的意见领袖(KOL)。通过这些"大使"们的社交圈层和影响力,深化了"lululemon＝瑜伽"的市场认知,也为品牌找到了一个极低成本和高有效性的社群破局方式。

其二,lululemon 还会在社区免费开展瑜伽课,逐渐发展成大型瑜伽集体活动,少则几百人,多则上万人。此外,lululemon 开展普拉提、萨尔萨舞等多种运动课程;举办社群分享会,让用户分享美好日常。用户在课堂上交友、学习,其阵势之大塑造了"仪式感",越来越多人成为 lululemon"虔诚的信徒"。同时,用户与用户,用户与意见领袖,用户与品牌建立起平等的伙伴关系,潜移默化地传递了品牌理念。

三、提高产品力,"爆品市场营销"的最终归宿

由于好的面料和从日本购置的机器非常昂贵,初期的 lululemon 采取打造爆款单品的策略,把资源都压在了瑜伽裤上,颜色只有黑色,5个款型,每种4～5个码。

瑜伽服做好看并不难,但好看又好用就不那么容易了。在1998年的环境背景下,大部分的服装设计师基本都潜心于时装和婚纱礼服设计,服装的功能性设计往往会被忽略。lululemon通过面料工艺和设计解决了运动服功能性设计的难题,具体包括:

其一,解决伸展时遮盖性的问题,在瑜伽不同体式的状态下,也不会因为面料延展透薄露出肉色。

其二,用从日本进口的机器解决了面料缝合的问题,将缝合处的线条露在外部,这样人们在运动的时候,就可以避免缝合线和皮肤的摩擦。同时露在外部的缝合线可以通过线条感的设计凸显好身材。

其三,解决汗臭问题,节约清洁护理时间,其面料吸汗、不易发臭,不娇贵、易洗护,可以直接丢进洗衣机,轻松处理洗衣问题。

资料来源:何支涛. lululemon:利基市场的"头号玩家"[EB/OL]. (2022-03-10)[2023-03-06]. https://www.sohu.com/a/528674799_100258568.

引例启示:lululemon的成功离不开以下原因。第一,明确市场地位,在市场规模高度饱和的情况下,中小企业、自身资金情况不足的企业可以着眼利基市场,针对市场上的细分赛道展开深度钻研,明确市场定位。第二,充分了解用户画像,根据用户需求打造自己的"爆品",然后进行一系列的市场营销活动并形成特有的品牌文化圈层。第三,提升产品力,品牌出圈靠的绝不是几次市场营销活动、一个会员机制,或是感人的品牌故事,好的产品才是品牌持续发展的"硬实力"。第四,根据产品定位做好渠道规划,lululemon为保证产品和服务质量,采用直营为主、线上线下相结合的渠道组合方式,对于新品牌来说,一个有序、有力的渠道是产品发力后的重要承接机制,对品牌形象的塑造具有重要作用。

第一节　国际市场细分

每家企业的资源和能力都是有限的,而市场是无限的。因此,企业无论是开展国内市场营销活动,还是开展国际市场营销活动,都必须有效地规划自己的资源和能力,以便在局部市场建立竞争优势。这就意味着企业必须有效地细分国际市场,并在此基础上选择适合自己的目标市场,确定进入目标市场的方式,并通过差异化战略和定位在目标市场上建立市场地位。在参与国际市场竞争的过程中,企业会面临复杂多变的国际市场营销环境及竞争环境。想要在国际市场竞争中立于不败之地,企业必须分析行业环境和竞争对手,并在此基础上设计有效的竞争战略和竞争策略。

一、国际市场细分的含义和作用

(一)国际市场细分的含义

1. 市场细分

市场细分是按照市场消费者在消费心理、消费模式、消费行为,以及对市场营销手段的反应等方面的差异将消费者划分为不同的顾客群体的过程。市场细分确定的每个顾客群体都是一个子市场,不同子市场之间的需求具有显著的差异性,而在同一个子市场内部需求具有明显的同质性。例如,有的消费者喜欢计时基本准确、价格比较便宜的手表;有的消费者需要计时准确、耐用,并且价格适中的手表;有的消费者要求计时准确、具有象征意义的名贵手表。手表市场据此可细分为三个子市场。

2. 国际市场细分

国际市场细分是市场细分这一概念在国际市场营销中的应用。很显然,国际市场细分不是目的,它是企业选择目标市场的基础。尽管如此,市场细分在企业战略规划和市场营销过程中一直扮演着至关重要的角色。对于企业战略规划来说,它是判断企业专长与市场机会是否匹配的前提条件,是决定进入一个新市场或退出一个老市场的依据,是分析市场优先级与重要性的有效工具,是确切地描述竞争对手战略战术的先决条件。对于企业的市场营销运作来说,它是确定产品特征、定价、宣传、销售渠道的依据,是指引销售队伍主攻方向的有力工具,是分配人力资源、技术资源和资金的参考标准,是量化市场和用户、进行市场调查、把握市场趋势的关键。可以说,国际市场细分做好了,国际市场营销就成功了一半。

(二)国际市场细分的作用

国际市场细分是从消费者的角度进行划分的,是根据国际市场细分的理论基础,即消费者的需求、动机、购买行为的多元性和差异性来划分的。国际市场细分对企业的生产经营、市场营销起着极其重要的作用。具体地讲,国际市场细分的作用有以下四点。

1. 有利于选择目标市场和制定市场营销策略

国际市场细分后的子市场比较具体,比较容易了解消费者的需求,企业可以根据自己的经营思想、方针、生产技术和市场营销力量,确定自己的服务对象,即目标市场。针对着较小的目标市场,便于制定特殊的市场营销策略。同时,在细分的国际市场上,信息容易了解和反馈,一旦消费者的需求发生变化,企业可以迅速改变市场营销策略,制定相应的对策,以适应市场需求的变化,提高企业的应变能力和竞争力。

2. 有利于发掘市场机会,开拓新市场

企业通过国际市场细分,可以对每一个细分的国际市场的购买潜力、满足程度、竞争情况等进行分析对比,探索出有利于本企业的市场机会,使企业根据本企业的生产技术条件编制新产品开拓计划,进行必要的产品技术储备,掌握产品更新换代的主动权,开拓

新市场,以更好地适应市场的需要。

3. 有利于集中人力、物力投入目标市场

任何一家企业的资源、人力、物力、资金都是有限的。企业通过国际市场细分,选择适合自己的目标市场,集中人、财、物和资源去争取局部市场上的优势,从而占领自己的目标市场。

4. 有利于企业提高经济效益

企业通过国际市场细分,可以对自己的目标市场生产出适销对路的产品,既能满足市场的需要,又能增加企业的收入。产品适销对路可以加速商品流转,加大生产批量,降低企业的生产销售成本,提高生产工人的劳动熟练程度,提高产品质量,全面提高企业的经济效益。

二、国际市场的细分变量

企业在对国际市场进行细分的时候,需要先考虑细分变量的问题,也就是说,用什么工具进行国际市场细分。一般来讲,国际市场的细分变量有以下五类。

(一) 地理变量

跨国企业在开展国际市场营销时,常用大洲、国家划分国际市场。例如,有的企业将国际市场划分为南半球市场和北半球市场;有的企业则将国际市场划分为北美洲、欧洲、亚洲、非洲等市场。在所有地理变量中,国家的意义最为重大,这是因为不同国家往往意味着不同的民族,不同的文化,不同的风俗习惯,不同的经济、政治、法律和社会环境。跨国企业需要同时在多个国家开展业务,必须根据不同国家的市场特点采取有针对性的市场营销策略。

按照地理变量进行市场细分有以下优点:第一,各细分市场界限分明,便于管理。第二,处于同一区域的国家具有相似的经济、文化背景,跨国企业可以从区域的角度制定通用的市场营销策略,通过在每一个地区设立一个分部来管理该地区的资源分配和具体的营销活动。按照地理变量进行市场细分的局限性是地理的接近并不保证各国市场在政治、经济、文化等方面一定相似,有的时候甚至相去甚远,制定统一的市场营销策略不见得有效。例如,欧盟成立后,将欧盟成员国看成一个市场就不可行,而要对它们进行适当的细分,这是因为欧盟成员国在宗教、文化、生活习惯上的差异仍然存在。跨国企业在按照地理变量进行市场细分时,必须兼顾经济、文化等其他影响因素,以避免片面性思维。

(二) 人口统计变量

根据人口统计变量,如年龄、性别、收入、社会阶层等变量,可以把消费者划分成不同的群体。

1. 年龄

消费者的消费欲望和能力随年龄而变化。因此,年龄自然就成为了市场细分的常用变量,如宝洁公司除了有针对成年人的护理用品,也有专门针对婴幼儿的护理用品,还有专门供儿童使用的牙膏。

2. 性别

性别变量一直被运用于服装、理发、化妆品和杂志等的市场细分。杂志市场是一个典型的例子,女性关注的问题与男性相比有很大的不同,如男性一般关注政治、军事和体育,而女性一般关注娱乐和休闲。

3. 收入

不同收入水平的人所具有的消费欲望和消费能力有很大不同,在汽车、化妆品、旅游和服务行业尤其明显。中等收入的消费者群体在旅游、文体产品方面的支出较多,而低收入的消费者群体在食品、服装和住房方面的支出较多。

4. 社会阶层

不同社会阶层的人在汽车、服装、家用电器、闲暇活动、阅读习惯等方面的偏爱明显不同。例如,高收入的社会阶层倾向于炫耀性产品的消费。

(三) 经济变量

根据运输、能源、农业生产、人均消费指数、国民生产总值、对外贸易等经济变量,可将不同国家划分为几个大类。在发达国家的消费者市场上,消费者更重视产品的款式、性能、特色等,因此,广告、销售促进、质量等方面的竞争效果大于价格竞争;超级市场和购物中心是消费者经常光顾的购买场所,因此,企业的市场营销策略应侧重于大规模的自助性零售机构。在发展中国家的消费者市场上,消费者既注重产品功能及实用性,又重视产品的价格,消费者习惯于就近零星购买产品。

(四) 心理变量

某一国家的消费者群体也可以按心理变量划分。心理变量包括生活方式、个性等。

1. 生活方式

不同的生活方式决定了人们对不同产品的偏好,同时,人们消费的商品也反映了他们的生活方式。在中国城市里,人们对"乡村生活方式"的向往日益增加,房地产公司努力打造具有乡村特色的住宅;食品公司不断声明自己的产品是绿色天然的;各种各样的乡村旅游受到了消费者的广泛欢迎。

2. 个性

感情冲动、独立性强、具有男子汉气质、自信的人与保守、谨慎、儒雅的人相比,往往有明显不同的偏好。许多商家正是基于消费者个性的不同而开发出不同类型的产品,如丰田公司的巡航舰越野车,就是专门针对那些喜欢旅游、愿意冒险的年轻人而开发的。

(五) 购买行为变量

根据消费者对一件产品的了解程度、态度、使用情况和反应方式等变量,将他们划分成不同的群体。购买行为变量包括时机、利益追求、使用者情况、使用量、忠诚程度等。

1. 时机

根据消费者购买或使用产品的时机进行市场细分。例如,情人节的鲜花总是供不应求;我国的很多宾馆都会在春节、中秋时推出节日餐和为节日特制的蛋糕和食品。除了寻找产品的特定时机,人们发生一生中重要的特定事件时,如结婚、购房、退休等,也会产生对特定产品的需求。

2. 利益追求

消费者消费同样的产品,但是追求的利益可能完全不同,从而可将其归入不同的群体。例如,人们选择旅游有不同的利益追求,有的是为了全家去度假,有的是为了冒险和增长见识,有的是为了享乐。又如,同样是每天刷牙,但不同的人群追求的目标是不同的,有的追求身体健康,有的追求美容,有的追求口气清新。

3. 使用者情况

根据消费者对产品的使用情况,可以把市场细分为从未使用者、曾经使用者、潜在使用者、首次使用者和经常使用者。市场份额大的企业的重点是吸引潜在客户,而市场份额较小的企业则设法把市场领袖手中的客户争夺过来。为了保持市场份额,企业还应该在维护品牌知名度和阻止忠诚客户转移品牌上作大量的投入。

4. 使用量

根据消费者对产品的使用程度,可以把市场细分为少量使用者、中度使用者和大量使用者群体。大量使用者群体的人数通常只占市场人数的一小部分,但是他们的使用量占总使用的比重却很大。营销者更愿意吸引那些大量使用者群体。

5. 忠诚程度

一个市场也可以用消费者的忠诚程度来进行细分,有些消费者是某些品牌或店铺的坚定忠诚者,他们始终不渝地购买一个品牌的产品。另一个极端是多变者,他们对任何品牌都不忠诚,总是尝试使用不同品牌的产品。也有很多消费者是介于两者之间的,是中度的忠诚者,他们忠诚于两种或三种品牌。啤酒和图书市场是典型的有相当多的品牌忠诚者的市场。企业在这样的市场推销新产品,或者想挤入这样的市场,通常要经历一段艰难的时期。

三、国际市场细分的阶段

国际市场细分主要包括以下三个阶段。

1. 调查阶段

调研员开展推测性的面谈和小组访谈,通过专家或熟悉情况者初步了解消费者的购买动机、态度和购买行为等方面的基本情况,为调查问卷的设计奠定基础。调查问卷需要收集以下各方面的信息:消费者需要的产品价值属性及其重要程度排列、品牌知名度和美誉度排列、产品使用方式、对产品品种的态度、人口统计和所在地等。

2. 分析阶段

分析阶段经常要用到一些统计方法和统计软件,如 IBM SPSS 软件。调研员采用因子分析法剔除一些高度相关的变量,采用聚类分析法来确定一定数目的明显不同的细分市场。

3. 描绘阶段

根据不同的消费者的态度、购买行为、地理、心理和媒体传播方式等变量对每个细分市场进行描绘。可能的话,还可以根据每个细分市场的特征各取一个名字。

市场细分必须定期进行,这是因为细分市场经常会发生变化。例如,以前计算机市场根据速度和功率细分为两个细分市场——高端市场和低端市场,忽略了高速发展的中间部分的市场,即 SOHO(small office and home office,小型办公室和家庭办公室)市场。戴尔公司用低价和用户友好吸引这个细分市场并取得了巨大的成功。PC 机生产者发现 SOHO 市场又由更小的细分市场组成,SO(小型办公室)和 HO(家庭办公室)的需求有很大的不同。

四、国际市场细分应遵循的原则

企业可根据单一变量,也可根据多个变量对市场进行细分。选用的细分变量越多,相应的细分市场也就越多,每一个细分市场的容量相对较小。相反,选用的细分变量越少,细分市场就越少,每一个细分市场的容量则相对较大。如何寻找合适的细分变量对市场进行有效细分,在市场营销的实际工作中并非易事。一般而言,成功且有效的国际市场细分应遵循以下原则。

1. 可进入原则

细分市场应是企业市场营销活动能够抵达的,即企业通过努力能够使产品进入并对消费者施加影响的市场。一方面,有关产品的信息能够通过媒体顺利传递给该市场的大多数消费者;另一方面,企业在一定时期内有可能将产品通过分销渠道运送到该市场。否则,该细分市场的价值就不大。例如,生产冰激凌的企业,如果将我国中西部农村作为一个细分市场,恐怕在一个较长时期内都难以进入。市场细分的可进入原则包括两个方面:一是政治法律环境对企业进入某个细分市场没有壁垒阻碍。二是企业的资源能力、竞争能力能够使企业了解和获取该细分市场的情报信息并开展市场营销组合策略,将产品及服务通过一定的分销渠道送入目标市场。

2. 可盈利原则

细分市场必须要有足够的需求量,能够保证企业获取足够的利润或有较大的利润上升空间,即细分市场的容量或规模要大到足以使企业获利。企业进行市场细分时,必须考虑细分市场上消费者的数量,以及他们的购买能力和购买产品的频率。如果细分市场的规模过小、市场容量太小、细分工作繁琐、成本耗费大、获利小，就不值得企业去细分市场。因此，市场在很多情况下不能无限制地细分下去，以避免造成规模不经济。市场细分必须要把握一个前提条件：细分市场必须有足够的需求水平，可能是现实中最大的同质市场，值得企业为它制订专门的营销计划。只有这样，企业进入该细分市场，才可能有利可图。

3. 可衡量原则

细分市场是可以识别和衡量的，即细分市场不仅范围明确，而且其容量大小也能大致作出明确的判断。企业选择市场的细分变量应该是可以识别且量化的。企业应该能够用数据来描述细分市场中消费者的一些购买行为特征、勾勒细分市场的边界；能够用数据来表达和判断细分市场容量的大小。否则，既会使细分市场边界模糊、准确划分很困难或无效划分，又会使企业无法有针对性地制定市场营销策略。有些细分变量，如具有"依赖心理"的青年人，在实际工作中是很难测量的，以此为依据的细分市场就不一定有意义。

4. 可操作性原则

企业能够以自身的资源占有能力、营销运作及管理控制能力，运用科学的方法对市场进行深入调研分析，正确认识评估市场营销的宏观环境和微观环境，制定和灵活实施产品策略、价格策略、分销策略、促销策略，以影响和引领细分市场中消费者的消费欲望、消费行为，并为之提供新的需求。

5. 差异明显原则

差异明显原则是指各细分市场中的消费者对同一市场营销组合方案会有较明显的差异反应，或者说对于市场营销组合方案的变动，不同细分市场会有不同的反应。一方面，如果不同细分市场消费者对产品需求差异不大，即他们行为上的同质性远大于异质性，此时，企业就不必费力对市场进行细分；另一方面，对于细分市场来说，企业应当分别制定出独立的市场营销方案。如果无法制定出方案，或者其中某几个细分市场对是否采用不同的市场营销方案不会有大的差异性反应，企业则不必进行市场细分。

第二节　国际目标市场的选择

一、国际目标市场的评估

国际目标市场是企业开展市场营销活动所要满足需求的市场，是企业决定要进入的市场。企业的一切市场营销活动都是围绕目标市场进行的。选择和确定目标市场，是企业制定市场营销策略的首要内容和基本出发点，不仅直接关系着企业的经营成果及市场占有率,而且还直接影响到企业的生存。因此,企业在选择目标市场时,必须认真评价目标市场的营销价值,对市场潜力、竞争状况,以及本企业的资源条件、营销能力和营销特点进行全面的分析和评估。一般来说,企业对考虑进入的目标市场应作以下几个方面的评估。

(一)市场规模和增长潜力

企业要评估细分市场是否有适当规模和增长潜力,其中适当规模是与企业规模和实力密切相关的。较小的市场对于大企业来说,不利于充分利用企业生产能力;而较大的市场对于小企业来说,则小企业缺乏满足较大市场的有效需求的能力,或者难以抵御较大市场上的激烈竞争。增长潜力是指市场要有尚未满足的需求,企业有充分发展的潜力。

(二)市场吸引力状况

细分市场可能具有适当规模和增长潜力,但从利润的立场来看不一定具有吸引力。也就是说,细分市场可能具备理想的规模和发展特征,然而从盈利的观点来看,它未必有吸引力。波特认为有五种力量决定整个市场或其中任何一个细分市场的长期的内在吸引力。这五种力量是:行业内部竞争的激烈程度、新进入竞争者的威胁、替代产品的威胁、消费者讨价还价的能力和供应商讨价还价的能力。企业必须充分估计这五种力量对企业长期获利所造成的影响,预测各细分市场的预期利润是多少,从而评估该细分市场的吸引力。

1. 行业内部竞争的激烈程度

如果某个行业已经有了众多的、强大的,或者竞争意识强烈的竞争者,那么该行业的细分市场的吸引力较低。如果该细分市场出现处于稳定或衰退、生产能力不断大幅度提高、固定成本过高、企业撤出市场的壁垒过高、竞争者投资很大的情况,那么该细分市场的吸引力则更低。这些情况常常会导致价格战、广告争夺战、新产品的推出,并且企业要参与竞争就必须付出高昂的代价。

2. 新进入竞争者的威胁

如果某个细分市场增加新的生产能力、大量资源,以及争夺市场份额的新的竞争者,那么该细分市场的吸引力较低。问题的关键是新竞争者能否轻易地进入这个细分市场中。如果新竞争者进入这个细分市场时遇到森严的壁垒,并且遭受到细分市场内原有企业的强烈报复,他们便很难进入。保护细分市场的壁垒越低,原本占领细分市场的企业的报复心理越弱,这个细分市场就越缺乏吸引力。细分市场的吸引力随其进退难易的程度而有所区别。根据行业利润的观点,最有吸引力的细分市场应该是进入的壁垒高、退出的壁垒低;细分市场进入和退出的壁垒都高,企业获得利润的可能性大,但伴随较大的风险;细分市场进入和退出的壁垒都较低,企业便可以进退自如,获得的利润虽然稳定但是不多;最坏的情况是进入细分市场的壁垒较低,但退出的壁垒却很高。该细分市场在

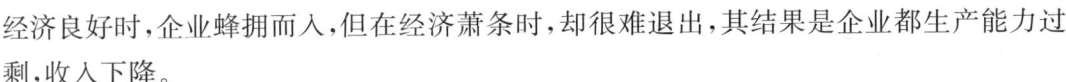

经济良好时,企业蜂拥而入,但在经济萧条时,却很难退出,其结果是企业都生产能力过剩,收入下降。

3. 替代产品的威胁

如果某个细分市场的替代产品或潜在替代产品大量增加,那么该细分市场的吸引力较低。替代产品会限制细分市场内价格和利润的增长。企业应密切注意替代产品的价格趋向。如果在这些替代产品中行业技术有所发展,或者竞争日趋激烈,该细分市场的价格和利润就可能会下降。

4. 消费者讨价还价的能力

如果某个细分市场中消费者讨价还价的能力很强或正在加强,该细分市场的吸引力较低。消费者会设法压低价格,对产品质量和服务提出更高的要求,从而使企业竞争者互相斗争,使企业的利润受到损失。在消费者比较集中、某种产品在消费者的支出中占较大比重、产品无法实行差别化、消费者的转换成本较低等情况下,消费者讨价还价的能力就会加强。企业为了保护自己的利益,可选择议价能力最弱或者转换企业能力最弱的消费者。企业较好的防卫方法是提供消费者无法拒绝的优质产品。

5. 供应商讨价还价的能力

如果企业的供应商——原材料和设备供应商、公用事业、银行等,能够提高价格、降低产品及服务的质量,或者减少供应数量,那么该企业所在的细分市场的吸引力较低。如果供应商集中、替代产品少、供应的产品是重要的生产要素、转换成本高,或者供应商可以向前实行联合,那么供应商讨价还价的能力就会增强。因此,企业与供应商建立良好关系,并且开拓多种供应渠道才是防御上策。

(三) 企业的目标和资源

一方面,某些细分市场虽然有较大的吸引力,但不能推动企业实现其发展目标,甚至分散企业的精力,使之无法完成其主要目标,这样的细分市场企业应考虑放弃;另一方面,企业还应考虑自己的资源条件是否适合在某一细分市场中经营。只有选择那些企业有条件进入、能充分发挥其资源优势的市场作为目标市场,企业才会立于不败之地。因此,企业选择目标市场必须考虑:第一,是否符合企业的长远目标,如果不符合就只有放弃。第二,企业是否具备了在该细分市场获利所需的技术和资源,如企业的人力、物力、财力等,如果不具备,也只能放弃。

(四) 道德因素

细分市场及市场营销策略有时会引起争议。例如,在美国和欧洲,许多人批评麦当劳为低收入的城市居民提供高脂肪、多盐的食品。许多儿童产品的营销者也受到严厉的批评,因为他们通过煽动性的广告向孩子们推销含糖过多的食品,孩子们的分辨和控制能力本来就弱,在这些广告的诱惑下,容易作出错误的选择。想要立足长远发展的企业,在评估细分市场时要充分考虑道德因素。

二、国际目标市场的选择策略

在对不同细分市场进行评估后,企业必须决定选择具体的细分市场,即选择哪些细分市场作为自己的目标市场。总体来说,有以下五种策略可供企业选择。

(一)单一市场策略

单一市场策略是指企业提供一种非常有特色的产品或服务。很多中小型企业选择采用这种策略,这样既可以避免激烈的竞争,又可以集中优势资源在很小的范围内或细分市场上专注经营,以形成竞争优势。例如,北大方正的中文电子排版系统和金利来的男士职业服装采用单一市场策略。

企业通过专注于单一细分市场,能够深入了解细分市场的需求,并树立起良好的声誉,因此,可以在细分市场建立并巩固自己的市场地位。另外,企业通过生产、销售和促销的专业化分工,可以使生产成本降低。

需要指出的是,企业采用单一市场策略的风险较大,这是因为单一市场可能出现不景气的情况。在 20 世纪 50 年代,索尼公司最初的产品之一——磁带录音机,曾经一度在日本的九州地区非常畅销。该地区煤炭业的蓬勃发展使得当地的经济异常景气,人们都很富有。然而,索尼公司的产品突然因为煤矿的纷纷破产、整个地区经济情况恶化而滞销了。当时索尼公司作为一个刚起步的小公司几乎完全依赖于该地区的销售量,销售量的突然滑坡使索尼公司一片大乱,但后来终于通过提高其他地区的销售量渡过了难关。

(二)产品专门化策略

产品专门化策略是指企业集中生产一种产品,向几个细分市场提供这种产品。例如,企业向各类消费者销售传统相机,而不去提供其他产品。企业通过采用这种策略,可以在某种产品方面树立起很高的声誉。然而,这种策略也有很大的风险。例如,传统相机被数码相机代替,企业会发生破产危机。

(三)市场专门化策略

市场专门化策略是指企业选择一个细分市场,提供这个细分市场的消费者群体所需要的各种产品。例如,企业可以为大学实验室提供一系列产品,包括显微镜、化学烧瓶、试管等。企业通过专门为这个消费者群体服务而获得良好的声誉,并成为这个消费者群体所需各种产品的代理商。然而,这种策略同样也有很大的风险;如果大学实验室突然削减经费预算,就会对企业产生很大的影响。

(四)选择性专门化策略

选择性专门化策略是指企业选择几个细分市场,对其提供不同的产品和服务。各个细分市场之间联系很少或没有任何联系,然而每个细分市场都可能盈利。选择多个细分市场可以分散企业的风险,即使在某个细分市场经营失败了,企业仍可在其他细分市场获取利润。

企业放弃一些市场,侧重一些市场,以便向主要的目标市场提供有特色的产品和服务,能够避免正面冲突和恶性竞争。对于大型集团企业来说,则可分成若干个相对独立的实体,分别服务于不同的消费者群体,如香格里拉集团在北京国贸中心拥有中国大饭店和国贸饭店两个不同档次的饭店。

(五) 完全覆盖市场策略

完全覆盖市场策略是指企业想用各种产品满足各细分市场的所有需求。世界上只有为数不多的大企业才能采取完全覆盖市场策略,如通用电气。大企业可用两种方法达到覆盖整个市场的目的,即无差异营销和差异营销。

1. 无差异营销

无差异营销也称为无差别营销,是指企业不考虑各个细分市场之间的差别,仅推出一种产品来覆盖整个市场。它关注消费者需求中的相同之处,而非差异之处。为此,它设计一种产品并制订一个营销计划来迎合绝大多数的消费者。凭借广泛的销售渠道和大规模的广告宣传攻势,树立超级品牌形象。可口可乐公司的早期营销,就是采用无差异营销。

产品制造过程中的标准化生产和大批量生产可以降低生产、存货和运输成本,无差异的广告方案可以缩减广告成本,而不进行细分市场的市场营销调研和计划工作又可以降低市场营销调研和产品管理的成本。因此,无差异营销可以帮助企业建立低成本优势。

当行业中有多家企业采用无差异营销时,整个行业竞争加剧,与此同时,较小的细分市场的需求得不到满足。这种追求整个市场的倾向被一些研究者称为"多数谬误",企业认识到这一谬误,能使其增强进入较小的、被忽视的细分市场的兴趣。

2. 差异营销

差异营销也称为差别营销,是指企业同时在多个细分市场经营,并为每个细分市场设计不同的产品。例如,德国大众为"财富目的和个性"各不相同的消费者生产不同的汽车。总体来说,差异营销一般要比无差异营销创造更大的总销售额,然而,差异营销也会增加经营成本,包括生产成本、管理成本、存货成本和促销成本等。

我们经常会听到或看到这样的高论:"全国各地都是我们的市场,所有人都是我们的客户和潜在客户。"此话听起来很有企业家的气魄,但违背了市场细分这一重要的市场经济原则,也是我国在过去几十年中出现大量重复建设、"一窝蜂"上同样项目,最后导致恶性竞争、资源浪费的根本原因之一。综观过去几年的中国市场,一个明显的特点就是少数产品成为社会的消费热点,产品差异性很小,价格战、广告战在所难免。与此同时,很多消费者的深层次需求得不到满足。高明的企业必须要重视市场细分,要在细分市场中选出消费者需求最强烈、购买动力最大、有明显回报和影响的细分市场,并分辨出第一、第二、第三目标市场,相应的竞争对手,从而更有效地制定市场营销策略和战术,达成企业的经营目标。

当然,差异营销也要考虑"度"的问题,如果过分差异,将导致市场细分过度。某些企业过度地细分了市场,结果并不划算,于是,它们转向"反细分化"或拓宽消费者群体。

第三节　国际目标市场的定位

一、国际目标市场定位的概念

1. 市场定位

市场定位就是设计企业的产品和形象,使之在目标消费者的心目中占据一个独特的位置的活动。从这个定义可以看出,差别化为目标市场的定位奠定了基础,如果没有差别化,即企业在实物产品、服务、渠道、形象和人员等方面和竞争对手都一样,那么企业就无法在目标消费者的心目中占据一个独特的位置。

市场定位的目的就是形成差别化。差别化是一种竞争优势,这种差别化最终要通过目标消费者的理解表现出来。市场定位概念的提出者里斯与特劳特曾对市场定位的本质作如下阐述:定位是对现有事物的一种创造性工作,它以事物为出发点,如一种商品、服务,就是说要为产品或其他对象在潜在消费者的大脑中确定一个合适的位置,这个位置一旦确立起来,就会使人们在有某种需求或需要解决某个问题时,首先考虑某一定位于此的事物。定位并不改变定位对象本身,而是在人们心中占据一个有利的地位。

2. 国际目标市场定位

企业选择了目标市场之后,必须考虑对这个目标市场进行定位。国际目标市场定位是指在国际目标市场中为产品找到一个与其他竞争产品相比,具有明确、独特而又恰当的位置。也就是说,国际目标市场定位要根据所选定国际目标市场上的竞争者产品所处的位置和企业的自身条件,从各方面为企业和产品创造一定的特色,塑造并树立一定的市场形象,以求在目标消费者心中形成一种特殊的偏爱。例如,"汰渍"洗衣粉在多国消费者心目中是一种高效的、有多种用途的家用洗涤用品。又如,本田是经济型汽车,奔驰和凯迪拉克是豪华型汽车,而沃尔沃是安全型汽车。企业的产品在消费者心目中占据一个什么位置,这好像是消费者自己的事,然而,企业也不应无所作为,更不能甩手不管,企业必须规划一种能使自己的产品在目标市场上有最大优势的定位,设计市场营销组合方案去支持这个定位。

二、国际目标市场定位的作用

1. 使品牌在消费者心目中占据一定的位置

在竞争日趋激烈的市场上，众多新品牌不断涌现，产品间的差别越来越小，产品同质化现象越来越严重，使得市场争夺日益困难。消费者在产品的"汪洋大海"中进行选择越来越不容易。面对这些千篇一律的产品，消费者没时间去一一识别，而往往只会选择那些在他们的心目中占据一定位置的品牌。于是，企业面临的问题就是如何才能使自己的产品在消费者的心目中占据一定的位置，这就是定位所要解决的问题。

2. 能强化品牌的特色并且满足目标市场的特殊需求

营销的一个基本观念是：一种产品不可能满足所有消费者的需求，一家企业只有以部分特定消费者为服务对象，才能充分发挥其优势，提供更有效的服务。因而，明智的企业会根据消费者需求的不同进行市场细分，并从中选出有一定规模和发展前景并符合企业的目标和能力的细分市场作为目标市场。但仅仅确定了目标消费者是远远不够的，因为这时企业还是处于"一厢情愿"的阶段，如何使目标消费者也同样以企业的产品作为他们的购买目标才更为关键。为此，企业需要将定位放在目标消费者所偏爱的位置上，并通过一系列营销活动向目标消费者传达这一定位信息，让消费者注意到这一品牌并感到它就是他们所需要的，只有这样才能真正占据消费者的心，使所选定的目标市场真正成为本企业的市场。因此，市场细分和目标市场抉择是寻找"靶子"，而定位就是将"箭"射向靶子。例如，喜力以喜爱清新感受的消费者作为其目标市场，该品牌以"使人心旷神怡的啤酒"为定位令目标消费者觉得喜力正是满足他们所需要的啤酒，从而赢得了目标消费者的青睐。

3. 能提高消费者的忠诚度

企业通过向消费者传达定位信息，使产品的差别化特征清晰地凸显于消费者面前，从而使消费者注意企业的品牌和产品。若定位与消费者的需要相吻合，那么企业的品牌就可以留在消费者心中。例如，在品牌多如牛毛的洗发水市场上，海飞丝洗发水定位为去头屑的洗发水，这在当时的市场上是独树一帜的，因而海飞丝一经推出就立即引起消费者的注意，并认定它不是普通的洗发水，而是一种具有去头屑功能的洗发水，当消费者需要解决头屑烦恼时，便自然第一个想到它，显著提高了消费者的忠诚度。

三、国际目标市场定位的类型

根据定位变量的不同，可以把国际目标市场的定位分为以下七种类型。

1. 利益定位

利益定位即企业把目标市场定位在某一特定利益上，这里的利益既包括消费者购买产品时所追求的核心利益，又包括附加利益。例如，诗丽雅品牌推出一种"去除死皮"的产品,使用后能去除皮肤表面坏死的表皮,改善皮肤对化妆品的吸收能力,该企业依靠为消费者提供这种利益获得了巨大的成功。又如,"新飞冰箱省电",给顾客提供"省电"的利益;舒肤佳宣传其杀菌能力,它提供的利益是"促进全家健康";朵而胶囊"以内养外,补血养颜,使肌肤细腻红润有光泽"。这几种产品都是根据利益定位目标市场。

2. 产品属性定位

企业可以用产品属性为自己的产品定位。产品属性包括制造技术、设备、生产流程、产品功能、产品的原料及产地、企业的历史、企业的规模等。例如,可口可乐可以把自己定位为世界最大的饮料生产商;瑞士军刀、泸州老窖、西湖龙井等用产地定位;安利公司生产的洗发水、洗洁精、清洗剂等产品均突出其"浓缩"这一属性。

3. 产品用途定位

产品用途定位非常普遍,尤其是在对工业品定位的时候。例如,在定制西装的时候,"阳光面料是你最理想的选择",江苏阳光集团就是根据产品的用途进行定位。又如,"除油烟当然用'方太'""补钙当然用'盖天力'""送礼就送'脑白金'"等,都是根据产品用途定位目标市场。

4. 产品档次定位

企业可以根据产品档次进行目标市场定位。例如,照相机市场可以划分为高、中、低档,美能达把自己定位为高档照相机,奥林巴斯是中档照相机,而国产的某些相机则是中低档照相机。

5. 价格及质量定位

企业可以根据价格及质量两个维度进行目标市场定位:①产品价格与质量相符,通俗地讲就是"一分钱一分货";②"优质高价",如海尔集团很少卷入价格战,其价格一直维持在同类产品中的较高水平,但其销售额却一直稳步增长,这就体现了其产品"优质高价"的定位;③"价廉物美",如格兰仕微波炉。

6. 使用者类型定位

使用者类型定位是指企业把自己的产品定位成最适合某个消费者群体的产品。例如,报喜鸟把自己的产品定位为文化人首选的西装;皮尔卡丹是都市白领首选的西装。

7. 竞争地位定位

竞争地位定位主要包括三种方式:第一,迎头定位。例如,美国的阿维斯公司把自己定位为出租车行业的第二名,强调"我是第二名,但是我们会迎头赶上"。第二,避强定位。有利的位置已经让别人占据了,如主要竞争对手已经定位于优质高价,企业可以避开它,把自己定位为价廉物美。第三,俱乐部式的定位。把自己定位为某方面的最优秀者之一,如克莱斯勒公司把自己定位为世界三大汽车公司之一。

四、国际目标市场定位的程序

一般来说,国际目标市场定位包括以下三个程序。

1. 确定定位变量的数量

（1）采用单一变量定位。企业可以突出其某一方面的差别化特征，即采用单一变量定位，尽管企业具有的差别化特征可能不止一个。很多企业提倡这种做法。例如，宝洁公司的"舒肤佳"香皂始终宣传其"杀菌"功能，"促进全家健康"，尽管"舒肤佳"可能还有很多其他的功能；奔驰宣传其强劲的动力，尽管奔驰的安全性也不差；"昂立一号"宣传排毒功能。这种做法的关键是要保持连贯一致的定位，不要轻易改变，并且应选择能使本企业成为"第一名"的差别化属性。在当今信息"爆炸"的社会，首次在人们头脑中接触到的信息比较稳固，不容易受排挤，这与人脑记忆技能是密切联系的。例如，第一位驾车飞越黄河的人是柯受良，对此人们印象深刻，至于第二位、第三位是谁，恐怕没多少人记得。

企业应该在"好的质量""低的价格""高的价值""好的服务""快速""安全性高""舒适度高""先进的技术""悠久的历史"等变量中选择定位。如果企业能在某一产品属性上"获胜"，并加以宣传，那么企业的产品就会给消费者留下深刻的印象。

（2）采用双变量定位。即企业采用双重变量进行定位，尤其是当企业产品的某种差别化属性已经被其他企业用于定位的时候，这种定位尤显必要。沃尔沃汽车定位为"最安全"和"最耐用"；伊莱克斯冰箱在中国市场也采用双重变量定位：可靠——10年免修，超静音——冰箱运行时的声音相当于撕一张纸发出的声音；由于"佳洁士"已经定位于"防止蛀牙"（也就是牙齿更坚固），那么高露洁牙膏就强调使牙齿"更坚固，更洁白"。

（3）采用三变量定位。高露洁牙膏强调"防止蛀牙，口味清新，洁白牙齿"三重功效；"昂立多邦"胶囊的定位则是"抗疲劳、降血脂、保肝脏"。但是，值得注意的是，如果企业宣传的差别化特征过多，反而会降低可信度，也影响产品定位的明确性。

2. 确定具体的定位变量

企业确定了定位变量的数量之后，接下来要明确具体采用哪（几）个变量。为此，企业要综合考虑目标市场、主要竞争者和企业自身的情况。

（1）企业要看目标市场对每个属性的重视程度。企业用来定位的产品属性应该是目标市场所追求的，或者最起码是重要的和有意义的。如果企业用来定位的产品属性对消费者不重要，那么这种定位就不可能会打动目标消费者，定位也就失去了意义。

（2）企业要考虑竞争对手的情况，即考虑企业拟用来定位的产品属性是否已经被竞争对手占用，以及竞争对手在这个产品属性上现有和潜在的能力。例如，如果有其他品牌的汽车很容易就能做到比沃尔沃更安全和更耐用，沃尔沃就不宜定位于安全和耐用。

（3）企业要考虑企业自身的情况，看企业是否在某一方面具有优势，或是否有能力在某一方面建立优势。例如，沃尔沃汽车定位为"最安全"和"最耐用"，前提条件是其确实安全和耐用。

3. 传播定位

当企业明确了定位战略以后,还要有效地传播这个定位战略。假设一家企业选择了"质量最好"的定位战略,那么它就应该传达各种有效的信号使顾客意识到企业产品的质量确实是最好的。例如,一家割草机制造商声称自己的产品"强劲有力",为了向消费者传达这个信号而选择声音很响的马达,这是因为消费者习惯认为声音大的割草机马力大;一家拖拉机制造商把拖拉机的底盘也刷上油漆,不是因为底盘需要油漆,而是要向消费者传达该拖拉机很讲究质量的信息;一家轿车制造商把车门造得特别好,既牢固又容易开,这是因为在展示汽车的时候,消费者一般会开一下车门,如果车门很容易开,看起来又结实,这就向消费者暗示汽车的质量好。

如前所述,目标市场定位完成之后,要保持稳定性和持续性,企业不能轻易改变自己的定位。然而,是否在任何情况下企业都不能改变原有的定位呢?答案是否定的。定位是否恰当,需要在激烈的市场竞争中接受检验。而且市场环境是不断变化的,消费者的需求和偏好也不是一成不变的,何况企业和竞争者的经营情况也不断地发生变化,因此,原有的定位有可能不适应新的市场形势,在这样的情况下,企业需要考虑是否重新进行定位。

本 章 小 结

(1)市场细分是按照市场消费者在消费心理、消费模式、消费行为,以及对市场营销手段的反应等方面的差异将消费者划分为不同的顾客群体的过程。国际目标市场细分是市场细分这一概念在国际市场营销中的应用。市场细分有利于企业选择目标市场、制定市场营销策略、挖掘市场机会、开拓新市场、集中人力及物力投入目标市场和提高经济效益。

(2)国际市场的细分变量包括地理变量、人口统计变量、经济变量、心理变量和购买行为变量。一般而言,成功而有效的国际市场细分应遵循可进入原则、可盈利原则、可衡量原则、可操作性原则和差异明显原则。

(3)一般来说,企业对考虑进入的目标市场应作市场规模和增长潜力、市场吸引力状况、企业的目标和资源、道德因素等方面的评估。选择国际目标市场的五种策略包括:单一市场策略、产品专门化策略、市场专门化策略、选择性专门化策略和完全覆盖市场策略。

(4)国际目标市场定位是指在国际目标市场中为产品找到一个与其他竞争产品相比,具有明确、独特而又恰当的位置。根据定位变量的不同,可以把国际目标市场定位分为利益定位、属性定位、产品用途定位、产品档次定位、价格及质量定位、使用者类型定位和竞争地位定位七种类型。

课后练习

一、判断题

1. 市场细分确定的每个消费者群体都是一个细分市场,不同子市场之间的需求具有显著的差异性。　　　　　　　　　　　　　　　　　　　　　　　　　( )

2. 细分市场是从企业的角度进行划分的。　　　　　　　　　　　　　( )

3. 以人口统计变量细分国际市场,在各子市场界限分明,便于管理。　( )

4. 在发达国家的消费者市场上,消费者更注重产品功能及实用性。　( )

5. 对于细分出来的市场,企业应当选择从前使用过的成熟的营销方案。( )

6. 企业在选择目标市场时,应选择市场规模与企业规模实力相当的。( )

7. 目标市场不需要考虑替代品。　　　　　　　　　　　　　　　　　( )

8. 细分市场只要有吸引力就不应该放弃。　　　　　　　　　　　　　( )

9. 现场实验是在现实的环境中,观察和测量自变量对因变量的影响程度。( )

10. 企业在任何情况下都不能改变原有的定位。　　　　　　　　　　( )

二、单项选择题

1. 大洲、国家,是根据( )变量细分国际市场。

A. 地理　　　　　　B. 人口统计　　　　　C. 经济　　　　　　D. 心理

2. 年龄、家庭人数、性别、收入、职业、教育、宗教、社会阶层等,是根据( )变量细分国际市场。

A. 地理　　　　　　B. 人口统计　　　　　C. 经济　　　　　　D. 心理

3. 运输、能源、农业生产、人均消费指数、国民生产总值、对外贸易等,是根据( )变量细分国际市场。

A. 地理　　　　　　B. 人口统计　　　　　C. 经济　　　　　　D. 心理

4. 生活方式是根据( )变量细分国际市场。

A. 地理　　　　　　B. 人口统计　　　　　C. 经济　　　　　　D. 心理

5. 细分市场应是企业营销活动能够抵达的,这遵循的是( )原则。

A. 可进入　　　　　B. 可盈利　　　　　　C. 可衡量　　　　　D. 可操作性

6. 进行市场细分时,企业必须考虑细分市场上消费者的数量,以及他们的购买能力和购买产品的频率,这遵循的是( )原则。

A. 可进入　　　　　B. 可盈利　　　　　　C. 可衡量　　　　　D. 可操作性

7. 企业选择市场的细分变量应该是可以识别且量化的,这遵循的是( )原则。

A. 可进入　　　　　B. 可盈利　　　　　　C. 可衡量　　　　　D. 可操作性

8. 企业能够以自身的资源占有能力、营销运作及管理控制能力,运用科学的方法对市场进行深入调研分析,这遵循的是(　　)原则。

A. 可进入　　　　　B. 可盈利　　　　　C. 可衡量　　　　　D. 可操作性

9. 企业把目标市场产品定位在某一特定利益上,这是(　　)。

A. 利益定位　　　　B. 产品属性定位　　C. 产品用途定位　　D. 产品档次定位

10. 照相机市场可以划分为高、中、低档,这是(　　)。

A. 利益定位　　　　B. 产品属性定位　　C. 产品用途定位　　D. 产品档次定位

三、多项选择题

1. 市场细分对企业的生产、营销的好处有(　　)。

A. 有利于选择目标市场和制定市场营销策略

B. 有利于挖掘市场机会,开拓新市场

C. 有利于集中人力、物力投入目标市场

D. 有利于企业提高经济效益

E. 有利于同质化消费者

2. 国际市场细分应遵循的原则有(　　)。

A. 可进入原则　　　　　　　　　　B. 可盈利原则

C. 可衡量原则　　　　　　　　　　D. 可操作性原则

E. 对营销策略反应的差异性原则

3. 国际目标市场评估的标准有(　　)。

A. 市场规模和增长潜力　　　　　　B. 市场吸引力状况

C. 企业的目标和资源　　　　　　　D. 道德因素

E. 气候因素

4. 国际目标市场定位的程序有(　　)。

A. 确定定位变量的数量　　　　　　B. 确定具体的定位变量

C. 传播定位　　　　　　　　　　　D. 广告宣传

E. 宣传反馈

5. 波特认为有五种力量决定整个市场或其中任何一个细分市场的长期的内在吸引力。它们分别是(　　)。

A. 行业内部竞争的激烈程度　　　　B. 新进入竞争者的威胁

C. 替代产品的威胁　　　　　　　　D. 消费者讨价还价的能力

E. 供应商讨价还价的能力

四、问答题

1. 国际市场细分的依据有哪些?

2. 国际目标市场的选择策略有哪些?

3. 国际目标市场定位的类型有哪些?

五、案例分析题

小米国际化,离全球"第一"还有多远?

从发布第一款手机,到超越几家老牌手机企业,跃居全球第二,并在欧洲市场登顶第一,小米仅用了 10 年时间。从 0 到 1,从 1 到 N,再到进入世界 500 强并实现连续 3 年排序逐年上升,小米只用了 9 年时间。小米是如何做到的呢?

致力于提供感动人心、价格厚道的好产品,"让全球每个人都能享受科技带来的美好生活",在小米开启于 2014 年的国际化历程,仅花费 7 年时间,在海外业务方面的经验、人才、渠道,以及专门针对海外市场的产品研发和营销机制等,都实现了从量变到质变的跃升。

从新兴市场开始,再拓展发达市场,小米的国际化阶段和路径,与其他"走出去"的中国品牌相似。综观小米国际化的历程,有两个市场是至为关键的,一个是印度市场,另一个是欧洲市场。小米国际化的重要经验,也得益于这两个市场的积累。

一、在印度培育"米粉"

许多第一次走出国门的中国企业,通常会把国际化的"首站"定位在与中国接近的其他新兴市场国家。新兴市场被认为是全球消费的未来,也是最有潜力的市场。早前一波中国制造型企业,如家电企业,通常会将国际化的首站放在巴西等南美洲国家,第二波走出国门的中国企业,则通常将首站放在印度。

印度成为众多手机品牌角逐的市场。印度市场与早期国内市场很相似,智能手机的低渗透率也为小米手机以"高性价比"进入印度市场奠定了基础。印度还有一个优势,是除了当地的印地语,英语也是其官方语言,一些知名的社交软件在当地也较为普及,这更有利于小米复制在社交营销方面的成功模式。

2014 年 3 月,小米进入印度市场,为了复制国内的"互联网手机"模式,小米需要借助第三方电商平台。这一年,恰好是亚马逊和印度电商平台 Flipkart 为抢夺市场份额而疯狂补贴的一年。小米和 Flipkart 合作举办了一系列闪购活动,其中 10 月份的一场红米 1S 的预售有超过 40 万人参与,4 秒钟即宣告售罄。

通过在线抢购模式,小米打开了印度市场,并很快辐射到东南亚和其他新兴市场。

小米在印度的成功经验包括几个方面:

首先,重视"米粉"的培养和"米粉"社区的经营。"米粉"一直是小米最宝贵的用户群体,"米粉"文化也是小米文化不可或缺的一部分。借助社交媒体等工具,小米在印度建立了社交媒体账号和"米粉"社区,这些平台由本地招募的员工运营,与"米粉"近距离交流,让"米粉"感受到小米对他们的尊重。除了线上社交平台,小米还在印度开展了"米粉"线下活动,增强"米粉"的认同感和归属感。这些"米粉"俱乐部的组织、运营完全由本地人负责,并对接小米的本地团队,这大大降低了公司和海外"米粉"之间的沟通成本,加上开放的社交媒体平台,让海外"米粉"的诉求能够通过较为规范和高效的渠道传递回来。

其次，控制产品线宽度，明确自身定位，主打高性价比。小米在面对印度手机市场时，并未选择其他品牌多达40～50款产品的宽产品线逻辑，而是精简产品结构，明确自身定位，到2017年，小米也仅在印度累计推出8款产品。此外，由于印度平均收入水平不高，对价格非常敏感，主打高性价比也符合当地市场需求的特点。

最后，重视本土化。为了避免水土不服，小米在印度进行了全面的本地化策略。不仅在合作伙伴方面选择当地渠道，供应链生态、管理团队也是本地化。更重要的是，硬件产品和MIUI操作系统也进行本地定制化。可以说，小米并不是简单地将在中国的做法复制到印度市场，而是为市场量身打造一个"印度版"的小米。

二、在欧洲完成真正的全球化

与新兴市场到发达市场的国际化相比，从新兴市场平移到新兴市场要艰难得多。根据国际化的理论，只有在发达市场站稳脚跟，才能称得上是真正实现国际化。基于在印度市场3年的经营和积累的相关经验，在印度市场的基础上，小米启动了向欧洲市场拓展的征程。

其实小米在进入印度市场没多久，就已开始在欧洲市场做一些尝试，但当时销售的产品仅限于移动电源、手环和耳机等产品，小米主力产品手机则因为专利方面的限制，未能同步出现在这里，这种局面直到专利问题得到解决才有所改变。

2017年11月，小米正式进军西班牙，宣布其商业模式的很多核心内容都将在西班牙落地，如小米网上商城、小米之家等。这也成为小米欧洲经营之旅的开端。

在欧洲市场，小米也基本上延续了"线上＋线下＋运营商合作"的销售模式，在进入英国等国家和地区的手机市场时，与本地电信运营商进行了深度合作，如沃达丰、德国电信、西班牙电信等，同时与大零售商和代理商都建立了良好的合作关系。这就使得小米在运营商、电商以及零售商渠道等都实现了全面覆盖，形成三位一体的完整销售渠道。

小米进入欧洲初期，在中端机和入门机市场依靠出色的性价比打开口碑，积累了一批认可小米产品的用户，并以最酷的创新科技和出色的社区互动体验吸引了欧洲第一批"米粉"，建立了用户基本盘。随着小米向高端品牌攀登，小米在欧洲也不断攻略高端市场。小米手机在欧洲的平均售价持续上升，品牌调性不断提高，用户群体也越来越大，在400欧元以上价位有多款手机广受西欧消费者欢迎。

根据Canalys数据，2021年第二季度小米在65个国家和地区的智能手机市场份额排名前五，其中在22个国家排名第一，包括西班牙、意大利、法国、俄罗斯、希腊、印度、马来西亚、泰国等。小米在不同地区、不同文化、不同经济发展水平和不同消费能力的市场中都能取得佳绩，这反映了小米产品的品质和生命力。其中，在西班牙、印度、波兰等国，小米的销量都是连续多个季度稳居第一，优势明显。这或许说明小米已经在当地市场获得了非常广泛的品牌认同。

对于小米集团这些年的国际化战略,小米集团合伙人、时任总裁王翔说:"小米的国际化战略到今天为止并非完全有序和完美,我们也一直对自己提出更高的要求。因为国际业务直到今天还在高速的增长期,充满变化,小米也在不断面对各种各样新的挑战——政策监管、政治环境、供应链、可持续发展、安全隐私、本土化,我们仍然处于一个不断学习、提升和进化的阶段。"

相比于5年前、7年前,今天的小米对于海外市场的认知也已经有了质的飞越。可以肯定的是,对小米而言,这几年最大的变化,是小米已不再是一个"边缘玩家"了,而是世界瞩目的核心选手,市场也必然会提出更高的要求。因此,王翔认为,在这一过程中,对于海外市场的尊重和学习特别重要。只有了解了海外市场的真实需求和规律,同时尽力满足各个市场法律法规政策的要求,才能获得商业上的进一步成功。

三、技术加持,合作护航

小米和高通的合作始于小米创业之初,当时小米的硬件团队刚组建,几位创始人就提出要使用顶级配置,采用高通平台的旗舰芯片,他们认为只有顶级配置,才能保证小米手机打造出技术极致的产品。小米最早一批手机搭载的芯片,正是来自高通。从这以后,双方加强了进一步的合作,为市场提供了许多聚合各自技术优势的产品。2020年2月,如期上市的小米10是小米与高通双方工程师在小米—高通5G联合实验室并肩奋斗的成果。从第一台小米手机到现在,双方长期以来的紧密合作,被一部部小米手机见证。此外,在高通芯片的研发过程中,小米也深度参与了5G通信测试等环节,双方共同为5G技术进步作出了贡献。

智能手机设计制造是一个高难度、高技术含量的过程,小米集团合伙人、时任总裁王翔说:"需要我们和高通这样的全球顶尖企业共同努力,一起打造感动人心的好产品。"除了芯片业务,小米和高通还共同推动5G和其他相关的通信技术发展,在全球范围内共同合作普及5G技术,并在Wi-Fi、早期的屏下指纹技术以及AIoT设备的功能体验等方面进行了广泛合作。在海外市场上,小米与高通还经常进行联合宣发活动与市场营销活动,互相支持,各取所长,以覆盖最广大的消费者群体。

资料来源:新华网.小米国际化,离全球第一还有多远?[EB/OL].(2021-12-23)[2023-03-09].
https://m.thepaper.cn/baijiahao_15972617.

思考:

1. 小米在印度市场的市场定位是什么?
2. 小米在印度市场采用了哪些策略?

第六章

国际市场营销计划、组织和控制

学习目标

1. 理解国际市场营销计划的内涵。
2. 了解常见的国际市场营销组织的类型。
3. 理解影响国际市场营销组织选择的主要因素。
4. 掌握国际市场营销控制的含义。
5. 掌握国际市场营销控制的主要类型及其具体内容。

京东面向国际市场的架构大调整

2022 年,"沉寂"4 年的刘强东以一封内部信的形式重新回到大众面前,一如过往的强势,直接对 2 000 余人的管理层团队"动刀"。

2022 年 11 月 20 日,刘强东召集副总监级别以上的高管开会,提出年末对高管进行末位淘汰。而在两天后,刘强东便通过京东全员信的方式,宣布自 2023 年 1 月 1 日起,京东集团高级管理人员的现金薪酬降低 10%～20%不等,职位越高降得越多。这是过去几年以来,京东第一次提出对高管进行全面降薪。京东新一轮架构调整同时也被曝光:原有的 3C 家电事业群一拆为二,将电脑数码、通讯、家电三大事业部,调整为家电家居事业群和电脑通信事业群;原隶属于时尚家居事业群的家居事业部与家电事业部合并,组建新的家电家居事业群。原京东零售集团 CFO 李帅出任京东家电家居事业群负责人。对于本次架构调整,值得关注的是,京东将家电与家居合并,成立家电家居事业群。这也意味着京东将要把家电、家居和家私一并打通。一位内部人士表示,家电和家居都是京东的传统优势品类,此次合并将使京东在居家场景形成闭环,带来更多的业务协同。GfK(全球性的市场调查公司)中怡康大家电事业部总经理彭显东对记者说,最近家电零售渠道变化比较快,社交类的平台规模增长比较明显。京东这次组织调整,首先是为了适应当前零售业的变化;其次是聚焦于用户,从场景的角度,把更多的资源投入到零售场景和用户的结合中去。事实上,2022 年国家政策层面也首次把促进家电与家居的消费融合。2022 年 8 月,国家有关部门印发推进家居产业高质量发展行动方案的通知,促进家电、家具、照明、五金制品等行业融合创新,培育智能家居生态。分析人士当时认为,这是谋求后房地产时代的突破。家电零售渠道的前置化,也令建材家居市场成为高端家电销售的新兴力量。据奥维云网(AVC)研报的数据,2022 年 7 月,厨房电器在中国高端建材渠道的销售额占比达 26.6%。"京东把家电家居零售业务结合,并不意外。"王冰向记者表示,京东已在布局。在广州市南沙区,京东开设了一个 3 000 平方米的家电家居卖场;在清远市,京东也酝酿开一个几千平方米的家电家居卖场;在中山市,京东也开设了类似的家电家居卖场。线下家电零售门店人流减少,支撑不起租金费用,不少线下家电零售业务转移到家居、家具、建材市场。

资料来源:腾讯网. 京东架构大调整:强势降薪、调整管理层,家电家居部合并![EB/OL].(2022-11-28)[2023-03-06]. https://mp. weixin. qq. com/s? __biz = MjM5MTM0ODExMg = =&mid = 2650759439&idx = 2&sn = 745bbf3bc5e04fe407217c78cc786c22&chksm = bebd25f089caace6383d3ab311583 e1572dda6b91a68efee9914fa7f00c4de1a1add1b96d700&scene = 27.

引例启示:市场是所有规划的起点,而差距是这些规划的结果。京东的成功,既是企业战略计划的结果,又是企业业务策略的结果。

第一节　国际市场营销计划

一、国际市场营销计划的内涵

(一) 国际市场营销计划的含义

国际市场营销计划,是企业在开展国际市场营销活动时进行的系统规划。国际市场营销计划的种类很多,有长期计划和短期计划之分。国际市场营销计划与国际市场营销战略计划的区别在于前者侧重于实践,而后者则是一个指导企业进行国际市场营销活动的行动纲领。在管理学中,德鲁克强调"战略是一种统一的、综合的、一体化的计划,用来实现企业的基本目标"。战略计划就是将设计的未经实现的战略进行具体的规划,是把所要做的事的具体内容、步骤和方法规定下来。

(二) 国际市场营销计划的作用

由于国际市场竞争的日益加剧,各国市场千变万化及国际企业组织结构的复杂性,国际市场营销战略计划不能仅仅被动地反映和适应环境的变化,而应该建立在过去趋势、当前情况和未来估计的基础上不断地修正。明确的国际市场营销计划可以调动各个地区和各个部门的积极性,集中企业在国际范围内的资源进行优化配置,便于企业总部对企业的国际市场营销活动进行指挥、协调和控制。

二、国际市场营销计划的制订

国际市场营销计划的制订过程,实质上是将外部不可控因素对企业资源、实力、任务和目标的影响纳入管理轨道的过程。它是输入因素(包括市场营销目标,高层管理者的价值观与信念,企业优缺点及内外部环境与机会等),通过计划的编制(确定企业目标,制定战略或策略),在组织因素(人力、物力和财力)的控制下,产生计划的输出(投资计划,产品组合计划、执行计划的原则、程序、结果衡量)。国际市场营销计划的制订包括以下几个方面。

(一) 确定企业国际市场营销目标

国际市场营销目标包括两层含义:一是选择特定的国家并确定特定的市场,即选择目标市场。二是建立特定的经营销售目标,即数量、效益指标。选择目标市场就是对要进入的国家进行分析和筛选,包括对有关国家的市场特性、营销机构(分销系统、沟通媒介、市场研究服务)、法律、产业结构、政府的政策和法令、资源禀赋(包括人力资源、资本禀赋等)以及融资环境进行分析。在确定了目标市场之后,便可以确定企业经营销售目标。目标只有量化,如采用市场占有率、销售额增长率、企业利润率等指标,才能变成明确的计划。各种活动的组织和评价就是通过目标这个量化标准进行的。

（二）确定具体的国际市场营销策略

策略是企业用来战胜竞争者、吸引消费者以及有效地利用资源的原则。国际市场营销策略通常由一系列协调性决策构成，主要包括目标市场策略、营销组合策略和营销费用策略三个部分。

1. 目标市场策略

由于不同的细分市场在消费者需求、市场对企业营销反应、获利能力，以及企业能够提供的市场满足的程度等方面各有特点，企业应从最佳竞争观点出发，在精心选择的目标市场中慎重地分配它的营销力量和精力。施行于每一目标市场的营销策略应具有独特性。

2. 营销组合策略

企业针对其选择的目标市场，将制定包括有关产品、价格、分销渠道和促销等营销组合因素的整体策略。通常企业针对某一目标市场确定一种营销组合时，有多种不同的方案可供选择。对此，企业经营人员要辨明主次，选出最优方案，以达到预定的目标。营销组合策略包括：

（1）产品策略，是指根据各个市场的需求，在设计、性能、包装和商标上适应国际市场需求的特点而制定的策略。产品策略一般由产品经理制定。

（2）渠道策略，是指根据东道国的消费者习惯和要求、中间商的分销网络和组织机构的特点等来制定国际市场分销渠道的方案，包括渠道长度、宽度、代理、设立销售公司以及对中间商的选择和训练的策略。

（3）定价策略，是指根据企业的竞争战略、市场战略、成本及市场需求的特性，制定每个国际目标市场价格的方案的策略，并根据市场变化不断调整和变化该方案。

（4）促销策略，是指根据企业的产品、销售技术、国际市场特点来制定促销预算和促销活动的方案的策略，包括广告预算、广告计划、营业推广计划和人员推销计划等。

3. 营销费用策略

制定营销费用策略的目的在于编制能够带来最佳利润前景的销售费用预算。虽然较高的营销费用支出可以带来较高的销售额，但当销售额达到某一水准时，销售额进一步提高可能无法使利润提高，可能反而会损害利润。因此，企业有必要仔细研究执行各种营销策略所需的最适量的营销预算。

三、母公司营销计划与子公司营销计划

在国际市场营销活动中，企业的营销计划包括两个层次：一是母公司层次的营销计划，即母公司营销计划。二是子公司或分公司层次的营销计划，即子公司营销计划。

（一）母公司营销计划对子公司营销计划的作用

母公司营销计划的制订主要包括指导、协调以及批准子公司营销计划，并制订整个

企业的战略计划。子公司营销计划一般说来是未来 12 个月或 15 个月的短期作业计划，而不涉及长期的战略计划。这种计划通常采取由下至上的方法制订，因而充分地考虑了特定产品或市场所面临的环境因素。

母公司在子公司营销计划的制订过程中所起的作用包括：①帮助子公司建立完善的计划作业系统；②为子公司提供指导宗旨和有关环境分析的信息；③帮助子公司设立营销目标；④为子公司提供国际市场营销战略的战术技巧和诀窍。

（二）母公司营销计划的制订

1. 认清母公司管理层的角色

母公司管理层扮演着两个与计划制订有关的角色。第一，母公司管理层为子公司市场营销计划的制订提供信息输入，并负责审查和批准子公司营销计划。第二，母公司管理层制订了整家公司范围的战略计划，这个计划既可以是一个覆盖国内和国际市场的全球营销战略计划，又可以是为国内和国际市场分别制订的两套不同的战略计划。一般来讲，实行"本国中心主义"或"多中心主义"的跨国企业倾向于采用后一种方式（即为国内和国际市场分别制订两套不同的战略计划），而实行"全球中心主义"的跨国企业倾向于前一种方式（覆盖国内和国际市场的全球营销战略计划）。营销计划只是母公司战略计划的一部分。

2. 把握母公司营销计划的实质

营销计划的实质在于以有利于企业的方式对竞争者的行为和市场的演进施加影响。一个营销计划应包括对于将要达到的新的竞争均衡状态的描述、达到这种状态的原因和后果、为达到这种状态所需采取的战略步骤。当国内市场的发展前景不被看好时，转向国际市场发展成为大多数企业的战略选择。

企业是否加入国际市场经营的决策是基于对以下因素的考虑：企业的使命和目标、海外市场长期的机会和威胁分析、企业优势和劣势分析、管理哲学、国内市场的机会，以及企业进军国际市场的财务能力等。企业在决定是否进入某个特定国际市场之前，应对东道国的经济、文化、政治及商业环境进行详细的考察。许多跨国企业倾向于选择和本国市场环境类似的国家作为目标市场，这样可以大大提高对环境的适应性。例如，对于美国的跨国企业来说，加拿大、英国、法国和德国等发达国家是较有吸引力的目标市场。

3. 构建战略业务单元

当确定了海外经营的产品和目标市场之后，下一个步骤就是组织合适的战略中心或战略业务单元（SBU）来从事国际经营。战略业务单元是一个自成一体的业务单位，它必须满足以下三个条件：①该单位的外部竞争者可以明确地定义；②该单位的管理者有责任制定和实施本单位的战略规划；③该单位的盈利状况可用实际收入而不是用分支机构间代表转移支付的名义货币来衡量。也就是说，业务单位是一个利润中心。一旦适当的战略业务单元建立起来,母公司就应任命其主管负责其工作。

以上的战略计划的制订都是在企业的高级管理层中进行,更进一步的工作则需在战略业务单元内部完成。战略业务单元要对其控制范围内的产品或市场组合作机会分析以确定其战略。

(三)子公司营销计划的制订

跨国企业海外分支机构营销计划的编制,即子公司营销计划的制定应包括短期营销计划和长期营销计划两个层次。以下将对子公司营销计划的制订、这一计划制订过程中所存在的问题,以及如何解决这些问题进行详细的讨论。

1. 短期营销计划

制订短期营销计划是海外分支机构计划工作的主要内容。这一计划是操作性的而非战略性的,是对1年以内的各项营销活动加以具体的安排。这个计划制订过程的输入包括来自总公司和子公司两方面的信息。母公司和子公司具有相同的企业使命和目的。这个输入有助于子公司确定其总体目标及其在特定市场上的营销目标。

为保证各子公司营销计划协调一致,母公司应为各子公司设定标准化的计划编制程序,并为各子公司提供有关环境分析的研究报告。来自子公司的信息输入包括外部因素和内部因素两个方面。外部因素是指产品或市场环境的变化,如竞争状况、法律法规、需求的变动等;内部因素是指过去的销售业绩以及其他经营方面的活动。

短期营销计划的制订过程始于对过去销售情况的回顾及对未来销售情况的预测。对未来销售情况的最终预测构成了制定行动战略和预算的基础。行动战略是指某一营销组合中不同组成部分产品、价格、促销、分销在未来要达到的目标。预算则包括对销售收入、毛利、销售费用和管理费用、促销费用及其他收入和费用的预计。子公司的管理部门为这些制定出来的行动战略和预算提供充分的财务数据加以支持,并将报告送交母公司。如果企业是按照地区来组织的,子公司就将报告送交地区管理部门,地区管理部门对本地区各子公司营销计划加以汇总并上报母公司。母公司可能会对子公司的报告提出异议,子公司可以接受也可以加以反驳。当母公司与子公司达成协议之后,母公司就会批准这一计划,并将其作为子公司下一年度的行动方案。

2. 长期营销计划

世界市场是异质的,企业总部无法为每一特定的市场制订适当的长期营销计划。因此,子公司必须根据目标市场的特点来制订自己的长期营销计划。制订长期营销计划的两个基本要素是市场和竞争。其他要素包括与各特定市场相联系的社会文化、技术、政治及法律法规等。营销计划的制订始于消费者分析,在制订过程中子公司应充分地考虑各环境因素的影响,以制订出不同的营销计划来满足不同消费者需求。在对消费者需求进行了充分的分析和预测之后,便可以制订出相应的研究发展计划和新产品营销计划。一旦母公司批准了这一长期营销计划,其便进入实施过程。

　　子公司长期营销计划的制订过程存在许多问题。首先,缺乏足够的信息。子公司可能缺乏足够的知识和技能来对环境因素进行系统的分析;公司内部的信息缺乏及时和必要的整理;母公司可能缺乏有效的全球营销信息系统,导致来自各不同子公司的数据信息无法及时汇总,也无法及时地将汇总后的信息反馈回各子公司。其次,母公司和子公司在收集信息时缺乏协作。母公司和子公司可能重复收集了某些信息,而另一些信息却都没有收集。再次,缺乏有效的计划体系。母公司强调子公司处理日常事务的责任,抑制了其参与战略计划的制订。最后,缺乏训练有素的计划制订人员。母公司可通过帮助子公司培训有关管理人员来解决这一问题。

　　子公司想要制订有效的长期营销计划,需要设置适当的目标、培训计划专家、建立计划和沟通体系,并在计划制订的参与者中营造合作的气氛。所有这些行动的关键在于母公司和子公司进行充分的合作。

第二节　国际市场营销组织

　　企业跨越国界走向世界市场,不仅扩大了其营销空间,而且使企业面临的营销环境更加复杂,使企业需要处理的营销业务及企业内部的各种关系更加繁杂,从而必然导致企业组织结构的调整。纵观国际市场营销组织结构演进的历程,没有一种组织结构是完美无缺的,每一种形式都是对其前一种形式改进的结果。它们在一定的条件下起一定的作用,同时存在一定的局限性。对于国际市场营销企业来说,重要的是了解企业国际市场营销所处阶段采用各种组织结构的优缺点,以便结合企业自身开展国际市场营销活动的需要,不断调整组织结构,实现最佳的组织效率。

一、国际市场营销组织的类型

(一) 出口战略的营销组织

　　企业在国际市场营销的早期,一般都采取出口战略。国内经济结构、国际经济结构以及企业自身的经营规模和水平都决定了采取出口战略具有低风险和高收益。企业通常可以通过设立出口部或建立海外子公司等方式采取出口战略。

1. 设立出口部

1) 出口部的概念

出口部是最简单的国际市场营销组织形式。出口部最初由国际市场营销经理和一些助手组成,其任务是与所有海外顾客保持联系,负责制定出口营销方案,解决出口中的问题,聘任并监督代理商。随着业务量的增长,出口部的任务扩大到提供多种营销服务,并有专业职能人员。

2）设立出口部的优缺点

设立出口部的优点包括便于企业统一协调和处理产品及劳务出口中出现的问题，便于经理人员学习、探索和积累国际市场营销的经验，以减少管理障碍。

设立出口部的缺点是出口部管理国际市场营销业务的范围十分有限，当企业开展对外直接投资或许可证贸易等综合性业务时，出口部难以协调企业内部利益的矛盾。

2. 建立海外子公司

1）海外子公司的概念

当企业的国际市场营销业务扩大到一定程度时，就需要在国外建立机构。通常采取的法定形式是子公司。海外子公司按当地法律注册登记，由母公司控制，但在法律上是一个独立的法人。作为法人组织，海外子公司有相应的组织机构，有独立自主的经营权，独立承担民事责任。因此，母公司和子公司之间存在着松散的联系，母公司赋予子公司以极大的自主权，但对子公司经营不直接负责任。

2）建立海外子公司的优缺点

建立海外子公司的优点包括：①作为一个独立的企业在特定环境中从事营销活动，能灵活地根据东道国营销环境的特点，开展活动；②可以吸引当地投资，为当地提供就业机会，减少东道国的抵触情绪；③在管理方面发挥独创性，并使派出人员得到很好的锻炼；④在最高管理层和海外子公司不存在中间层次的情况下，有利于企业总部与海外子公司之间的信息沟通。

建立海外子公司的缺点包括：①子公司决策时更多地关注本公司的利益而忽视母公司及其他子公司的整体利益；②由于在母公司总部无专门机构负责联系，子公司特别是较小的子公司容易被母公司忽视，不能及时了解母公司的有关信息，并且难以得到总部在资源配置方面的支持；③企业总部在无专门机构负责海外经营情况下，往往从国内情况出发，对海外子公司作出不适当的估计以及下达错误的指令，令海外子公司无所适从。

（二）海外生产战略的营销组织

随着海外市场销售量的增加，国际市场营销企业迫切需要加强日益增多的产品出口、技术转让和对外直接投资等综合性业务的管理，为此，由国际经营管理专家和其他人员组成的国际事业部应运而生。国际事业部通常由一名副总经理领导，代表总部管理本企业所有的国际业务。

1. 设立国际事业部的优点

（1）有利于在企业内部形成规范的管理和沟通国际业务的机制。国际事业部由一名副总经理或相应级别的高级管理者领导，向上对总经理负责，向下直接管理本企业在海外各国的业务活动，并通过总部所设的职能机构和参谋机构进行深层次的沟通、联系工作，使国际业务管理走上规范化、机构化的轨道，避免海外子公司因个人控制所产生的缺陷。

（2）有利于协调各海外子公司的业务活动,使企业的总体绩效最优。在各子公司之间进行公司内产品和劳务转移时,国际事业部可通过转移定价和引导物流的方式,合理地减少企业的总体税负。而这一点在海外子公司结构中是很难做到的,因为这需要人为调整各子公司的利润。在许多情况下,子公司间相互竞争,而通过国际事业部的集中控制,可以将出口产品生产交给生产成本最低的子公司,其他子公司在国际事业部的统一安排下,负责配套资源、研发等业务,从而提高企业总体利润水平并增强企业的国际竞争力。

（3）有利于综合配置资源。设立国际事业部后,企业可在国内业务和国际业务间进行资源的合理配置。同时,国际事业部可在各海外子公司间进行资源的合理调度和使用。例如,国际事业部可以依靠母公司的资产和信誉统一筹措资金,这比各海外子公司依靠东道国市场自行筹集资金更容易,并且可降低利息支出。又如,国际事业部可根据各子公司东道国市场情况、组织技术、管理技能等,谋取总体的最大竞争优势。

（4）有利于培养国际经营管理人才,积累国际管理经验。与国际业务分散在企业的各个部门相比,把国际业务集中于国际事业部,不仅有利于提高工作人员的业务水平,还有利于企业配备受过国际管理技能训练的管理人员,把这方面的知识和才能集中起来,相互配合,以积累国际管理经验及提高经营技巧。

2. 设立国际事业部的缺点

设立国际事业部,统一企业总部对国际业务的管理,反映了企业对集权管理的倾向。但随着国际业务的不断扩大,这种集权管理倾向和专业分工的组织结构也表现出缺点和不足。设立国际事业部的缺点具体包括以下几个方面：

（1）形成国际事业部与国内事业部的利益冲突。逐步削减出口直至最终完成当地生产、当地销售,是国际事业部的主要任务和职能。但是国内生产的产品出口削减可能会影响企业的国内业务,并有可能引起母公司的产业空洞化,而海外子公司所需的资源须由国际事业部从国内的相关部门获得,且作为利润中心,国际事业部可从海外子公司的经营中获得利润。与之相反,国内事业部虽为海外经营提供了宝贵的经营资源,但未从中得到相应的回报。因此,国内事业部和国际事业部的利益冲突是企业必须面对的问题。随着海外企业的成长,这种冲突可能日益加剧,更趋明显。

（2）国际事业部协调和支持海外子公司的能力有限。国内各部门依然是企业主体,掌握着大量生产要素和资源,国际事业部对此无权支配。如果海外子公司在国外生产销售产品时,没有国内相应的部门提供工程、技术开发、设计等方面的支持和帮助,国际业务就会在海外失去优势。由于部门间存在利益冲突,国内事业部经理们通常不愿提供支持和帮助。因此,国际事业部不能实现企业内资源的优化配置,其支持能力有限。

（3）机构重叠。国际事业部为了改变力量相对单薄的现状,往往倾向于增设机构、扩充队伍,结果易造成整家企业机构重叠和缺乏效率等问题。

（4）海外子公司的灵活性和竞争力受到一定程度的限制,并在利润分配上产生矛盾。产品系列和市场范围的多样化使海外生产经营所需解决的问题数量急剧增加、复杂程度急剧提高。由于海外子公司经常要向国际事业部请示和汇报,情报往返造成时间上的延误。同时,国际事业部介于国内和国际市场之间,转移价格的高低会直接影响利润在国内和国际事业部及海外子公司之间的分配,产生不可避免的矛盾。

国际事业部负责实施产品出口向国外生产的转变。在海外直接生产的初期仍是比较合理的,比较适合于从事国际市场营销、产品标准化、地区分布不广、市场基本特点相同且技术稳定的中小型国际市场营销企业。一旦国外产品、市场、技术的多样化程度提高,将大大降低国际事业部管理协调的能力和效率。因此,国际市场营销组织结构调整逐渐成为必然。

（三）全球经营战略的营销组织

随着海外子公司数量的增加和规模的扩大,企业多种产品进入多个国际市场。面对日益加剧的国际事业部与国内事业部之间的利害冲突,企业总部认识到应力求以全球性的观点来组织整个企业的经营,将国内经营和国际经营融为一体,放弃国际事业部的形式,转向全球性营销组织,调整不同管理部门和管理层次的权力分配。企业应消除"国内"与"海外"之间的组织沟通障碍,建立一套有效的联络、协调和控制系统,在全球范围内组织和管理其整体业务。在这种组织结构中,企业总部集中国内和国外经营的总目标,其任何部门都是按世界范围设置的,既管理国内分支机构,又管理国外分支机构。这样就为国际市场营销企业实施全球战略提供了组织条件。

全球性组织结构的形式大体上可分为四种:全球职能结构、全球地区结构、全球产品结构和网络型结构。

1. 全球职能结构

1）全球职能结构的概念

全球职能结构以企业业务活动的职能分工为基础,设立全球性职能部,各分部相互依存。企业总部协调各部门之间关系,各部门负责各自领域内的所有国内外业务。财务、生产、营销等重要部门各由企业一名最高级管理层人士担任领导。

2）全球职能结构的优缺点

全球职能结构的优点包括:①符合专业化原则,能够合理地反映职能要求,按职能进行控制,提高职能部门的专业化水平,从而使对人力和专门知识的利用更为有效;②维护主要职能部门的权力和威信,为高层管理者提供严格管理的方法;③加强企业的统一成本核算和利润考核。

全球职能结构的缺点包括:①虽然解决了国内和国际的协调问题,但关键人员过度专业化、观点狭隘,特定部门常常不把企业看作一个整体,而只是忠实于某一职能;②各职能部门之间的"墙"普遍存在，削弱了不同职能部门之间的协调能力，不利于企业开展多种经营和进行地区扩展；③只有高级管理人员才能对利润负责，而在大企业中，仅仅要一个人或几个人承担这种责任实在过重；④权力集中在上层，因而限制了基层单位的灵活性和对东道国环境的应变力；⑤限制了管理人员的全面发展。

3) 全球职能结构的适用范围

全球职能结构固有的优缺点，决定了它比较适合于规模不大、产品系列不太复杂、顾客需求大致相同、市场相对集中的国际市场营销企业。此外，全球职能结构还适合于一些规模虽然较大，但其技术特点使企业各职能部门的内部依存度较高，要求集中管理的国际市场营销企业，如采矿企业。

2. 全球地区结构

1) 全球地区结构的概念

全球地区结构以企业在世界各地生产经营活动的地区分布为基础，设立若干地区部。各部门管理该地区范围内的全部经营活动与业务，总部负责全球的经营计划与控制。

2) 全球地区结构的优缺点

全球地区结构具有的优点包括：①责任下放到较低层次，鼓励地区参与决策，重视海外子公司在盈利中的地位，有利于各子公司的独立发展；②将企业战略任务分配到各个地区，可以减轻企业高层管理者管理全球业务的重担，使高层管理者有更多的时间和精力处理企业重大的战略问题；③能够更好地适应地区和东道国市场的具体情况，加强全区性的协调，解决本地区的市场问题，充分利用在当地的优势；④锻炼了地区经理综合管理的能力，为企业总部的未来领导人提供了广阔的培训场所。

全球地区结构具有的缺点包括：①容易使各地区分部从自我的利益出发，不利于企业整体经营战略的实施；②各地区分部的自我意识往往较强，导致地区间缺乏横向联系，妨碍技术革新、资金、产品等要素在地区间流动；③各地区分部重复设置各职能机构，企业总部必须有一大批具有国际管理经验的人员，因而增加整个企业的经营成本，造成资源的浪费；④增加了高层经营管理的困难，这是因为一般高层管理者身在企业总部，要监督不同地区各部门的活动将相当困难。

3) 全球地区结构的适用范围

全球地区结构不适用于有可能促进经营合理化的集权性管理，而且全球地区结构的国际市场营销企业一旦从专业化经营转变为多角化经营，便会引起管理效率的降低。这是因为调整超越国界的产品系列的生产和经营是非常困难的，技术转让计划难以协调实施。因此，全球地区结构比较适用于产品种类少，技术不太复杂，市场销售条件、技术基础和制造方法比较接近，而地区分布较广的国际市场营销企业，如食品企业、石化企业等。需要注意的是，高新技术企业不适合采用纯粹的全球地区结构。

3. 全球产品结构

1）全球产品结构的概念

全球产品结构以企业主要产品种类或产品线及其相关服务的特点为基础,设立若干产品部。每个产品部都是利润中心,全面负责该类产品的全球生产、营销、计划、开发等职能的经营活动,并直接对企业总部负责。每个产品部及其经理工作成绩的衡量,主要取决于其产品的盈利能力及在国际市场上的竞争能力。

2）全球产品结构的优缺点

全球产品结构的优点包括:一是将国内业务和国际业务更紧密地统一起来。二是建立从顾客到企业组织中拥有特定知识的专家和技术人员的直接信息联系,有利于积极改进和发明适应世界各地消费者需求的产品;及时引入新产品、淘汰亏损产品,也有助于增加产品和服务项目的多样性。三是易于对各产品生命周期的持续时间进行控制,充分利用专项资本、设备、技术、知识及营销技能。四是将利润责任下放到部门这一级,既有利于高层管理者解决重大的战略问题,又为全面管理人才提供广阔的培训场所。

全球产品结构的缺点包括:一是需要企业具备既了解特定产品生产经营,又通晓国际业务的综合人才。二是各产品部门之间缺乏必需的横向联系,导致产品知识分散、自成体系,从而造成人、财、物的浪费,并可能出现本位主义与协调困难的情况。三是不利于地区协调。企业在不同地区积累的国际经验难以推广到企业的其他部门或经营单位。四是增加了高层经营管理的困难。

3）全球产品结构的适用范围

全球产品结构一般适用于产品多样化、从事大量研究与开发的国际市场营销企业,或产品的最终用户市场之间存在着较大差异的国际市场营销企业,以及需要具备较高技术能力的国际市场营销企业。全球产品结构是大型跨国企业广泛采用的组织结构,其发展趋势是对国际市场进行细分,做到集中与分散相结合,并为细分市场设计出符合其特点的营销战略和战术。

4. 网络型结构

1）网络型结构的概念

由于跨国企业容易患上了不同程度的"大企业病",传统的科层结构被组织单纯化、单层化和联盟的网络结构所取代。在这种网络型组织内,企业内部各层次、各单位之间联系灵活,企业整体、整体的各个部分与外部建立广泛、多种形式的协作关系。企业组织的动态发展有了较大的空间,使企业能够更好地适应环境的变化。

2）网络型结构的优缺点

网络型结构实行内部分权化管理和外部广泛联盟,具有以下优点:一是能够迅速适应多变的市场需要。二是富有企业家精神,能够迅速反应把握新机会,并勇于承担风险。三是存在有效的、非正式的内部沟通网络,能迅速解决企业内部问题和适应外部环境变化。四是能够吸纳技术专家,建立为各分权化管理单位服务的研究与开发系统。五是能够合理地利用企业内外部的新技术进入新市场,实施多角化经营。六是可以聘任专利方面的专家,依靠法律保护专利,防止侵权。

网络型组织实行分权化管理也存在一些缺点,主要表现为企业内部利益主体多元化。如果企业不适当地实行分权化管理,就失去了利用其作为大企业组织资源配置的可能性,也就丧失了其应有的功能。这违背了企业的初衷,严重损害企业的整体利益。

3)网络型结构的适用范围

网络型组织可以实现大企业的规模经济、范围经济与小企业成长经济的优势互补,也存在因企业内部利益主体多元化而造成的内部竞争现象。因此,需要有效的沟通和协调,如信息共享、统一的企业文化、目标协调、人事协调、制度协调等,以培养企业整体的凝聚力,使各分权经营管理的单位和企业整体更好地适应环境的要求,更有效地组织国际市场营销活动。

二、国际市场营销组织形式的选择

各国际市场营销组织形式都有其优缺点,国际市场营销企业必须根据自己的特点和条件,选择合适的组织形式,帮助企业高效地实现其国际市场营销目标。国际市场营销组织形式的选择虽然没有一个可供依据的统一模式,但企业可以根据营销组织应符合的要求,遵循一定的原则,综合分析影响选择的因素,以确定合适的组织形式,并不失时机地进行相应的组织结构调整。

(一)国际市场营销组织应符合的要求

(1)明晰,即组织内的职权与沟通关系、分工与协调关系明确,各单位成员权责清楚、简洁明了,但又不能遗漏组织应有的任何必要功能。

(2)经济,即易于维持控制,并使摩擦降到最低程度。

(3)迅速,即决策、执行、控制所需信息通畅,企业对环境变化和组织内部变化能够作出及时的反应。

(4)自组织、自调节,即形成有效率的组织系统。该组织系统不会因内外因素发生变化而影响企业的正常运行,同时又具备调适性,能够组织整体不断学习,吸收新的观念和事物。

(二)选择国际市场营销组织形式的原则

选择合理有效的国际市场营销组织形式时应遵循以下基本原则。

1. 目标统一原则

如果一个组织形式能使每个人对实现企业目标都有贡献,那么这样的组织形式是有效的。同理,如果国际市场营销企业中每个人、每个部门、每个层次、每个方面对创造顾客、增强国际竞争力的营销目标的实现都有所贡献,那么这样的国际市场营销组织形式也是有效的。

2. 组织效率原则

如果一个组织形式能使不必要的后果与代价降至最低水平以帮助企业实现目标,则这样的组织形式是有效的。国际市场营销企业要在充分保证企业优质高效完成既定目标的前提下,定任务、定机构、定岗位、因事设职、因职设岗,杜绝机构臃肿、职责不清、决策迟钝等低效率现象的发生,更有效地完成营销目标的任务。

3. 合理授权原则

企业对每一位管理人员的授权必须适当,以保证他们有能力来实现预期的国际市场营销效果。国际市场营销企业的经营单位分布在国内外的许多地区,营销环境不断变化。这就要求国内外经营单位充分发挥其灵活性、主动性和积极性。因此,国内外经营单位必须得到合理的授权,才能使其根据市场变化灵活地决策,并在统一的目标和战略的指导下,从企业整体利益出发,实现预期的国际市场营销效果。

4. 指挥统一性和职责绝对性原则

个人只对一个上级汇报工作,下级就其工作对上级负有绝对责任的原则贯彻得越彻底,相对矛盾指令问题越少,个人对结果的责任感就越强(当然上级对下级的组织活动不能推脱责任)。各级组织及其个人形成以职责为中心、权力分层次、指挥相统一的营销组织形式,对于规模庞大、经营复杂的国际市场营销企业显得尤为重要。

5. 分工与协调平衡原则

任何组织活动,无论是复杂还是简单,都涉及两个相对立的问题:一是通过分工将活动分解为许多作业任务。二是协调这些作业任务进行综合运作。分工与协调两者需保持平衡,不可偏废。过度强调分工有碍于整体效率;过分强调协调则会有碍于局部的积极性。国际市场营销组织通过分工而形成经营单位,可以调动其积极性;通过协调,可以沟通纵横方面信息,实现企业总部与子公司、子公司之间的相互配合,不因子公司局部利益而损害全局效率。只有这样,国际市场营销组织才能从总体效率出发,利用自身优势,实现营销资源的最优配置。

6. 稳定性与适应性相结合原则

组织形式一旦确定下来,须保持相对的稳定。同时,每一组织内须制定能预料变革并能对其作出反应的措施和方法。国际市场营销环境在不断变化,为了能紧随国际市场营销战略的调整,国际市场营销组织必须适时作出相应的调整。因此,国际市场营销组织须遵循稳定性与灵活性相结合的原则。

三、选择国际市场营销组织形式的影响因素

除企业领导人员个人的气质在一定程度上会影响国际市场营销组织形式的选择外,其他因素也影响着决策。这些因素大多都超出了领导人员个人的控制范围。具体来说,

选择国际市场营销组织形式的影响因素主要包括以下几个方面。

1. 企业所处国际市场营销的阶段

企业所处国际市场营销的阶段是决定企业国际市场营销组织形式的根本因素。当企业缺乏国际市场营销经验时,商品出口则是其进入国际市场的主要方式,相应地企业建立出口部;当企业积累了比较广泛的国际市场营销经验,并拥有人力和物力资本及管理技能时,企业可选择对外直接投资的方式,同时要求建立相应的组织形式。许多企业正是这样循序渐进地进入国际市场,经过学习,积累了人力、物力、财力、经验和管理技能等资源后,全方位地融入国际市场。企业在不同阶段拥有不同的资源,采用不同的国际市场营销方式,就相应地采用不同的组织形式。

实践经验及专家分析表明,国际市场营销企业根据自己的产品和经营的地区多样化程度及海外销售额占销售总额的百分比,大致判断出目前和将来应选择的组织形式。如果企业的海外子公司规模小、数量少,海外业务在整个企业经营中所占比重较小,其得失对企业来说并不重要,企业组织形式的重心则应放在国内业务上,因而可采用出口部或海外子公司及其他管理国际业务费用较低的组织形式。当企业在国外的经营日趋成熟时,国外业务在整个企业中占有重要地位,企业应选择国际事业部及全球性组织结构的各种形式。

2. 管理哲学和经营思想

企业最高层管理人员的性格及他们信奉的哲学,对国际市场营销组织形式的选择起着重大影响。一方面,管理哲学和经营思想的差异表现在地区及国别差异上。例如,欧洲有强调集中的传统,美国则多数习惯于分散但注意正规控制。因此,欧洲的国际市场营销企业多倾向于选择有利于集中管理的组织形式,如职能分部型组织形式;而美国的国际市场营销企业多采用能有效进行监督、协调和控制的分权式组织形式,产品分部和地区分部的组织形式在美国企业较为普遍。另一方面,管理哲学和经营思想的差异还体现在不同的企业之间。有的企业敢于冒险,勇于根据环境的变化及时地改变组织形式;有的企业则谨小慎微,只有在万不得已时才对组织形式进行变革。此外,管理哲学和经营思想对企业选择组织形式的影响,还体现在企业总部及海外子公司对东道国价值观和思想文化的态度上。这种态度可分为母国导向、东道国导向、地区导向和全球导向四种。那些奉行东道国导向的企业,多采用较大分权的组织形式,而奉行全球导向的企业,则更乐于采用全球性组织形式。

3. 各子公司之间的相互依存程度和分散程度

子公司之间业务上的依存程度越高,越适合企业总部进行更多的集中控制;否则,各子公司更适合各自分散决策。海外子公司越分散、所跨地域越广,它们和企业总部间的距离越长,信息传递和技术资源的转移所需的时间就越长,就越应赋予海外子公司较大的自主权;反之,海外子公司的自主权则可能受到较多限制。

4. 营销环境的差异性

国际市场营销组织在世界许多国家和地区进行营销活动,这些国家之间及它们与母国之间的政治、经济、法律、社会文化环境存在一定的差异。如果差异性越大,就越需要分散决策。国际市场营销环境的差异性要求较多的适应性的战略、策略和实践,国际市场营销组织应相应地赋予子公司较大的经营自主权;反之,国际市场营销组织则可能采用较统一的组织形式。

5. 竞争因素

如果企业处于一个竞争异常激烈的国际市场营销环境中,其他企业的活动往往对其有示范作用,从而对企业组织结构的变化产生一定的影响。例如,企业某一个主要的竞争对手通过纵向合并其国际市场营销活动,取得了竞争优势,促使企业学习并效仿其竞争者的组织结构。美国福特汽车公司在国际范围内实行了生产联合,并取得了成功。接着,美国通用汽车公司和欧洲的汽车公司也纷纷仿效。同样道理,如果某企业通过利用地区型结构取得竞争优势,其他企业则会试图借鉴并在营销领域取得成功。

6. 控制和调整组织结构的能力

在组织的任何一个层次的一个合格管理人员,在没有某种方法可以知道这项权限是否会得到适当地运用的情况下,就不能分权和授权,对于分布范围广泛的国际市场营销组织尤为如此,控制技术是组织结构选择时应考虑的因素之一。统计方法的改进、会计监督、计算机的使用、国际互联网和企业互联网,以及其他技术都有助于加强和改进国际市场营销控制技术,有助于向管理职权分散化趋势的发展。

企业所处的营销环境和调整组织结构的能力,在某种程度上影响企业组织结构的选择。当企业需调整其国际经营组织结构时,内部各单位都会从自身利益出发,形成对组织改革的阻力。面对这种局面,那些改变组织结构愿望不强、能力有限的企业,往往会对原有的结构进行局部的非正式的调整,以使其适应企业经营活动的需要;相反,有强烈愿望并有完全能力的企业则可以进行根本性的、彻底的企业再造,取得突破性的发展。

7. 外部环境

一国的政治稳定性及东道国加入区域经济集团将会影响企业组织形式的选择。随着全球经济一体化进程的推进和区域性经济同盟的发展,一些国家纷纷调整其总部所在地,组织形式由按国家设置改为按地区设置。

总之,企业在选择国际市场营销组织形式时,需分析并综合考虑多种因素,根据自身环境和经营状况,权衡各种组织形式的利弊,选择合适的组织形式,同时还必须随着环境和战略的变化,不断调整组织结构,保持组织结构的动态平衡和优化。

四、监测国际市场营销组织结构的变化

国际市场营销组织结构变化的最主要表现是重新构建。监测国际市场营销组织结

构的变化,意味着对影响国际市场营销战略和重新构建的各种因素进行严密的监视。具体来说,企业应观察某些有关国际市场营销组织结构的特征来适时地对其国际市场营销组织结构进行调整。

在实际工作中,需要对国际市场营销组织结构进行重新构建或调整的情况往往包括以下几个方面:

（1）国外经营活动没有实现预期目标,主要是针对某一特定区域里或某一特定产品线的综合销售。如果企业的销售额增长了,但市场份额下降了,这一问题也会更尖锐。

（2）对国外经营活动缺乏控制,导致出现不良的财务状况。

（3）向国外推进新产品或购并,造成企业各部或分支机构在地域或客户方面的冲突。

（4）国外生产或分销设施的低利用率。当各产品线各自向海外扩展时或兼并后出现资源浪费。

（5）管理人员和服务的重复。当各产品线由国内独立的各部扩大而进入海外市场时,或企业进行大规模购并时,这种情况就会发生。

（6）一国或一个地区的法人实体和营业单位的迅速发展。如当地或竞争对手分销商的迅速发展,造成企业市场占有率的下降。

（7）国外客户对有关服务的抱怨增多。这标志着相关营销人员没有协调服务于共同的客户。

第三节　国际市场营销控制

国际市场营销控制,即控制国际市场营销活动是企业国际市场营销管理过程中的重要步骤。在营销计划执行过程中会出现许多意外情况,因此企业必须连续不断地对其营销活动实施控制。

一、国际市场营销控制的含义

国际市场营销控制,就是对国际市场营销计划实施过程的监督与评价,并据此采取适当的措施以纠正计划执行过程中的偏差,确保既定的市场营销目标的实现。

控制与组织和计划是密不可分的。控制的目的就是要指导企业的业务达到既定的目标。由于沟通上的障碍,国际市场营销比国内市场营销困难得多。企业在海外有语言、文化和民族上的障碍,同时,在执行营销计划的过程中也会出现许多意料之外的事件,对企业应变能力的要求也较高。

二、国际市场营销控制的步骤

国际市场营销控制一般包括以下四个步骤。

1. 明确目标

在控制程序开始时,应明确目标,并将企业目标化解为具体指标,如某个市场应占多大份额,以及应实现多少销售额、多少利润。企业目标也包括一些软性指标,如提高产品知名度、开拓分销渠道、改进产品及公司形象等。只有明确目标,才能制定企业的规范和标准。

2. 确定控制标准

一般来说,企业在做企业计划时就已经将控制标准写进计划。控制目标包括评价或判断营销计划完成得好坏的标准。营销计划执行者应事先明确了解这些标准,以便随时随地根据标准对执行过程加以控制。此外,控制标准也是上一级部门对下一级部门或人员检查监督其计划执行情况以及判断其是否完成营销计划的标准。同时,企业还应选择在特定环境中最有效的协调和控制方法。对国际市场营销机构的控制方法包括财务类控制和非财务类控制两类方法。

3. 绩效评估

绩效评估是指将实际执行结果与营销计划中所规定的期望结果相比较。在国际市场营销中,企业总部对下属机构进行评估的形式主要有定期检查和不定期检查两种。有关评估人员在了解和掌握下属单位的经营业绩之后,需要对其进行全面的分析和研究,评估下属单位在哪些方面实现了既定营销目标、在哪些方面背离了目标。与此同时,还应进一步分析产生背离目标现象的主、客观原因并及时将其做成报告,并通报有关人员。

4. 纠正偏差

纠正偏差是指针对产生问题的原因采取相应措施加以纠正,从而保证营销目标和营销计划的实现。这里包含两个方面:一是对于因营销规划定得过高或因外部环境突变,导致既定目标无法实现,应该重新修订营销规划。二是对于因下属单位执行不力,没能达到预期目标,应协助其寻找原因,及时调整经营策略,尽快实现预期目标。同时,还应运用奖惩制度的激励作用,促使其努力工作。

三、国际市场营销控制的类型及内容

国际市场营销控制的主要类型包括年度营销计划控制、盈利能力控制、效率控制和战略控制。其具体内容如表6-1所示。

表6-1　国际市场营销控制的类型

控制类型	主要负责人	控制目的	控制工具
年度营销计划控制	高层管理人员、中层管理人员	检查计划目标是否实现	销售分析、市场份额分析、营销费用——销售额分析、财务分析、基于市场的评分卡分析

控制类型	主要负责人	控制目的	控制工具
盈利能力控制	营销审计人员	检查企业在哪些方面盈利、在哪些方面亏损	分析不同产品、不同销售区域、不同顾客群体、不同销售渠道以及不同订货规模的盈利情况
效率控制	直线和能力管理人员、营销审计人员	评价经费开支的效益和提高营销开支的效果	分析销售队伍、广告、促销和分销等方面的效率
战略控制	高层管理人员、营销审计人员	检查企业是否正在市场、产品和渠道等方面寻找最佳时机	营销效率等级考评、营销审计、营销杰出企业评价、道德和社会责任考评

（一）年度营销计划控制

年度营销计划控制的目的在于确保企业实现其年度营销计划中规定的销售、利润和其他指标。年度营销计划控制的中心是目标管理，包括以下四个步骤：①管理层必须在年度营销计划中建立月度或者季度目标；②管理层必须监视年度营销计划的执行绩效；③管理层必须对任何严重的偏差行为的原因作出判断；④管理层必须采取改正行为，以缩小其目标与实际执行绩效之间的差距。

企业高层管理者确定年度销售目标和利润目标，这些目标被分解成各个较低层次的管理层的具体目标。于是，每个产品经理就要将销售在某个成本范围内达到规定的水平，每个地区经理和销售代表也需要完成各个目标。高层管理者要定期检查和分析结果。常用于检查营销计划执行绩效的五种控制工具是：销售分析、市场份额分析、营销费用——销售额分析、财务分析和基于市场的评分卡分析。

1. 销售分析

销售分析是指根据检查和评价销售目标的实际完成情况，判断各种因素对销售量的影响。从销售量差异的分析中可以找出什么是造成该差异的原因，以对症下药。从各国市场的销售差异中，可以辨别出哪些市场对企业的发展是有利的。从各类产品的销售差异，可以找出企业扩大销售的方向。

2. 市场份额分析

企业在评价国际市场营销绩效的时候，仅考虑销售额是不够的，由于它并不能表明企业相对于竞争对手的绩效如何，管理层还需要进行市场份额分析。在市场上产生销售差异的复杂原因中，竞争是一个十分重要的原因。一般来说，大多数企业的销量年年在增加。但销售量的增加不等于战胜对手，如果市场份额在下降，即使销量增加也表明企业经营不佳。市场份额分析有助于企业了解自己在行业市场中的地位。

3. 营销费用——销售额分析

年度营销计划控制要求企业在实现其销售目标时，其营销费用不能超出一定的范围。此时，企业需要注意的关键比率是营销费用对销售额的比率。例如，某家企业的营销费用对销售额的比率为30%，它包括五种费用对销售额之比：销售队伍开支对销售额之比（15%）、广告费用对销售额之比（5%）、促销费用对销售额之比（6%）、营销调研费用对销售额之比（1%）、销售管理费用对销售额之比（3%）。管理层应该关注这些销售开支比率，如果销售开支的波动超出一定的范围，就会给企业带来麻烦。

4. 财务分析

营销费用与销售额之比应该放在一个总体的财务框架中进行分析，以明确企业的利润是如何获得的，以及在何处获得的。营销者越来越倾向于利用财务分析来寻找提高利润的途径，而不仅仅局限于通过扩大销售量来提高利润。

5. 基于市场的评分卡分析

大多数企业的绩效评估系统采用财务业绩评分卡，但是忽视了定性的标准。因此，企业应准备两张基于市场的评分卡，以反映企业绩效并提供可能的预警信号：一张是顾客绩效评分卡，用来记录企业历年来在顾客方面的工作绩效，如果当前的衡量结果超出预期，管理层要采取相应的行动；另一张是利益相关者绩效评分卡。利益相关者包括员工、供应商、银行、分销商、零售商和股东等。企业要追踪各种利益相关者对企业的满意度。当各种利益相关者的不满达到一定程度时，管理者应采取一些有效的措施。

（二）盈利能力控制

企业必须衡量其所经营的各种产品、各销售区域、各顾客群体、各销售渠道和不同订货规模的盈利情况，以确定企业在哪些方面是盈利的、在哪些方面是亏损的。这些信息将帮助管理层决定哪些产品或营销活动应该扩大、收缩或取消。

与其他管理工具一样，盈利能力控制既有其优点，又有其局限性。它为管理者在决定哪些业务应该扩大、哪些活动应该收缩时提供了一种思路；然而，如果管理者不具体问题具体分析，就可能会误入歧途。这是因为在使用盈利能力控制方法的时候，很多费用的分配都依靠主观判断，有时难免会太过武断。

在盈利能力控制方法时，必须区分三种不同的成本：直接成本、可追溯的共同成本和不可追溯的共同成本。直接成本是指直接分配给适当的营销实体的成本。例如，销售佣金就是销售区域、销售代表或顾客群利润分析中的一项成本。如果公司的每一则广告只针对一种产品，那么，广告支出就是产品利润分析中的直接成本。可追溯的共同成本是指间接却能按照一种比较合理的标准分配给营销实体的成本。例如，多种产品同时在一个商店销售时，可以根据各种产品所占据的空间分配租金。不可追溯的共同成本是指高度主观地分配给各营销实体的成本。

（三）效率控制

如果在进行利润分析时发现企业的某些产品、某些销售区域或销售渠道的盈利情况不太乐观，那么，管理者需要考虑的问题是：是否存在更有效的办法来管理销售队伍、广告、销售促进和分销等方面的活动。效率控制主要包括对销售队伍效率、广告效率、销售促进效率、分销效率的控制。

(四) 战略控制

在营销活动进行过程中,企业必须定期对其整体营销目标和效益作出严格的评价。每家企业都应定期对其进入市场的战略途径进行重新评价。这时,企业有以下两个工具可以利用:营销效益等级考评和营销审计。

1. 营销效益等级考评

企业或事业部的营销效益可以从体现营销导向的五个属性上反映出来:顾客哲学、整合营销组织(或一体化的营销组织)、充分的营销信息、战略导向和运作效率。

2. 营销审计

营销审计是对企业或企业的业务单位的营销环境、目标、战略和活动所作的全面、系统、独立和定期的检查,以确定问题和机会,并提出行动方案以提高企业的营销绩效。营销审计具有全面性、系统性、独立性和定期性的特点。

四、影响国际企业营销控制的因素

由于不同企业的条件和所处的环境不同,企业采取的国际市场营销控制手段也不完全相同。一般说来,影响国际企业营销控制的因素包括以下几个方面。

1. 国内市场营销控制方法

大多数国际化经营的企业都是在本国市场上取得成功后才开始开拓国际市场的,在国际市场营销控制中,这些企业便继续沿用那些在国内市场营销中已被证明是行之有效的控制方法。现在许多国际企业已经在传统的国内市场营销控制方法的基础上建立起了一整套标准化的控制制度,用来控制企业在全球范围内的经营和销售。国际企业的总部要求其海外子公司定期提交标准格式的有关经营状况的报告,如果海外子公司的规模较小,则定期报告的内容可以简略,报告的周期可以缩短。这种标准化的报告控制制度有利于国际企业在全球范围内比较各子公司的经营状况,有利于国际企业人才和信息在整个企业内的流动。

2. 交通和通信系统

影响国际企业营销控制的另一个主要因素是交通和通信设施的发展水平。一个世纪以前,由于交通和通信设施很不发达,企业不得不采取高度分权化的管理。如今交通和通信手段已经得到了飞跃的发展,除了陆上交通和海上交通,飞机已经成为世界上主要的远距离交通工具,这使得国际企业总部的管理人员能定期和海外子公司管理人员进行面对面的商谈。电话、电传和传真等电子通信手段使企业总部和其海外子公司能保持不间断的接触。发达的现代交通和通信系统使国际企业加强国际市场营销控制成为可能。

3. 母公司和子公司间的距离

在其他条件都一样的情况下,母公司和子公司间的距离越大,母公司对子公司的控制就越小,子公司享受的自主权也就越大。这是因为遥远的距离不仅增加了差旅费用和使用电话、电传和其他电信设备的费用,而且也可能延误决策的时间。因此,随着母公司与子公司距离的增大,母公司对子公司的授权范围也扩大。

4. 产品的性质

产品的性质直接影响国际企业营销控制的方法。技术复杂的产品由于在世界各地的用途很接近,可以由企业总部集中制定统一的控制标准和绩效评估方法。计算机和许多工业产品都是属于对文化环境不太敏感的产品,企业可以采取统一的国际市场营销控制方法。药品和食品以及许多日用商品(如衣服等)是属于对文化环境较为敏感的产品,企业对这些产品的控制不能"一刀切",而要针对具体情况作具体分析,采取分权式的控制方法。

5. 环境差异

母公司和子公司所处的政治、经济、社会、文化、技术、法律等环境因素相差越小,母公司对子公司的授权范围就越小,子公司所受的控制也就越大。例如,由于加拿大和美国在政治、经济、社会、文化等方面很相似,许多美国跨国企业对设在加拿大的子公司进行高度集权化的控制。许多国际企业为了加强对其海外子公司的控制,便采用了地区型的组织形式,成立若干个地区总部。

6. 环境的稳定性

子公司所在国环境(尤其是政治和经济环境)越不稳定,母公司对子公司的营销控制就越小。当子公司所在国环境动荡不定时,对母公司来说,比较明智的办法是放手让处在第一线的子公司独立决策、自主经营。

7. 子公司的计划效率

当海外子公司能圆满完成母公司制订的营销计划且绩效显著时,母公司将放松对其的控制,海外子公司的自主权将加大;相反,当海外子公司完不成计划、屡遭败绩时,母公司将加紧对其的控制,海外子公司享受的自主权不可避免地要被削弱。

8. 国际市场营销业务的比重

国际市场营销业务的比重越大,企业总部的职能管理人员也就越多,对子公司的控制相应地就越广泛;反之,国际市场营销业务的比重越小,企业总部的职能管理人员就越少,对子公司的控制也就越狭窄。

本 章 小 结

(1)国际市场营销计划是指国际市场上的战略计划,就是用具体的营销策略和工作程序将营销管理中所设定的战略加以表达和细化。明确的国际市场营销战略计划可以调动各个地区和各个部门的积极性,集中企业在国际范围内的资源进行优化配置,便于企业总部对企业的国际市场营销活动进行指挥、协调和控制。

（2）国际市场营销战略计划的制订过程，实质上是将外部不可控因素对企业资源、实力、任务和目标的影响纳入管理轨道的过程。它是输入因素，通过计划的编制，在组织因素的控制下，产生计划的输出。在国际市场营销活动中，企业营销计划包括两个层次：一是母公司层次的营销计划。二是子公司或分公司的营销计划。

（3）国际市场营销组织主要有三种类型：出口战略的营销组织、海外生产战略的营销组织、全球经营战略的营销组织。国际市场营销组织形式都有其优缺点，国际市场营销企业须根据自己的特点和条件，选择合适的组织形式，以帮助企业高效地实现其国际市场营销目标。

（4）国际市场营销控制，就是对国际市场营销计划实施过程的监督与评价，并据此采取适当的措施以纠正计划执行过程中的偏差，确保既定的市场营销目标的实现。国际市场营销控制主要包括四个步骤：确认目标、确定控制标准、绩效评估和纠正偏差。国际市场营销控制主要包括四种类型：年度营销计划控制、盈利能力控制、效率控制和战略控制。

课后练习

一、判断题

1. 国际市场营销战略计划的制订过程，实质上是将外部不可控因素对企业资源、实力、任务和目标的影响纳入管理轨道的过程。　　　　　　　　　　　　（　　）

2. 在国际市场营销活动中，企业营销计划只包括母公司层次的营销计划。　（　　）

3. 子公司短期营销计划的编制是战略性的。　　　　　　　　　　　　　（　　）

4. 企业设立出口部组织出口业务是最简单的国际市场营销组织形式。　　（　　）

5. 国际市场营销业务扩大到一定程度时，就需要设立海外子公司。　　　（　　）

6. 采用国际事业部组织结构有利于综合配置资源。　　　　　　　　　　（　　）

7. 全球性组织结构大体上可分为四种形式：全球职能结构、全球地区结构、全球产品结构和网络型结构。　　　　　　　　　　　　　　　　　　　　　　（　　）

8. 全球产品结构组织无法将国内业务和国际业务更紧密地统一起来。　　（　　）

9. 各子公司之间的相互依存程度和分散程度能够影响国际市场营销组织。（　　）

10. 销售分析是年度营销计划控制的控制工具之一。　　　　　　　　　（　　）

二、单项选择题

1. 市场营销目标属于国际市场营销计划制订过程中的（　　　）。

A. 输入因素　　　　B. 计划的编制　　　C. 组织因素　　　　D. 计划的输出

2. 确定企业目标属于国际市场营销战略计划制订过程中的（　　　）。

A. 输入因素　　　　B. 计划的编制　　　C. 组织因素　　　　D. 计划的输出

3. 人力、物力和财力属于国际市场营销战略计划制订过程中的（　　　）。

A. 输入因素　　　　B. 计划的编制　　　C. 组织因素　　　　D. 计划的输出

4. 产品组合计划属于国际市场营销战略计划制订过程中的（　　　）。

A. 输入因素　　　　B. 计划的编制　　　C. 组织因素　　　　D. 计划的输出

5. 制订营销计划的两个基本要素是（　　　）。

A. 市场和竞争　　　　　　　　　　B. 财力和技术

C. 文化和风俗　　　　　　　　　　D. 人力资源与物质资源

6. 企业在国际市场营销的早期，一般都采取（　　　）。

A. 出口战略　　　B. 海外生产战略　　C. 全球经营战略　　D. 独立经营战略

7. 随着海外市场销售量的增加，国际市场营销企业迫切需要加强日益增多的产品出口、技术转让和对外直接投资等综合性业务的管理，此时应采取（　　　）。

A. 出口战略　　　B. 海外生产战略　　C. 全球经营战略　　D. 独立经营战略

8. 随着海外子公司的数量增加和规模发展，企业多种产品进入多个国际市场，此时应采取（　　　）。

A. 出口战略　　　B. 海外生产战略　　C. 全球经营战略　　D. 独立经营战略

9. 控制目的为评价经费开支的效益和提高营销开支效果的国际市场营销控制的类型为（　　　）。

A. 年度营销计划控制　　　　　　　B. 盈利能力控制

C. 效率控制　　　　　　　　　　　D. 战略控制

10. 营销效率等级考评属于（　　　）的战略控制。

A. 年度营销计划控制　　　　　　　B. 盈利能力控制

C. 效率控制　　　　　　　　　　　D. 战略控制

三、多项选择题

1. 母公司在子公司营销计划制订过程中起到的作用有（　　　）。

A. 帮助子公司建立完善的计划作业系统

B. 为子公司提供指导宗旨和有关环境分析的信息

C. 帮助子公司设立营销目标

D. 为子公司提供国际市场营销战略的战术技巧和诀窍

E. 为子公司提供优秀人才

2. 设立国际事业部的优点有（　　　）。

A. 在企业内部形成规范的管理和沟通国际业务的机制

B. 协调各海外子公司的业务活动，使企业的总体绩效最优

C. 综合配置资源。设立国际事业部后，企业可在国内业务和国际业务间依需要进

行资源的合理配置

D. 有利于培养国际经营管理人才,积累国际管理经验

E. 有利于对解决国际事业部和国内事业部的冲突

3. 设立国际事业部的缺点有(　　)。

A. 形成国际事业部与国内事业部的冲突

B. 国际事业部协调和支持海外子公司的能力有限

C. 机构重叠

D. 子公司的灵活性和竞争力受到一定程度的限制,并在利润分配上产生矛盾

E. 资源配置不公

4. 国际市场营销控制的步骤为(　　)。

A. 确认目标　　　　　　　　　　B. 确定控制标准

C. 绩效评估　　　　　　　　　　D. 纠正偏差

E. 控制结果反馈

5. 国际市场营销控制的主要类型有(　　)。

A. 年度营销计划控制　　　　　　B. 盈利能力控制

C. 效率控制　　　　　　　　　　D. 战略控制

E. 随机控制

四、问答题

1. 国际市场营销计划的制订的步骤是什么?

2. 国际市场营销组织的类型有哪些?

3. 国际市场营销控制的步骤是什么?

五、案例分析题

宜家中国的组织架构调整

在"断舍离"关闭中国市场部分门店后,宜家中国开启了新一财年的规划。

2022年8月24日,宜家中国举行2023财年启动会。继逐步兑现了投资100亿元的战略承诺后,宜家中国宣布,2023财年,宜家中国所属的英格卡集团计划对其投资53亿元。

在启动会现场,宜家中国区副总裁宋颖爱也重申了中国市场的重要性。"中国是宜家非常重要的市场之一,我们对中国市场充满了信心并坚定地履行对中国市场的长期承诺。"宋颖爱对包括时代周报记者在内的媒体表示。

但面对不断变化且竞争激烈的中国家居市场,无论是在门店拓展、全渠道建设还是供应链保障等方面,宜家中国都需要更灵活的变革脚步。

"在中国市场中学到重要的一点就是要具备灵活性和敏捷性,根据市场的变化快速地调整。"宜家中国区总裁安娜·库丽佳表示,一方面将继续加大对中国市场的投资,另

一方面会根据中国市场最新的情况来进行业务调整。

宜家中国在 2022 年 4 月关闭了贵阳线下门店,并在 2022 年 7 月关闭了上海杨浦店。宜家杨浦店是中国第一家小型宜家,是宜家中国区"城市小店"战略中重要的一环。

在启动会上,宜家中国区副总裁刘锐在接受时代周报记者提问时说道:"我们对杨浦门店关闭的决定更多是从上海怎么进行布局、给消费者带来更好的消费体验出发的。"

刘锐进一步表示:"对于像杨浦商场一样的小型店形式本身还是有信心的,我们希望能有更多的当地市场的洞察,了解消费者希望从宜家得到什么样的线下购物体验,我们会以此作为出发点去设计未来商场开设的类型。"

宜家中国区总裁安娜•库丽佳表示,"宜家中国在各个城市测试不同的运营方式,最终目的都是希望通过最优的运营组合来满足消费者对于家居生活产品的需求。宜家中国也在不同地方尝试作出调整,来确保渠道的最优化。"

据了解,2023 财年,宜家中国所属的英格卡集团计划对其投资 53 亿元,持续巩固并拓展渠道和数字化领域,并为消费者提升全渠道融合体验。

宜家中国表示,"宜家中国已从现付自提的模式转变为真正的全渠道公司,并构建了一个非常多样化的生态系统。"

宋颖爱介绍称,2023 财年合肥商场将开门营业,西安二店和新的配送中心也在建设当中。此外,由英格卡购物中心开发建设的临空项目——上海荟聚综合体在 2022 年 1 月已完成了钢结构的封顶。

在线上渠道方面,宜家中国也在这两年开始试水直播电商。

宜家中国区副总裁弗朗索瓦•勃朗特透露:"去年宜家中国进行数百场直播,2022 年预计直播场数还会大大增加,达到去年 5 倍左右。目前上海共有 50 名左右员工负责直播业务。宜家中国已经认识到了直播对于吸引和留住消费者的重要性,正在不断加强这方面的投资。"

近期,宜家中国还宣布其对公业务上线京东企业购及京东慧采平台,为来自地产、办公空间、零售餐饮等多行业的企业客户提供设计、一站式采购、售后、礼品采购等服务。

2019 年,宜家中国推出本土化发展战略"未来+",宣布在 3 年内聚焦渠道拓展、数字化体验和家居生活专家服务三个领域,并计划投资 100 亿元。如今 3 年过去了,对于"未来+"战略完成情况,宜家中国方面称,宜家中国逐步兑现了投资 100 亿元的战略承诺,打造了整合的全渠道生态系统,进一步将在中国的服务人群从 1 亿人扩展到约 10 亿人。

2023 财年开启,宜家中国又推出了针对中国市场的又一项新举措——全新的本土化品牌定位"家因你而生",也提出了 53 亿元的加码投资。其中,新品牌定位中包含物有所"值"的"心"价比。事实上,物有所"值"以及高性价比是宜家中国一直在强调的优势。但与此同时,2022 年,宜家中国表示,由于运输和原材料成本的不断增加,公司将在各个市场平均提价 9%。

2022 年 8 月 25 日,时代周报记者从宜家天猫官方旗舰店搜索发现,原标价 1 199 元的白色橡木的马尔姆六屉柜售价已经变成了 1 499 元;一款名为松耶桑德的 6 斗柜,原标价为 1 299 元,现在价格为 1 499 元。

涨价的同时,高性价比如何体现? 成为摆在宜家中国面前的挑战。

"世界在不断发生变化,很多因素不可控。宜家中国能做到的事就是优化供应链,从而更好地维持高性价比的价格。比如说,有一些产品的价格并没有改变,接下来有 2 500 多种新产品即将上市,都是非常合理的定价。"弗朗索瓦·勃朗特对时代周报记者表示。

在启动会现场,宜家中国管理层屡次强调中国市场的重要性,并坚定在中国市场长期投资的决心。

"我们始终致力于在中国市场的发展,希望根据消费者的需求来不断地进行及时的调整。"安娜·库丽佳强调,将继续加大对中国市场的投资。

资料来源:时代周报.宜家 53 亿加码中国市场——从自提模式转型全渠道,能否打动中国消费者? [EB/OL].(2022 - 08 - 25)[2023 - 3 - 10].https://baijiahao.baidu.com/s? id = 1742120422395615343& wfr = spider&for = pc.

思考:

近年来,宜家中国对组织架构作了哪些调整? 你认为这些调整是否合理,并说明理由。

第七章

面向消费者的产品

学习目标

1. 掌握产品质量的内涵及其保持。
2. 理解产品的物质特性及心理特性。
3. 掌握产品的适应性。
4. 了解国际市场中的品牌及国际品牌策略。

比亚迪的口罩订单

2020年4月14日,美国食品药品监督管理局(FDA)紧急授权中国74家KN95口罩工厂,被中国口罩出口商认为是一个难得的商机。2020年4月21日,比亚迪获得了美国加利福尼亚州(以下简称加州)政府的10亿美元口罩订单,其中共有3亿只N95口罩,1亿只医用外科口罩。对此,比亚迪给出了比卖给其他州便宜一半的价格:一只N95口罩为3.3美元(折合人民币23元),一只医用外科口罩为55美分(折合人民币3.9元)。在签合同时,加州政府加了一条:如果在2020年4月30日前,比亚迪生产的口罩未获得美国国家职业安全卫生研究所(NIOSH)的认证,比亚迪要退还该合同定金的一半(加州政府已支付4.95亿美元的定金)。比亚迪认为其生产的口罩已经通过了美国食品药品监督管理局(FDA)的认证,那么NIOSH认证也能通过。但由于美国联邦认证流程复杂多变,一再推迟认定时间导致这笔订单没能在2020年4月30日前获得认证。随后,加州紧急事务办公室就对外宣布,比亚迪口罩没能在规定的时间内得到认证,按照合同条款,应该立即赔偿一半的预付款,总价值2.47亿美元(约合人民币17.4亿元)。比亚迪只好认赔,又和加州政府重新修改了合同条款:如果比亚迪生产的口罩未能在2020年5月31日前获得NIOSH认证,加州政府可以收回剩下的定金。幸运的是,比亚迪在2020年5月31日前成功获得了NIOSH的认证。

资料来源:中国青年网.比亚迪口罩被加州"白嫖"?[EB/OL].(2022-12-10)[2023-3-06]. https://baijiahao.baidu.com/s? id=1666645088158498412&wfr=spider&for=pc.

引例启示:对于口罩出口企业来说,口罩的性能和质量能够满足东道国的需求以及成功获得东道国的认证是进入国际市场的敲门砖。不仅对于口罩产品如此,对于几乎所有的产品,发达国家都有严格的性能质量要求,并且不同国家之间,标准还有差异。因此,企业的产品在进入国际市场之前,要了解不同国家的产品质量标准,并争取产品的市场感知质量能够满足消费者的需求,这样才可能在国际竞争中获胜。

第一节　产品质量

全球竞争缩短了产品生命周期,强调质量、竞争性价格和产品革新的重要性。同时,市场也已经由卖方市场转变为买方市场。因此,顾客有了更多的选择余地。这是因为有更多的企业彼此竞争、吸引顾客注意。愈发激烈的竞争以及更多的选择意味着让顾客拥有了更多的权力,而这促使了厂家追求质量。顾客只知道一种或几种不同的产品的日子已经一去不复返了。如今顾客能够了解到价格最低、质量最高的产品,得益于互联网和智能手机。产品质量是由顾客根据自己的需要和财力来定义的。研究表明,感知质量可以作为重要的市场细分变量。例如,苹果智能手机在品牌意识强烈的日本很受欢迎,而多科莫(Docomo)老式手机因为具有保护隐私的功能而很受部分日本男性欢迎。

在绝大多数国际市场上,价格和质量是消费者购买产品的最重要的标准。无论是消费品还是工业品,喜欢一种品牌而不是另一种的原因通常是质优价低。在商界,虽然把质量作为一种竞争工具并不是一件新鲜事,但是现在很多人认为它是世界市场的决定因素。因此,搞清楚什么是质量非常有必要。

一、质量的内涵

1. 市场感知质量和性能质量

质量(quality)可以从市场感知质量(market-perceived quality)和性能质量(performance quality)两个方面来定义。两者都是重要的概念,但是顾客对优质产品的感知往往和市场感知质量有关,而不是性能质量。以航空公司提供的产品质量为例,从公司的角度来看,飞机的安全飞行和着陆满足了性能质量的要求,但是乘客视性能质量为理所当然应该得到的。对于乘客来说,质量不仅仅体现在安全飞行和着陆,相反,价格、及时服务、航班次数、舒适的座椅以及从登机到认领行李过程中公司员工的表现都是影响乘客判断其质量的因素。考虑到每天飞行的里程,航空行业在性能质量上已经接近零缺陷,但这并不代表着顾客满意度也接近完美。

在面临多种选择的、充满竞争的市场中,让大多数顾客都期待获得性能质量是不言而喻的。如果产品达不到标准,自然要被抛弃。以汽车的混合动力系统为例,丰田公司的系统可在城市道路行驶时节省燃料,而通用公司的系统则在长途旅程方面性能更佳。哪种动力系统质量更好完全取决于消费者的需求。日本消费者通常遇到严重堵车的情况,而美国消费者在长途旅行方面更有需求。如果有不同产品可供选择,而且都达到性能质量标准,那么消费者所选的产品一定是具备市场感知质量特性的产品。

有趣的是,中国电冰箱行业的领头企业意识到市场感知质量的重要性,并采用相关技术使得用户可以从20种不同色彩和质地的门把手和造型中进行选择。例如,顾客可以设计带绿大理石把手的米黄色的冰箱。大多数冰箱都放置在起居室,这样一来就可以"重新装饰起居室"了。企业的动机很简单,即通过赋予顾客另一种质量表达方式,从而定位其产品,与全球品牌竞争。

2. 顾客满意指数和"公平贸易"认证

在许多行业里,性能质量由客观的第三方检测。在美国,君迪(JD Power and Associates)把基于消费者调查结果的汽车质量评价方法运用到计算机等其他领域中。由瑞典首先开发出来的顾客满意指数,现在是被用来反映进口产品质量的因素。另一个反映进口产品质量的因素就是"公平贸易"认证。美国公平贸易协会颁发的证书表示,新兴经济体下的农民对自己所生产的咖啡、茶叶、巧克力、大米以及其他产品保证具有公平的定价,而不会以低于市场的价格出售给中间商。美国商务部每年要选出为国际市场提供高质量产品和服务的美国企业,摩托罗拉与丽思·卡尔顿饭店均已两度获得波多里奇国家质量奖(Baldrige National Quality Award),卡特彼勒的子公司——索拉透平公司也获得了波多里奇国家质量奖。

二、质量的保持

1. 性能质量的保持

保持产品的性能质量非常关键,但产品出厂后,其性能质量常常会在分销环节遭受破坏。对于全球品牌而言,由于生产地远离市场,或者因为市场中的分销体系失去控制,所以其性能质量尤其容易遭遇这种破坏。玛氏公司的士力架和其他西方糖果在刚刚进入俄罗斯市场时,曾经风靡一时。玛氏、三角巧克力、Waldbaur、吉百利等外国品牌都是俄罗斯市场最为畅销的品牌,然而,仅有一个俄罗斯品牌进入了前十大品牌。但几年后,俄罗斯品牌占了前十大品牌中的 8 个,只有一个美国品牌——玛氏的德芙巧克力还名列前十大品牌之中。

多种因素的共同作用导致了外国品牌在俄罗斯市场的下滑。第一,俄罗斯的红色十月巧克力厂齐心协力,更新了包装、产品组合和设备,努力占领市场。第二,性能质量也是一个因素。当俄罗斯市场刚刚对外开放时,急于进入该市场的外资企业倾销了大批过期的劣质产品。巧克力被走私进来,在街头出售,而且在此过程中往往处理不当。等到这些巧克力出售给顾客时,很可能已经变形、变色,与俄罗斯的红色十月巧克力相比,就成了劣质品。

2. 感知质量的保持

以俄罗斯红色十月巧克力为例,与西方的巧克力相比,俄罗斯巧克力的可可粉和巧克力酒心更多,因而口感更佳。因此,红色十月品牌的巧克力尽管价格一般比西方品牌的高,但是更合俄罗斯人的口味。这就说明产品的感知质量对企业在当今激烈竞争的国际市场上取得成功至关重要,因此,企业要根据当地市场的消费者需求对产品进行调整,提供当地消费者感知质量高的产品。

长期以来,丰田公司一直以汽车质量上乘著称。然而在 2009 年,正当丰田公司处于主宰全球汽车行业的顶峰时期,它却遭遇到了质量方面的"海啸"。丰田公司在美国销售的汽车,常常出现油门踏板卡壳,从而导致汽车突然加速的情况。按照美国国会听证会质询者的观点,自 2000 年以来有 34 起死亡事件与该质量问题有关。这方面的证词还来自丰田汽车公司的日本籍总裁丰田章男(Akio Toyoda)。虽然这些死亡事件是否与质量问题有关依据法庭的裁决,但也难以证明是因驾驶有误、机械故障而引起的。事实上,根据美国国家公路交通安全管理局(National Highway Traffic Safety Administration)的有关数据,福特汽车公司在 2004—2009 年因突然加速而收到的投诉要多于丰田公司。不过,美国国会听证会谈论的主要议题之一是丰田公司对消费者投诉的处理以及美国销售分公司与日本决策者之间的沟通问题,核心问题是消费者投诉与汽车召回之间的时间长度。

第二节　产品和文化

要想领略标准化与因地制宜产品之间的复杂关系,必须明白文化的影响、感知的价值和产品在市场上的重要性是如何交织在一起的。产品不仅仅是物品,它是购物者获得的一系列满足或效用。这些效用包括它的外形、滋味、色彩、气味和质地,使用过程中的功用、包装、标签、保证书、制造商和零售商的服务、品牌提供的信心或声望、制造商的声誉、原产地,以及拥有或使用产品时所获得的其他任何象征性的效用。简言之,市场不仅涉及产品的物质形态和基本功能,而且包括产品的文化价值等。也就是说,产品是其提供给使用者的物质和心理满足的总和。

一、产品的物质特性

产品的物质特性通常是指产品需要提供基本功能。例如,汽车的基本功能就是把乘客从甲地运送到乙地,要实现这一基本功能,就需要有发动机、传动装置和其他物质特性。在所有文化中,只要有不通过步行或畜力而把人从甲地运送到乙地的需求,都会对汽车的物质特性或基本功能提出要求。当产品从一种文化进入另一种文化时,其物质特性需要做的改变很小。不过在顾客满意度方面,和物质特性同样重要的是,汽车还具有一系列心理特性。在一个特定文化内,汽车的其他特性(色彩、体积、设计、品牌、价格)和汽车的基本功能(把乘客从甲地运送到乙地)关系不大,但是可以增加顾客的满意度。

二、产品的心理特性

赋予某种产品心理特性的意义和价值因文化的不同而各异,或积极,或消极。为了最大限度地提高顾客满意度,创造积极的产品特性,企业必须对产品的非物质特性进行适应市场的改变。可口可乐虽然常常自称是全球产品,但是当它被引进日本时,可口可乐发现必须把"节食可乐"(diet coke)改成"苗条可乐"(coke light),这是因为日本妇女不愿意承认自己在节食,而且节食的概念暗示着生病或药物。因此,可口可乐强调"保持体形",而不是减少体重。

文化决定着个人对产品的看法和产品所提供的满意度。因此,企业应因地制宜地对产品的某个或所有心理特性进行改变。

三、提高产品的适应性

企业应从以下几个方面提高产品的适应性。

1. 改进产品本身以适应目标市场的需求

产品概念与社会规范、价值观以及行为模式的一致程度对顾客选用产品的影响和产品的物质或机械性能一样大。例如，日本消费者原先对洗碗机并不感兴趣，这是因为日本的厨房很小，没有放洗碗机的地方。后来，三菱公司、东陶公司和其他日本企业开发了小型洗碗机，使洗碗机得以进入日本家庭的厨房。在一个大一统的文化模式中，新奇的事物总是遭到反对，这就要求国际市场营销企业对所提供的产品进行适应处理。

2. 考虑目标市场的文化因素

在分析准备进入第二市场的产品时，企业对产品进行适应处理的程度取决于原市场和新市场在产品使用和产品概念方面的文化差异。如果两个市场间的文化差异越大，那么需要改变的程度越大。研究发现，具有强烈组织特性的企业往往更难对产品进行足够的适应处理。另一影响适应处理的因素就是子公司的组织形式。相比于绿地投资，收购形式的投资往往能产生更大程度的适应。

3. 符合当地人的消费心理和行为

当把家用蛋糕配料引进日本时，消费者的反应平平，这是因为日本人不仅只在特殊场合才吃蛋糕，而且喜欢在糕点店里购买蛋糕，其包装更加精美。另一使得人们难以接受家用蛋糕配料的文化差异是：许多日本家庭没有烤箱。企业为了试图解决这一问题，开发了一种可以用家家都有的饭锅来做的蛋糕配料。然而，这一想法忽略了在日本的厨房里，大米及做米饭的方法含有很强的文化意义，用米饭锅煮其他的东西是一种实实在在的禁忌。当然，家用蛋糕配料于 1949 年被引进美国市场时也无法获得认同。在家庭主妇看来，加入水的做法与以前做的蛋糕并不一样。为此，企业将蛋糕配料进行了调整，即也需要加入鸡蛋。这样一来，做蛋糕的过程显得实在多了，家庭主妇也就认可这种配料了。另外，当外资企业在美国营销产品时，也常常需适应当地文化。日本一家生产化妆品的大公司资生堂想把在日本销售的产品原封不动地搬到美国销售，打开美国化妆品市场。资生堂把产品引进 800 多家美国商店后，意识到美国人对化妆品的偏好和日本人有很大的不同。其中的问题在于使用资生堂化妆品要经过很多步骤，很费时，这对日本妇女来说不成问题，但对美国妇女来说很不方便。资生堂将化妆品重新设计后，新化妆品系列和美国化妆品一样方便，于是便获得了成功。

改变产品以销往国外所面临的问题与在国内引进一种新产品面临的问题大同小异。衡量产品的不仅仅是其实物规格。新产品的性质在于它能为顾客做什么以及会对顾客的习惯、偏好和生活方式产生什么影响。蛋糕配料一例所揭示的问题和物质产品或使用者有效使用产品的能力关系甚微,但是和接受和使用蛋糕配料必将违反正确或理想的行为方式这一事实有很大关系。

在产品适应方面有一些有趣的现象,如在日本销售的《哈利·波特》图书,有 20%是英文版的。日本消费者为此想方设法地提升英语能力,英语书籍和配套磁带很好地满足了这种特殊需要。因此,对他们来说,《哈利·波特》不仅仅是娱乐,也是教育。

第三节　产品创新性

一、产品创新、扩散的速度

1. 产品创新

使产品适应国际市场重要的第一步是确定产品在目标市场眼中的新颖程度。这就要求企业必须明白消费者对新颖如何反应以及产品对市场的新颖程度。在评估产品的新颖程度时,国际市场营销企业必须清楚,许多在本国市场上取得成功的产品尽管已经到达其生命周期的成熟期甚至衰退阶段,在另一个国家或文化中它可能仍被看作是新颖的,因此必须以创新产品对待。从社会学角度来看,任何概念只要被某一群人看作是新颖的,那么就是一种创新。

2. 产品扩散的速度

国际市场营销企业的目标是在最短的时间内,让该市场中最多的消费者接受产品。然而,新产品并不总是能被一种文化接受,实际上,它们常常遇到阻力。尽管最终都会被接受,由于投资和盈利计划都有时间要求,某种文化接受新产品所花费的时间对企业来说至关重要。如果企业预计 3 年后不盈不亏,需要 7 年时间才能获得可观利润,则意味着投资条件可能还不太成熟,必须放弃。这样就提出了一个问题,即企业在投入人力、物力之前,能否预测受到市场接受的可能性大小。而更关键的问题是如果市场的接受率太低,企业能否让它加速? 对这两个问题,在一定条件下的答案是肯定的。这些问题的答案来自对扩散的研究,即对新产品流向社会系统成员的过程的研究。

二、创新的扩散

1. 新概念扩散的关键要素

埃弗里特·罗杰斯(Everett Rogers)认为,新概念扩散的关键要素为创新、通过一定渠道来宣传创新、经过一定时间和在某个社会系统成员之间扩散四个方面。罗杰斯继续指出,正是时间要素把扩散研究与其他种类的沟通研究区别了开来。扩散研究者和营销者的目标是缩短从概念或产品的引入到广为采用的时间。

2. 扩散速度的巨大差异

罗杰斯和其他人通过大量例子证明了接受产品创新的速度存在很大差异。有些产品从引入到广为使用只需要短短几年，而有些则需要几十年。扩散模式也存在巨大差异，但稳定增长属于一种例外。高科技产品常常会经历几个缓慢增长的时期，其间会出现业绩的跳跃，有时在飞速增长前会先出现下降的情况。文化以及其他方面的国别差异会影响新产品的快速扩散。此外，来自周边国家接受者的外溢效应也会影响扩散速度。企业通过分析这两个因素，可以找到引入新产品的理想国家或地区。研究发现，美国和中国香港地区就属于最为理想的国家和地区。另外，研究还指出，新产品增长越来越与国家或地区的发展情况同步。

要在整个欧洲改变酒的消费模式需要 50 年的时间。微波炉发明于 20 世纪 50 年代的美国，但是花了近 20 年才得以普及。在教育领域，现代数学概念仅仅花了 5 年就在全美的中小学扩散开来，但是"幼儿园"这一概念用了将近 50 年才被完全接受。塔塔集团在 2008 年引入价格为 2 000 美元的迷你汽车，但该汽车在印度的扩散就遇到了困难。迄今为止，迷你汽车的设计颇费周折，其销售结果仍令人失望。越来越多的证据表明，理解扩散理论有助于加速扩散过程。了解这一过程可以增强国际市场营销企业在必须投入资金前估计出产品扩散所费时间的能力。它还可以使国际市场营销企业注意可能引发阻力的产品特性，从而尽量减小阻力，加速产品接受过程。

3. 影响扩散速度的外生变量

至少有三个外生变量会影响目标新产品的扩散速度：被认知的新颖程度、被认知的创新特征和使用的沟通方法。首先，如果产品带给人们的感觉越新颖，那么往往也就越难让市场接受。这就是说，创新从本质上讲通常具有分裂性。以美国的混合动力型汽车为例，虽然其深受消费者欢迎，但经销商并不喜欢其维护要求低的特征，即经销商的售后服务收入会下降。此外，满足混合动力型汽车要求的基础设施建设往往十分昂贵。一些人认为该技术不适合美国，而适用于那些现有基础设施不完善的国家，它们可以直接弃老式燃油汽车而选用混合动力型汽车。总之，如果国际市场营销企业明白了消费者的感知体系，就常常能够改变他们对新颖程度的看法。

其次，分析创新的特征有助于企业确定市场对产品的接受速度或抵御情况。这些特征包括以下五个方面：

（1）相对优势，是指新产品相对于旧产品的可感知的边际价值。

（2）兼容性，是指与可接受的行为、规范、价值观等的兼容性。

（3）复杂性，是指与产品使用有关的复杂程度。

（4）可试验性，是指与产品使用相关的经济或社会风险。

（5）可观察性，是指产品好处可以传播的容易程度。

一般来说，扩散速度与相对优势、兼容性、可试验性和可观察性呈正相关关系，与复杂性呈负相关关系。

最后,沟通方法影响新产品的扩散速度。国际市场营销企业在选择沟通方法时,应避免受"自我参考标准"的影响,而应根据东道国消费者对新产品的感知及认识,选择适合东道国消费者的方式进行沟通,以加快新产品的扩散速度。

4. 实现快速扩散的有效手段

实验是实现快速扩散的有效手段。以由欧莱雅开发的一种名为"化妆天才"的新的智能手机应用程序为例,它可以让消费者实时了解自己使用欧莱雅化妆品后的情况,而并不需要实际化妆。在法国和美国进行推广的前四个月,该应用程序被下载了170万次。一位分析师称,人们花在研究化妆品行业的时间比花在航天飞机上的还要多。欧莱雅拥有35 000多项专利,研究的花费占营业收入的3.7%,其中包括在50个国家或地区工作的约4 000名科学家。

企业必须牢记对产品评估至关重要的是潜在使用者而不是营销者对产品特性的感知。在解释产品特性时,市场分析员的自我参考标准可能产生感知偏见。因此,如果不能根据外国消费者的参照系来评估产品特性,而是采用营销者的参照系,就会对产品的文化内涵发生误解。

企业一旦完成了分析,通过巧妙的营销措施就可以尽可能减少一些被感知的新颖特点或导致抵制的原因。产品感知和当前文化价值观越吻合,抵制越小,产品扩散或接受就越快。需要注意的是,产品或新引入品牌的新颖性也能成为重要的竞争优势,那些先行品牌的优势常常能在国内外市场创造长期的竞争优势。

三、原产地效应

1. 原产地效应的概念

原产地效应是指产品的设计、制造、组装国影响消费者对产品的评价,生产国、产品类别及企业的品牌形象都将影响原产地是否会造成积极或消极的反应。消费者基于自身经历、口碑而对不同国家和产品持有偏见。例如,部分国家的消费者认为法国的香水、日本的电器质量最好,但这种偏见仅存在于部分类别的产品。原产地效应由于产品原产地的不同而使消费者对它们产生了积极或消极的评价,从而对进口商品形成了一种进入当地市场的无形壁垒。品牌原产地形象与品牌信念和品牌购买意向均呈正相关关系,但品牌原产地形象与品牌信念间的相关系数大于品牌原产地与品牌购买意向间的相关系数。

国际市场上营销的品牌带有原产地概念,即它来自哪个国家或地区,学术上把品牌所来自的国家或地区称作原产地(Country of Origin,COO),一般含义是"××制造"(Made in ...)。

2. "产品原产地"与"品牌原产地"

由于品牌在全球的影响力不断增强,品牌对消费者品质评价和购买选择的影响力远大于产品制造地或设计地。因此,有研究主张用"品牌原产地(Country of Brand,COB)"代替"产品原产地"。品牌原产地是指品牌最初是在哪个国家生长和培育的,或被称为生产厂商品牌的国籍。一般而言,品牌所属的公司总带有母国概念,尽管索尼后来把总部搬到美国,但消费者仍清楚它是日本品牌;IBM品牌在全球营销,消费者仍认为它是家美国公司。当然,也有例外,如ABB公司,它由瑞典的阿瑟公司(Asea)和瑞士的布朗·包维利公司(Brown Bovefi)合并而成,但总部在苏黎世。又如,联合利华,它由一家英国公司和荷兰公司合并而成,总部在布鲁塞尔。不过,从统一经济体角度,把ABB公司和联合利华的原产地称为"欧洲"应没有歧义。随着更多类似欧盟经济体的出现,原产地的国家概念会趋于淡化,可代之以经济体作为品牌原产地。

3. 原产地效应的影响因素

原产地效应的影响因素很多,既包括产品本身的价格、类型、跨国性和品牌效应强弱等产品属性因素,又包括原产地的国家经济发展水平、零售店铺的业态与零售商的声誉,以及政治体制、文化类型等因素。而且在不同的目标市场上,影响原产地效应的因素之间的主次地位也经常发生变化,即原产地形象对不同市场上的消费者会产生不同的效应。

第四节　国际市场中的品牌

品牌是企业重要的无形资产,而一个成功的品牌对企业来说更是价值连城。当品牌进入国际市场并逐步发展成为一个强势品牌时,就意味着消费者无论身处何地,都能够对品牌形象及其背后所代表的企业形象和企业文化作出积极反应。因此,企业如何制定国际品牌策略、加强品牌管理显得尤为重要。

一、品牌的内涵

1. 品牌的概念

品牌是产品策略中的一个重要课题,区别专业营销者的其中一项就是看他们是否拥有对品牌的创造、维持、保护和扩散的能力。美国市场营销协会将品牌定义为一种名称、术语、标记、符号或设计,或是它们的组合运用,其目的是借以辨认某个销售者或某群销售者的产品或服务,并使之同竞争对手的产品和服务区分开来。一个品牌往往可以传递出属性、利益、价值、文化、个性和使用者等六种意思,其本质就是营销者许诺向消费者持续传递特定的特性、利益和服务。

2. 品牌的作用

品牌是影响消费者和企业购买决策的一个关键因素。在消费者的整个购买决策中,品牌的影响大约占18%,强势品牌还可以有19%的溢价。品牌也是消费者利益的主要来源之一,它可以简化日常选择,降低复杂购买可能带来的风险,提供情感享受和社会归属感。除了品牌知晓度和忠诚度引起的增值,强势品牌还有助于企业开拓新市场或推出新产品。因此,品牌是企业的一项重要无形资产,甚至有专家指出,企业不久在资产负债表上会附上"价值评估表",将品牌等无形价值包括进去。随着经济全球化的发展,国家之间的竞争越来越表现为企业之间的竞争,而企业之间的竞争实质是品牌之间的竞争。

二、国际品牌的设计原则

国际品牌的设计除了要遵循品牌的一般性原则,如简单易懂、便于识别、有助记忆、构思独特新颖、引人注目、适应产品性质、便于宣传产品,还应特别注意以下原则。

1. 国际品牌应符合各国消费者的传统文化和风俗习惯

出口商品的品牌设计应该注意与各国和地区的文化和风俗相适应。因此,国际市场营销企业必须充分认识和理解各国消费者对颜色、数字、动物、花卉、语言等方面的喜好与禁忌。企业要根据不同国家的语言、风俗习惯等来设计品牌。

2. 国际品牌应符合国际法律规定

在国际上,要遵守保护工业产权的《巴黎公约》和关于商标国际注册的《马德里协定》和《商标注册公约》等,这些国际公约对商标的国际注册、商标权利、驰名商标在不同国家互不牵连、驰名商标的保护、商标的转让以及不能作为商标注册的内容等都作了明确的规定。同时,国际市场营销企业还要充分了解和遵守目标国相关法律法规,并向当地专利和商标管理部门申请注册,取得合法销售的批准,避免招致法律纠纷和损失。

三、国际品牌策略

(一)品牌策略

营销者在进行品牌管理时要面临一系列决策,主要涉及以下五个方面:品牌有无决策,即是否对产品赋予品牌的决策;品牌使用者决策,即应该由谁来使用品牌;品牌名称决策,即品牌应该取什么名称;品牌战略决策,即应该使用哪一种品牌战略;品牌重新定位决策,即品牌是否需要重新定位。

1. 品牌有无决策

品牌有无决策是指企业是否一定要给产品标上品牌名称。在自然短缺经济背景下,曾有很多产品不用品牌。但到了今天,品牌化的迅速发展,使得当下产品很少有不使用品牌的。这是因为使用品牌能使销售者更方便地处理订单和解决贸易问题;品牌名称和商标保护能对产品独特性提供保护;品牌有利于培养顾客忠诚、有利于细分消费者市场,同时还有利于建立企业形象。

2. 品牌使用者决策

在品牌使用者决策中,制造商有好几种选择使用品牌的方法,推出的产品可以用制造商品牌、渠道商品牌或许可品牌。目前在市场上,制造商品牌占统治支配地位。但是随着渠道商力量的崛起,渠道商品牌开始显著增长,并且对制造商品牌形成挑战。渠道商品牌就是渠道商拥有自己的产品品牌。尽管渠道商品牌的成功者很大程度上要受经济条件和渠道商对制造商的控制能力影响,后者想通过渠道商品牌来改善自己的财务状况,随着价格敏感型客户的增加和品牌忠诚度的降低,渠道商品牌在很多国家具有较强的渗透力。渠道商品牌的市场份额,在英国占 30%,在德国占 23%,在瑞士占 23%,在法国占 20%。在美国过去的 20 年里,渠道商品牌的销售额平均占卖场销售额的 14%。很多渠道商相信,强势的渠道商品牌可以有效增加自己的网点特色,发展忠诚顾客并由此增加利润。渠道商品牌开始成为一个对于制造商而言越来越可怕的竞争对手。渠道商生产的产品物美价廉,给渠道商带来高额利润,占据着有利货架,有着强有力的店内促销。与此相对应的是,制造商品牌通常定价过高,而且给渠道商提供的利润率比渠道商从自有品牌获得的要低。在这种情况下,制造商的营销人员要作出战略选择:是参与制造商品牌的生产还是参与渠道商品牌的生产。战略参与的赞成者认为,既然渠道商品牌现象无法避免,那么最好的选择就是参与。虽然参与的结果会使制造商降低毛利,并且不得不花费成本建立专门的渠道商品牌生产线和营销组织,但是制造商可以从生产渠道商品牌产品获得利润并由此促进自己的品牌,充分发挥多余的生产能力,产生规模经济,促进交易关系的改善。参与渠道商品牌产品的生产可能与营销者的全球性品牌战略相矛盾,因此很多营销者根据营销条件和市场条件来确定其参与的程度,采取一种混合策略。例如,美国的亨氏公司在本土没有为渠道商生产的渠道商品牌产品,但是到了英国,其生产的大部分产品都属于渠道商品牌。还有一种品牌,一些制造商或零售商通过"租用"对客户产生吸引力的名称,诸如其他厂商创立的名称或商标、著名人物的姓名等,可以使产品得到一个家喻户晓的品牌名称,这就是所谓的"许可品牌"。

3. 品牌名称决策

在品牌名称决策中,营销企业需要为自己的产品选择品牌名称。决策方式共有以下四种:个别品牌名称、通用家族名称、个别家族名称、公司加个别名称。个别品牌名称,即赋予不同的产品不同的品牌名称,当其中一个产品受损时就不会牵连公司旗下的其他产品声誉,但是企业为每个产品建立消费者的品牌认知和偏好所付出的成本也是巨大的。通用家族名称,即所有的产品都使用一种品牌名称,使用这种名称的好处在于改进产品或新产品的上市时可以节约市场推广费用,但是一旦一种产品受损,很可能会连累到其他产品的市场销售。个别家族名称,即只对同类产品赋予相同的品牌名称。公司加个别名称,即是将公司的商号名称与单个产品名称相结合,这样做的好处是公司名称可以使产品正统化,而把它当作产品名称又能保持产品的个性化。

4. 品牌战略决策

品牌战略决策是根据功能性品牌、形象性品牌和体验性品牌来区别定位的。功能性品牌是为了满足功能性需要；形象性品牌包含了一系列难以量化的诸如质量、用户感受等指标；体验性品牌不仅仅提供产品或服务，更提供一种愉悦的经历。在品牌战略决策中，企业有以下五种战略可供选择：产品线扩展、品牌延伸、多品牌、新品牌、合作品牌。产品线扩展是指企业在同样的品牌名称下，在相同的产品种类中引进新的项目内容，如新口味、形式、颜色、增加成分、包装规格等。这种扩展有利于适应不同国家和消费者的个性需求，是企业建立一项新业务的好方法，但可能导致品牌名称丧失其特定的意义。品牌延伸是指企业决定利用现有品牌名称来推出其他产品。它有利于新产品的市场推广，但是过度的延伸可能导致品牌内涵稀释，因此企业在引进新产品时必须考虑它与品牌名称定位的契合度问题。多品牌是指企业在同类产品中引进其他品牌，宝洁公司就是实施这种战略的典型例子。多品牌战略有利于企业占领更多分销商货架，占据更多细分市场，有利于企业业务部门之间相互竞争，但要注意的是，实施这一战略要确保其带来的收益大于品牌间相互蚕食后的损失。新品牌是指企业为新产品确定一个全新的品牌名称。合作品牌也称双重品牌，是指两个或更多的品牌在一个产品上联合起来使用。合作品牌的形式有中间商合作品牌和同一企业合作品牌两种。无论是跟谁合作，各个品牌都希望它能接触到新的受众群体，因为它已经和其他品牌联合起来了。

5. 品牌重新定位决策

企业需要定期审视品牌的优劣势。由于顾客偏好发生变化或新的竞争者出现，品牌可能面临着被重新定位的情况。在对品牌进行重新定位的过程中，要注意在很多时候原品牌在消费者脑海中的认知已经根深蒂固，如何进行新的定位来扭转这种固定认知，并使消费者接受和认可品牌新的定位，是营销企业要思考的问题。

（二）品牌国际化策略

一些知名的国际品牌从国际市场上获得了丰厚回报。这几年，安利日用品、欧莱雅化妆品、星巴克咖啡等在全球范围内的推广也取得了成功。企业实施品牌国际化有诸多优势：品牌的国际化有助于增加产品的生产和销售，而经验曲线表明，随着产量的增加，制造费用被大量分摊，从而实现规模经济；随着经济全球化的到来，品牌的国际化有助于企业在国际市场上形成强大的产品识别能力；企业在包装、广告和促销等沟通方面实施统一活动，会大大分摊营销成本；国际化的品牌会培养出大量的忠诚顾客，拥有强大的市场基础。

通过研究韩国和中国台湾企业品牌国际化的成功经验，结合企业成长阶段模型和企业国际化过程模型，品牌国际化的过程可以被划分成以下四个主要阶段。

1. 第一阶段

在国际化前期，企业的主要目标仍在国内市场。企业在这一阶段存在的问题如下：

生产销售往往效率低下或还没有形成一个有效的生产体系;技术还不可行或是不成熟,尚未成为行业标准;企业内部还没有培养出足够资深的技术人员;生产人员经验不足。企业的首要目标是生存,以在国内的竞争市场上求得一席之地。企业要想成为国内一流品牌的一员,必须从产品、研发、营销、管理等方面着手。企业应注重产品策略的差异化,不仅表现在产品设计、功能、价格的差异化,还表现在与消费者沟通方式和服务的差异化,以便将本企业与其他竞争企业区别开来,是获得竞争优势、建立品牌形象的重要途径。在研发方面,企业可以成立自己的研发团队或与同行业研发团队合作,明确研发方向,培养核心技术;通过提炼品牌的核心价值,借助营销手段,加强消费者对品牌的识别,加快国内市场的品牌建设;采取贴牌生产有利于企业加入国际知名品牌的价值链,使得企业能与国际知名品牌直接对接,减少中间环节,为未来进入国际市场提前热身。在管理方面,企业可以外聘有经验的员工,提高企业生产效率,同时企业还要加强人才培训,重视企业文化的创建。

2. 第二阶段

在国内市场储备足够实力以后,企业开始将目标瞄准国际市场,尤其是向发达国家输出产品和品牌。企业在这一阶段的主要目标是提升品牌在国际市场的知名度,扩大品牌的影响范围,推出在某一行业具备领导性的产品,但仍然存在企业对当地市场缺乏足够认识、消费者对产品和品牌认知度低、品牌形象弱、技术支持缺乏等问题。要改变这一局面,从产品方面来看,企业首先要明确自己在国际市场上的定位:是属于挑战者还是扩张者,要从已被瓜分的细分市场上寻找属于自己的定位。由于扩张者面临的全球化压力较低,可以避免在初期受到国际知名品牌竞争挤兑。当企业在国际市场发展成熟时可成为挑战者,虽然要面临更大的全球化压力,但企业可以通过提供能更好满足消费者需求的产品与同行业的知名品牌竞争,以此确立自己在行业中的地位。从技术方面来看,企业至少要掌握一项具备竞争力的核心技术,同时可以考虑将企业的研发、技术部门逐步迁往发达国家,以跟踪最前沿的技术。从营销角度来看,企业可以通过广泛收集意见和建议、聘用专业人员进行市场分析、利用模型统计工具等方式来寻找和识别国际市场机会,同时采用加大广告宣传、参加公益活动和展览、提供赞助等方式强化品牌形象,提升品牌知名度。尤其是参加公益活动和提供赞助,有助于树立企业健康积极的形象,强化消费者的品牌联想。一个典型的例子是韩国三星公司通过赞助奥运会,成功跻身国际一流品牌。从管理层面来看,企业必须建立品牌管理机制,一方面制定相应的条例规章,另一方面加强对员工的培训,强化企业文化,同时还要制定完整的全球品牌规划,有可能的话还可以外聘有经验的管理者。

3. 第三阶段

当企业品牌在国际市场上获得足够认知以后,企业开始集中精力发展国际品牌。企业可以尝试品牌延伸的产品策略,不断丰富品牌结构及产品线。以深入理解和挖掘细分市场,针对消费者的不同消费诉求,有的放矢地满足消费者为前提,同时也需要企业研发部门配合,不断开发出新的地区适应性产品。从管理层面来说,企业要树立品牌危机意识,建立品牌危机管理体系,居安思危、未雨绸缪;建立专门的品牌管理机构和预警机制,设立免费热线电话,第一时间获取消费者信息;通过在国际市场上的积累,企业可以考虑转移公司总部来加快品牌国际化进程,最终赢得在发达国家市场的成功。

4. 第四阶段

一般来说,企业能在发达国家积累足够的品牌效应,就可以开始向全球进行品牌扩张,甚至在第三世界国家发展品牌。值得注意的是,第三世界国家往往是一些经济发展比较滞后、政治比较集权的发展中国家,企业在向这些国家输出产品和品牌时会面临国家官僚主义降低组织效率的影响,以及本地员工的过大流动性对组织运作的影响。同时,由于第三世界国家的市场体系比较封闭,当地的消费者尚未对企业建立足够的品牌认知度。为此,企业可以实施品牌本土化策略,如营销策略的本土化,开发更贴合当地消费者需求的产品,以当地形象、文字、活动为依托开展营销推广。企业还可以通过与本土企业进行战略合作、更大程度地雇佣当地员工等,推进品牌向本土化转型。另外,企业还可以考虑通过海外设厂、并购等方式加快其向海外扩张的进程。关于品牌的并购战略,企业需要考虑以下因素:合并或收购对客户体验的影响;必须能全面考虑客户、员工、文化、方法和品牌价值等因素,以此制定组织整合和开发利用这些因素的战略;从被收购公司的某些优势中获取价值,诸如人才、产品和服务、预期收入等。企业还要考虑如果收购一家知名公司,到底是采用自己的品牌还是被收购公司的品牌,这需要企业做好切实的市场调研。

(三)国际品牌战略

当营销企业进入国际市场时,除了需要考虑以上几个问题,还需要根据品牌名称制定国际品牌战略,以下几种国际品牌战略方案可供营销企业选择。

1. 全球单一品牌战略

全球单一品牌战略,是指当企业在全球推广产品时采用统一名称,并不针对当地市场作任何修改的战略。当然,只有当全球品牌名称与当地社会不发生文化冲突时,这一品牌战略才是有用的。例如,IBM公司以同样的品牌名称在全球销售产品。庞大的共同需求和全球消费者是促使全球品牌发展的一个重要因素。随着经济全球化的到来,媒体覆盖面也延伸到各个国家的不同市场,产品在一个国家的销售会导致其他国家需求的上升,人们通过新闻、杂志、网络等渠道迅速获得对某个产品和品牌的认知,而这个品牌也会逐渐变得容易识别和知名。换言之,这种战略有助于企业在国际市场上形成强大的产品识别能力,也有助于保持企业在全球范围内标志、包装和促销的一致性和协调性,以降低产品制造成本。至于促销费用,虽然制作一个全球性的电视广告费用远比一个区域性广告费用高得多,但由于覆盖面广,其制作费用被大量分摊,规模效益还是很明显的。这种战略还有助于将品牌与企业联系,树立质量优异、技术先进的形象,帮助消费者建立企业和产品的正面联想。另外,这种战略有助于防止消费者将本企业产品与其他企业产品混淆,有助于提升消费者对产品的熟悉度。

2. 各国民族品牌战略

各国民族品牌战略是指企业在不同市场采用不同品牌的战略。采用这一品牌战略的前提是:品牌名称不能翻译成当地语言;在当地制作、销售和消费的产品属于被收购企业的品牌,希望避免"国外"企业形象,而树立本土企业形象。虽然全球单一品牌战略有助于企业在全球树立一个统一的形象,可以节约大量成本,提高运作效率,但这一战略并非就是最佳选择。除了可口可乐、IBM、Levis 等产品采用全球单一品牌战略,很多知名的跨国企业都是民族品牌战略的忠实拥护者,如雀巢、MARS、宝洁等,它们的一些品牌在全球销售,而其他品牌则是针对不同国家制定的。例如,联合利华在美国和法国销售织物软化剂就采用不同品牌,其在美国的品牌是 Snuggle,而在法国的品牌是 Cajoline。根据联合利华提供的资料,这一决策的理由是"Snuggle"的含义无法用法语准确表达,而"Cajoline"更适合当地语言环境,有利于消费者识别。值得注意的是,全球单一品牌战略和各国民族品牌战略并非截然对立。相反,不少跨国企业采取了两种战略的综合,既生产全球品牌,又针对不同国家生产民族品牌。以雀巢为例,虽然雀巢这一品牌名在全球推广,但在其品牌家族里,却有多达 7 000 多个民族品牌。在某些市场上,如果没有地方品牌可以利用,雀巢就使用其全球品牌;而在某些市场上,雀巢则收购当地民族品牌,发挥这些民族品牌的优势。国际市场营销企业还要注意的是,一些国家存在的民族主义可能影响消费者对品牌的认购。出于历史特殊原因,中国某些地区就存在消费者抵制日货的情况。如同产品一样,何时让品牌全球化、何时让品牌民族化,都要视市场的情况而定。

本 章 小 结

(1) 全球竞争强调了产品质量的重要性。质量(quality)可以从两个方面来定义:市场感知质量(market-perceived quality)和性能质量(performance quality)。两者都是重要的概念,但是顾客对优质产品的感知往往和市场感知质量有关,而不是性能质量。

(2) 产品不仅通过物质特性提供基本功能,文化决定了产品功能的重要性,并赋予了产品某种心理特性,对产品的感知价值产生了影响,因此在产品进入国际市场时,理解产品使用和产品概念方面的文化差异是十分重要的。

(3) 使产品适应国际市场重要的第一步是确定产品在目标市场眼中的新颖程度。国际市场营销企业的目标是在最短的时间内让该市场中最多的消费者接受产品。然而,新产品并不总是能被一种文化接受,实际上,它们常常遇到阻力。因此,在进入新市场时,国际市场营销企业要综合考虑投入的时间和成本。

（4）品牌是一种名称、术语、标记、符号或设计，或是它们的组合运用，其目的是借以辨认某个销售者或某群销售者的产品或服务，并使之同竞争对手的产品和服务区分开来。一个品牌往往可以传递出属性、利益、价值、文化、个性和使用者等六种意思，其本质就是营销者许诺向消费者持续传递特定的特性、利益和服务。国际品牌设计的原则有：国际品牌应符合各国消费者的传统文化和风俗习惯；国际品牌应符合国际法律规定。国际品牌战略包括全球单一品牌战略和各国民族品牌战略。

课 后 练 习

一、判断题

1. 顾客对优质产品的感知往往和性能质量有关。　　　　　　　　　　　　（　　）

2. 产品是其提供给使用者的物质和心理满足的总和。　　　　　　　　　（　　）

3. 使产品适应国际市场重要的第一步是确定产品在目标市场眼中的新颖程度。

（　　）

4. 扩散速度与相对优势、兼容性、可试验性和可观察性呈相关关系，与复杂性呈正相关关系。　　　　　　　　　　　　　　　　　　　　　　　　　　　　　（　　）

5. 对评估至关重要的是营销者对产品特性的感知。　　　　　　　　　（　　）

6. 产品感知和当前文化价值观越吻合，抵制就越小，产品扩散或接受也就越快。

（　　）

7. 品牌的本质就是营销者许诺向消费者持续传递特定的特性、利益和服务。（　　）

8. 国际品牌应符合国际法律规定，但无需考虑各国消费者的传统文化和风俗习惯。

（　　）

9. 品牌国际化的第二阶段是指企业品牌在国际市场上获得足够认知以后，企业开始集中精力发展国际品牌的阶段。　　　　　　　　　　　　　　　　　　（　　）

10. 各国民族品牌战略是指当企业在全球推广产品时采用统一名称，并不针对当地市场作任何修改的战略。　　　　　　　　　　　　　　　　　　　　　（　　）

二、单项选择题

1. 质量可以从两个方面来定义：市场感知质量和（　　）。

A. 性能质量　　　　　B. 售后质量　　　　　C. 服务质量　　　　　D. 过程质量

2. 是否接受新产品以及要过多久才能接受新产品取决于新产品的（　　）。

A. 质量　　　　　　　B. 特点　　　　　　　C. 服务　　　　　　　D. 价格

3. 埃弗里特·罗杰斯指出的新概念扩散的关键要素不包括（　　）。

A. 创新　　　　　　　　　　　　　　　　B. 通过一定渠道来宣传创新

C. 协调　　　　　　　　　　　　　　D. 经过一定时间

4. 一般来说,与扩散速度呈负相关关系的是(　　)。

A. 兼容性　　　　B. 复杂性　　　　C. 可试验性　　　　D. 可观察性

5. 产品感知和当前文化价值观越吻合,抵制越小,产品扩散或接受就越(　　)。

A. 快　　　　　　B. 慢　　　　　　C. 无影响　　　　　D. 视具体情况而定

6. 营销者在进行品牌管理时要面临一系列决策,主要涉及(　　)个方面。

A. 四　　　　　　B. 五　　　　　　C. 六　　　　　　　D. 七

7. 品牌有无决策是指(　　)。

A. 应该由谁来使用品牌　　　　　　　B. 是否对产品赋予品牌

C. 品牌应该取什么名称　　　　　　　D. 应该使用哪一种品牌

8. 品牌国际化的过程共有(　　)个阶段。

A. 三　　　　　　B. 四　　　　　　C. 五　　　　　　　D. 六

9. 当企业品牌在国际市场上获得足够认知以后,企业开始集中精力发展国际品牌,这属于品牌国际化过程的第(　　)阶段。

A. 一　　　　　　B. 二　　　　　　C. 三　　　　　　　D. 四

10. 在国内市场储备足够实力以后,企业开始将目标瞄准国际市场,尤其是向发达国家输出产品和品牌,这属于品牌国际化过程的第(　　)阶段。

A. 一　　　　　　B. 二　　　　　　C. 三　　　　　　　D. 四

三、多项选择题

1. 影响目标新产品的扩散速度的因素包括(　　)。

A. 被认知的新颖程度　　　　　　　　B. 被认知的创新特征

C. 所使用的沟通方法　　　　　　　　D. 新产品的价格

E. 目标市场的经济发展水平

2. 创新的特征包括(　　)。

A. 相对优势　　　　B. 兼容性　　　　C. 复杂性　　　　D. 可试验性

E. 可观察性

3. 在品牌战略决策中,可供企业选择的战略有(　　)。

A. 产品线扩展　　　B. 品牌延伸　　　C. 多品牌　　　　D. 合作品牌

E. 品牌收购

4. 产品策略注重差异化,体现在(　　)方面。

A. 产品设计、功能　　　　　　　　　B. 价格

C. 与消费者沟通方式　　　　　　　　D. 服务

E. 渠道

5. 产品不仅仅是物品,它还是购物者获得的一系列满足或效用。以下选项中,属于

这些效用的有(　　)。

A. 外形、质地

B. 使用过程中的功用

C. 制造商和零售商的服务

D. 制造商的声誉

E. 感知质量

四、问答题

1. 品牌是什么?

2. 国际品牌的设计原则有哪些?

3. 品牌国际化过程的各个主要阶段有哪些?

五、案例分析题

美的在印度市场推出净水器

印度40%以上的饮用水源已经被污染,并被检查出盐分、氯合物、各种重金属和细菌超标。污水处理设施缺乏及落后更加加剧了这一现象,未经任何处理的生活废水直接排入河流和地下,甚至流入水源地,从而进一步加重了生活用水的污染。即使形势如此严峻,绝大多数印度底层民众丝毫没有意识到水污染对他们健康的危害,他们对水最常见的处理方式仍然是高温烧开处理。部分中国品牌面对印度净水市场的大蓝海,都跃跃欲试,但始终差强人意,印度消费者面临的用水环境远比中国复杂,适合中国市场的净水器产品完全不适用于印度市场。

美的最终扛起了为国货争光的大旗,经过长达两年时间的潜心研究,美的针对印度用水环境自主研发的净水器产品终于批量生产,出口印度。2016年7月,美的向印度市场出口约400万元净水器整机及零配件产品,以前美的向印度市场出口的净水器产品无论数量还是金额都为0。

美的项目团队从未做过印度市场,一开始大家根本就不知道如何切入,因此只能从研究竞争产品入手。美的从网上收集资料,对比分析了各种竞争产品总计达200个型号,总结了线下出样最多,销售最好的前20个型号,然后从中挑选18个购买了实物样机,快递回国内深入分析。随后开展了多达300项测试,收集竞争产品详尽的性能参数,便于对标开发。

为了把握印度消费者的真实需求,美的项目团队还与印度市场调研局合作访谈了25～45岁不同生活背景的多名消费者,并在4个一线城市、4个二线城市和4个三线城市发放了总计1 600份调查文件,最终输出长达90页的印度净水器消费者使用习惯调研报告,并基于此策划产品。

为了检验印度消费者对产品外观设计的偏好,美的升级了4轮外观工业设计,累计做了12个样品,找不同层次的消费者进行盲测,最终确认了最符合印度主流消费群体审美的产品外观。

此次为了打造适合印度水质的产品,美的在印度专门搭建了水质实验室,并外派两位水质工程师常驻印度长达 45 天，同步测试多达 10 套水路系统，每套过水累计达 3 万升，总计用水重达 300 吨。在整个产品策划及开发过程中，团队相关人员累计到印度出差多达 15 次，保持平均每月去一趟印度的频率以便加强市场了解并加快项目落地。

资料来源：工业头条网. 美的在印度市场推出净水器［EB/OL］. (2021-11-15)［2022-3-21］. http://www.gongyetoutiao.com/xw/html/4297.shtml.

思考：

1. 什么是产品同质化？

2. 美的是如何开拓印度市场的？

第八章

国际市场定价

学习目标

1. 了解国际市场价格的种类。
2. 理解影响国际市场定价的因素。
3. 理解国际市场定价的策略。
4. 掌握常见的国际市场定价方法。
5. 了解价格调整可能引起的反应。

优步(Uber)的起源可以追溯到 2008 年,当时,两位初创企业家特拉维斯·卡兰尼克(Travis Kalanick)和加勒特·坎普(Garrett Camp)发现,人们在下雪的冬日很难叫到出租车。两人受到启发,开发了一款可以呼叫出租车的智能手机应用程序。回到旧金山后,坎普买下了"UberCab.com"这一域名,2 年后公司正式成立。最初,"UberCab"为旧金山和硅谷的高管提供私人豪华汽车服务:感兴趣的顾客要给特拉维斯·卡兰尼克发电子邮件,以获得该应用程序的访问权,在输入付款信息后,顾客可以叫一辆私人高级轿车。与传统的高级轿车服务不同,"UberCab"应用程序允许乘客追踪车的位置,还可以为司机导航至乘客的目的地。

在应用程序发布后,优步几乎立即开始建立牵引力,优步的超高便利性吸引了大批高管消费者。在此之前,大多数高管不得不提前预订昂贵的私家车,而优步让他们无论在哪里都能快速预订到车。一般来说,优步高级轿车的价格低于私人豪华轿车,但比一般的出租车要贵。当年年底,优步将"Cab"从其名字中删除,并拥有了成千上万通过优步乘车的用户。随着优步吸引了越来越多的乘客和司机,投资者也对该公司产生了兴趣。2011 年 2 月,优步获得了风投公司基准资本(Benchmark)1 100 万美元的融资。在确信自己的商业理念可以规模化之后,优步开始在美国乃至全球范围内扩张。2011 年 5 月,优步进入纽约市。同年晚些时候,优步在巴黎推出服务。

2012 年,优步推出了一项名为"UberX"的新服务。这是一个更便宜的服务版本,它允许司机驾驶他们的个人车辆而不是高级轿车来接送乘客。成为"UberX"司机要比成为"UberBlack"司机容易得多。"UberBlack"要求司机是有驾驶执照的豪华轿车运营商,而且他们的车辆必须符合优步的高级轿车服务标准,而所有"UberX"的司机只需要有驾驶执照、汽车保险和良好的驾驶记录。"UberX"定价通常比传统出租车的花费低 10% 左右。2014 年,优步推出了"UberPool"服务,该服务将去往同一方向的乘客配对在一起,这样他们就可以共乘一辆车完成这段路途。这种拼车服务可以为顾客节省约 50% 的出租车费用。

优步成功的关键在于其易用性。乘客只需下载这款应用程序,创建一个账户,并输入他们的支付信息即可。该应用程序能够显示附近可接单的司机,乘客只需输入目的地并按下与司机匹配的按钮即可召唤司机。乘客可以追踪所匹配司机的位置,查看司机的姓名和汽车信息,以及司机的服务质量评分。乘客可以拒绝评分低的司机。与乘客一样,司机有权拒绝评分过低的乘客。司机的应用程序还会显示乘客乘车需求旺盛的地点。在与司机匹配后的几分钟内,乘客就可以出发了。

旅程结束后,费用会从乘客的支付账户中自动扣除。除了预订费,优步还会扣除一笔约合车费 25% 的费用,这是一笔涵盖监管、安全和运营成本的固定费用。价格由乘车的时间和距离决定。为了平衡供需,优步还在乘客流量大的时候收取"峰时定价溢价",这一做法可使正常车费提高至 7 倍之多。优步的峰时定价已经引起一些乘客的不满和对价格公平性的担忧。2013 年,当东海岸遭遇大雪时,乘客在社交媒体上提交了他们峰时账单的截图,有些单程费用高达 400 美元。尽管乘客有顾虑,但优步仍保留了峰时定价作为细分市场的一种方式,也作为高需求时段吸引司机到特定地点的一种激励方式。

优步在全球的快速扩张遭到政策制定者和出租车行业的反对。许多官员质疑优步叫车服务的合法性,以及优步是否应该受到与出租车和豪华轿车服务同样的法律约束。由于"UberX""UberPool"的价格往往低于出租车的平均价格,出租车司机发现自己失去了很大一部分乘客。许多出租车司机还发现,他们需要接受更严格的背景调查,并购买许可证才能合法接送乘客,而优步的要求则宽松得多,这是不公平的。

在公司成立后的 10 年间,优步的增长速度惊人。2019 年,优步为全球 700 多个城市地区提供服务。如今,优步在全球拥有超过 1 亿用户。优步将便利性和公平定价相结合,彻底改变了世界各地的交通。除了拼车服务,优步还创立了涉足餐食配送服务的"UberEATS"。优步还宣布计划推出一项名为"UberElevate"的"空中拼车"服务。

资料来源:菲利普·科特勒,凯文·莱恩·凯勒,亚历山大·切尔内夫.营销管理[M].16 版.陆雄文,蒋青云,赵伟韬,等译.北京:中信出版集团,2022.

引例启示:今天的跨国企业优步是从 10 多年前创设一款可以呼叫出租车的智能手机应用程序开始的,它成功的一方面是因为在深入分析客户需求的基础上开发租车市场业务,另一方面是因为企业科学地利用了价格策略(如峰时定价溢价)。因此,企业花大力气研究并确定国际市场营销中的定价策略是十分必要的。

第一节　国际市场价格概述

一、国际市场价格的含义及种类

(一)国际市场价格的含义

国际市场价格也称为世界市场价格,是商品国际价值的货币表现。商品的国际价值是商品国际价格变动的基础和中心。人们常说的国际市场价格,是指国际市场上在一定时期内形成的、具有代表性的成交价格。

具有代表性的成交价格通常是指:

(1)某些国家市场集散中心或集散地商品的市场价格。

（2）某些商品主要出口国（或地区）具有代表性的出口价格。

（3）某些商品主要进口国（或地区）具有代表性的进口价格。

（4）某些重要商品的拍卖价格或开标价格等。

国际市场价格基本上是自发形成的，是由国际价值、货币价值或汇价、供求关系决定的。

（二）国际市场价格的种类

在国际市场上，许多大宗商品（主要是初级产品）都已形成了其具有一定代表性的国际市场价格。例如，以输出国为中心的集散地销售价格有纽约商品交易所的棉花价格、芝加哥商品交易所的小麦和大豆价格、沙特阿拉伯的原油价格、新加坡的橡胶价格、加拿大铝的出口价格、瑞士木材的出口价格等；以进口国为中心的集散地价格有伦敦市场的有色金属价格、鹿特丹市场的桐油价格、伦敦市场的茶叶价格等。它们是国际市场中应用最广泛、成交额最大的主要价格形式，具有很强的代表性和参考性。实际成交价格可分为现货价格和期货价格两种，具体包括交易所价格、拍卖价格、开标价格、协定价格、合同价格等。

1. 交易所价格

交易所价格是通过公开的价格竞争所形成的，能够反映市场供求变动趋势的一种具有代表性的国际市场价格，是企业制定初级产品国际市场价格的主要依据。各类商品交易所是历史上形成的国际贸易中心。一般来说，在交易所经营的商品主要是品质单一、规格标准的工业原料、矿产品和农产品。一天之内，交易所价格有开盘价、最高价、最低价、收盘价之分，在进出口贸易中习惯按收盘价格成交。

2. 拍卖价格

拍卖是国际上出售商品的一种方式，拍卖价格则是通过公开竞争形成的国际市场价格。世界性的产地拍卖市场有印度、东非的茶叶拍卖市场，澳大利亚的羊毛拍卖市场等，世界性的销售地拍卖市场有伦敦的茶叶和猪鬃等拍卖市场。

3. 开标价格

开标价格是以招标方式进行交易的成交价格。一些国家或大型企业在购进大批物资，或者购进价值较高的商品和机械设备，以及拟建某些大型工程时，往往以公告的方式向世界承包商招标。由于参加竞标者众多、竞争性强，开标价格往往会低于一般成交价格。

4. 协定价格

协定价格是政府之间就一定商品和劳务所签订的协定中确定的价格。一般情况下，由于协定中规定了特殊的交货条件和支付条件，协定中所规定的价格不同于国际市场价格。

5. 合同价格

合同价格是根据交易双方签订的购销合同所确定的价格。由于交易方式和支付手段不同，合同价格和种类也不同。合同价格一般不对外公布。它可以反映一定条件下的市场供求情况,但还与具体的成交商品的质量优劣、成交额的大小、支付条件、买主与卖主间的业务关系等因素直接有关,即具体的成交价格高低通常与商品质量的好坏成正比,与成交额的大小、业务关系的长短成反比。因此,合同价格不能作为世界市场价格信息或情报的重要来源。

这些具有一定代表性的国际市场价格,是国际市场营销企业了解国际市场价格变化的重要依据,也是国际市场营销企业在定价过程中的参考坐标。

二、国际市场价格的构成

国际市场价格仍然是由生产成本、流通费用、利润和税金构成的。但是,由于受国际商品或劳务的交换特点的影响,国际市场价格的构成相对要复杂一些。除了包含国内市场价格的各个要素,还包含国际运费、装卸费用,以及储存费用、保险费、关税、国外中间商的加成等。流通费用、利润、税金这三个要素在价格构成中所占的比重远远大于生产成本,这是国际市场价格在构成方面的一个特点。

国际市场商品的最终价格虽然还是由生产成本、流通费用、利润、税金等要素构成的,但是,受运输距离长、分销渠道长、中间人活动范围大,以及税收和外汇变动等因素的影响,国际市场商品的价格变化高于其国内价格变化,这就给国际市场营销企业在定价过程中造成了很大的障碍。

三、影响国际市场价格制定的因素

企业在国际市场的产品价格策略直接决定着企业的收益水平,同时也影响产品在国际市场的竞争力。产品一旦进入国际市场,就会受到运费、关税、进出口条件、政治形势、进出口法规等多方面随时变化的因素的影响,这就增加了国际市场价格制定的难度。世界商品要素在国际市场不能充分流动,并且世界市场是垄断竞争性市场,具有强大经济实力的垄断企业往往具有操纵价格的长期优势,加上各国政府对外贸政策的干预和汇率、税率等金融、财政调控措施,这些因素都影响着国际市场商品价格的形成。

企业制定国际市场价格是一个复杂的决策过程,受多种因素影响。一般而言,国际市场价格制定主要受到以下几大因素的影响。

(一) 企业定价目标

企业在制定国际市场价格时,应考虑企业的定价目标。定价目标既是企业国际市场营销目标的具体体现,又是影响定价策略的重要因素。企业的最终目标是收益最大化。但是在不同的阶段,企业又必须根据市场的具体变化相应地制定价格目标,只有如此,企业才能实现收益最大化的最终目标。常见的企业定价目标有以下几种。

1. 利润目标

利润最大化定价目标,是指企业将实现利润最大化作为自己本期的经营目标。如果企业希望以最快的速度收回初期开拓市场的投入并获取最大的利润,往往会在已知产品成本的基础上,为产品确定一个最高价格,以求在最短时间内获取最大利润。采用这种定价策略会使企业面临两种风险:第一,眼前利润最大化有可能会使企业丧失扩大市场份额的良好时机,损害企业的长远利益。第二,对产品需求弹性的测定和对产品生产、销售总成本的预计往往会有偏差,由此定出的价格可能不太准确,企业可能会因定价过高而达不到预期销售量,或者因定价低于可达到的最高售价而蒙受损失。

2. 市场目标

企业的市场目标是通过考察企业的市场占有率来制定价格策略。企业的市场占有率是决定企业盈利情况的最重要因素,其变化方向基本上与企业的盈利水平一致。一些企业认为,在一些特定的情况下,在一个较短的时期内,高市场占有率伴随的大量销售会导致生产与分销单位成本的持续下降,有助于提高企业的竞争力,因此企业将价格定得较低。在市场容量比较大的情况下,增加市场份额是很有远见的做法。企业增加了市场份额,销售额自然就上去了,销售额的提高,促进了产量的增加,从而产生规模效益,使得成本下降,有助于企业获得更大的竞争优势,进入良性循环之中。采用降低价格的方式来提高占有率的产品应该具有如下特点:①产品富于需求弹性,降价能促进销量增加;②价格能有效地吓退现实和潜在竞争者;③随着生产、销售规模的扩大,产品成本有明显的下降趋势。

3. 竞争目标

1)维持现状

当企业产品不被消费者了解,产品在市场销售不畅时,企业的产品定价目标是:只要出售产品的收入能弥补变动成本的支出,其价格就是能接受的。

若该产品在企业中的地位是主打产品,为维持企业生存和以后的"东山再起",可以此为权宜之计;若产品虽是主打产品,但是以创名牌为目的的,则应该加强营销策划,而不应该低价销售。例如,美国泛美航空公司在其破产的最后几年,曾尝试大幅度地打折,并对经常乘坐的乘客给予奖励,以避免衰败的命运。低收入的措施使美国泛美航空公司赢得了顾客,但即使如此,美国泛美航空公司还是因为没有吸引到足够的顾客而无法从危机中解脱出来。

2)避免竞争

避免竞争有两种情况,一种是处于弱势,将价格定得靠近主要竞争者,以避免价格竞争,这种情况比较常见;另一种是强势产品的避免竞争。例如,在 2000 年前后,格兰仕微波炉占有了我国 80% 的市场,成为我国微波炉的代名词;同时,由于格兰仕的挤压,微波炉的利润空间降到了谷底,韩国某知名品牌的一款微波炉的价格甚至低于 300 元。在这大好形势下,格兰仕不是乘胜进攻而是选择了暂时退却。格兰仕总部发出指令,减少其在我国东北地区的市场宣传,巩固和发展其他市场,将价格恢复到正常的市场水平。这一做法给其他企业"东山再起"的机会,我国一批中小企业纷纷进军东北地区,争夺沈阳和天津的市场份额。格兰仕经理层在解释这一战略时指出,其退让目的是培养民族品牌,是对本企业的鞭策和警惕。

(二) 产品成本

成本是影响价格的主要因素,包括生产成本、销售成本和储运成本。一般而言,商品的成本越低,其价格就越低,市场需求量也就越大。在一定的生产规模限度内,企业可以通过降低价格的方式来刺激需求,增加产量,以发挥规模经济和经验曲线的效益。

1. 生产成本

生产成本是指企业在生产产品时所投入的资本、劳动和原材料成本之和。企业需要在要素市场上购买这些生产成本。为了保持生产活动的盈利性,追求利润的企业会密切关注它的成本。企业的会计有责任计算出在每一产量水平上发生的总的成本。

2. 分销成本

产品从生产地最终流通到消费者手上,要经历相应的中间环节,期间必然要发生相应的费用。中间环节费用主要包括运输费用和支付给中间商的费用。运输费用主要取决于产品生产地和最终用户之间地理距离的远近以及运输难度的大小,中间商费用则取决于目标市场国家的市场分销体系与结构。在一些国家中,产品从企业流转到目标市场的渠道比较短,中间商负担的储运、促销等营销职能的成本也比较低。而在另外一些国家中,由于历史形成的原因,产品分销渠道较长,或者由于某些国家缺乏有效的分销系统,中间商进行货物分销必须负担较高的成本。

3. 运输成本

开展国际市场营销活动的买卖双方一般相距甚远,进出口货物从卖方所在地运到买方所在地时,往往需要经过长途运输,因此,在国际市场销售的产品,其运输费用的支出要远远高于在国内市场销售的产品。据统计,就整个国际贸易来说,全部运输成本平均可占到全部产品价值的 10%~15%,这个比重是很大的,特别是有些大宗商品,其运输费用在售价中所占的比重相当大。有时,长距离的高额运输费用甚至可能成为该产品国际市场价格上的主要构成部分。例如,荷兰的鲜花在日本东京售价竟高达 1 000~2 000 日元/束,这是因为为了保鲜,鲜花是当天从荷兰空运到东京的。因此,制定产品国际市场价格时必须把运输费用考虑进去,并注意国际市场运作状况。按照国际贸易惯例,我国企业进出口产品使用较多的是 FOB(离岸价格)、CFR(成本加运费)和 CIF(到岸价格)这三种方法。对于出口来说,使用较多的是后两种,通常由卖方负责支付运输费用。当运费看涨时,在 FOB 价格条件下,卖方只承担产品成本费,因此大宗商品的出口按 FOB 价格成交对卖方有利。当然,如果双方磋商不成,即需要使用 CIF 或 CFR 价格条件时,企业应把运输费用上涨的因素考虑进去,适当提高产品售价。

4. 关税

关税是当货物跨越国境时所缴纳的费用,是一种特殊形式的税收。关税是国际贸易中最普遍的成本之一，它对进出口货物的价格有直接的影响。征收关税可以增加政府的财政收入，而且可以保护本国市场。关税额的高低取决于关税率，可以按从量、从价或混合方式征收。事实上，产品缴纳的进口签证费、配额管理费等其他管理费用也是一个很大的数额，成为实际上的另一种关税。此外，各国还可能征收消费税、交易税、增值税和零售税等，这些税收也会影响产品的最终售价。不过，这些税收一般并不仅仅针对进口产品。

5. 通货膨胀

在高通货膨胀国家，成本可能比价格上涨得更快，而且政府往往为了抑制通货膨胀还会对价格、外汇交易等进行严格的管制。企业必须做好对成本价格和通货膨胀率的预测，在长期合同中规定价格调整的条款，并且尽量缩短向买方提供信用的期限。

6. 汇率成本

汇率波动是国际市场营销企业经常需要面对的问题之一，其风险成本也必须考虑。由于发达国家的货币基本采用浮动汇率制度，这些主要货币之间的比价变动使得人们很难准确地预测某种货币未来时期的确切价值。不少企业在订立合同时越来越强调以卖方国家的货币计价，而以保值为目的的外汇期货交易也变得越来越普遍。

7. 融资成本

国际市场营销的一项交易从买卖双方开始磋商到最后付款，耗费时间通常较长，容易造成企业资金的短缺，从而增加企业的资本成本。资本成本在不同的国家是不一样的，发达国家的利率通常要低于发展中国家。因此，如果企业使用利率较高国家当地的信贷来支持生产和营销，可能会用较高的价格把高利率成本转移到买方。在当今世界，寻求低成本的资金早已成为国际市场竞争的重要工具。低成本的资金就意味着低价格，就意味着企业可以在国际市场上增强其竞争优势。

（三）供求状况

产品的最低价格取决于该产品的成本费用，而最高价格则取决于产品的市场需求状况。各国的文化背景、自然环境、经济条件等因素的不同，决定了各国消费者对相同产品的消费偏好不尽相同。在特定市场上，对某一产品感兴趣的消费者的数量和他们的收入水平，对确定产品的最终价格有重要意义。即使是低收入消费群体，对某产品的迫切需要也会导致这种产品能够卖出高价。但仅有需求是不够的，价格还取决于消费者的支付能力。要想使制定的价格能实现企业定价目标，企业需要对目标市场消费者的消费习惯及收入分配情况进行深入研究。

（四）国际市场竞争状况

产品的最低价格取决于该产品的成本费用，最高价格取决于产品的市场需求状况。在上限和下限之间，企业能把这种产品价格定多高，则取决于竞争者提供的同种产品的价格水平。对许多产品来讲，国际市场的竞争状况是影响产品价格最为重要的因素。企业一方面要调查研究本企业产品和竞争对手产品在成本方面的差异,另一方面还要了解本企业产品和竞争对手产品在功能、质量、品牌、渠道等方面的差异。与国内市场不同,企业在国际市场面对着不同的竞争形势和竞争对手,竞争者的定价策略也千差万别。因此,企业就必须针对国际市场上不同的竞争状况制定相应的价格策略。竞争对企业自由定价造成了限制,企业不得不适应市场的价格。

按竞争程度的大小,市场可分为完全竞争、完全垄断、不完全竞争和寡头垄断四种类型,本书重点介绍前三种市场类型的价格策略。

1. 完全竞争

在完全竞争条件下,由于买卖双方对商品的价格均无影响力,价格只能随供求关系而定,为此,企业只能接受现实的价格。如果企业的价格高于市场价格,必然会产生需求厄运;反之,则会引起价格战,招来不必要的损失。在国际市场上,严格的完全竞争市场比较少见,并且只集中在少数几个产品上。

2. 完全垄断

在完全垄断条件下,由于某产品完全被一个垄断企业所控制,该企业拥有较大的定价自由。但是,垄断企业在制定价格时,也必须考虑高价格可能会引发消费者的反感和政府的干预。事实上,垄断企业的价格自由越来越受到限制。

3. 不完全竞争

在不完全竞争条件下,企业对价格的影响力是由其对市场的控制能力的大小决定的。这种控制能力大小的不同由一系列的差异导致,包括产品品质差异、企业形象差异、品牌差异、营销能力差异等。这些差异使消费者对企业产品产生偏好,从而促进了企业控制力的形成。企业进入和开拓国际市场的过程,就是通过上述差异影响消费者的过程。

在当前的国际市场上,一些大宗交易的物品,如谷物、石油、咖啡、矿砂以及金融服务等,基本上处于完全竞争状态,而一些高技术产品和稀缺资源产品等,基本上处于垄断状态,其余的绝大多数产品则处于不完全竞争状态。企业在完全竞争和不完全竞争的市场类型里制定价格时,不但要考虑市场性质,还要充分考虑竞争对手的价格策略。

（五）政府干预

国际市场营销中,政府干预对商品价格水平有重要影响。政府干预通常是指单个国家政府颁布价格管制、法律法规,或以其他形式进行的干预,或多个国家政府通过国际协定或利用国际组织,对某些产品的国际市场价格进行的干预。单个国家政府对市场价格的干预主要有以下三种形式。

1. 制定最高、最低价格

有的国家法律明文规定,商品售价不得低于其成本费用和政府规定的标高价之和。有的国家可能采取临时性的价格冻结来限制通货膨胀;有的国家则规定商品价格变动要接受管制措施,不能随意变动。对于进口商品,政府通过反倾销法规,对低价进口商品征收反倾销税,以保护国内市场价格和国内厂商利益;对于出口商品,政府则设置最低限价或协调价格,防止恶性降价争夺客户。例如,美国政府对公共设施的定价有严格限制,日本政府对制造商、批发商、零售商获取的毛利范围进行了规定,而我国政府对某些产品的定价亦有所控制。

2. 给予政府补贴

政府补贴分为直接补贴和间接补贴两种。直接补贴是政府对出口的制成品的补贴;间接补贴是对出口的制成品中的零部件、原材料等的补贴。世界贸易组织倾向于取缔出口补贴,但在一般情况下,并不禁止间接补贴。一般来说,政府多采用间接补贴的方式,其主要表现形式有:减免税收、出口退税、给予优惠信贷、配额制度等。这些政府行为无疑会对国际市场产品定价产生重大影响。

3. 参与市场买卖

政府直接出面或者通过代理机构,在国际市场上大量购进或抛售某种产品,以达到控制或影响该产品国际市场价格的目的。例如,西方工业国家在短期内对石油等重要原料和战略物资大量购买或抛售的行为。

多个国家政府对国际市场价格的干预主要发生在农副产品或工业原料市场。由于农副产品或工业原料的供给弹性和需求弹性均很小,市场价格波动频繁且剧烈,为了稳定市场价格和维护共同利益,主要生产国或出口国组成国际卡特尔,或者与主要进口国签订国际协议,共同对国际市场价格进行干预。例如,中东主要产油国组成石油输出国组织(OPEC),在成员国之间分配石油产量和出口限额,以影响国际市场油价的走势。可可、咖啡、小麦、糖、铜、锡等大宗农副产品或工业原料,也有类似的生产国组织或者出口协定,但其对国际市场价格变动的影响程度远不如石油输出国组织那么大。

总之,由于影响国际市场价格的因素复杂多样,既有经济因素,又有政治因素,而且变动频繁,难以及时准确地对其进行调查、分析和预测。因此,国际市场产品定价已成为各国国际市场营销企业面对的最复杂的决策问题之一。

第二节　国际市场的定价策略和方法

一、国际市场的定价策略

国际市场定价策略是指企业在营销活动中,根据自身条件变化及所处的国际市场环境的具体情况,运用价格策略来获取竞争优势地位的一种手段。在国际市场上,供求关系变化莫测,企业的定价策略亦应根据竞争形势随时调整。

（一）新产品定价策略

对于有专利保护的新产品的定价，企业可采用撇脂定价法和市场渗透定价法。

1. 撇脂定价法

撇脂定价法是指新产品上市之初，将价格定得较高，在短期内获取厚利，尽快收回投资的定价方法。该方法就像从牛奶中撇取所含的奶油一样，是一种取其精华的定价方法。从国际市场营销实践上看，企业可以在以下条件下采用撇脂定价法：

（1）产品是高新产品，或是专利保护的产品，或是独家经营、别无竞争者的产品。

（2）市场有足够的购买者，他们的需求缺乏弹性，即使把价格定得很高，市场需求也不会大量减少，或者高价带来的利益必须高于由高价造成的需求量下降而带来的损失。

（3）商品的价格与其质量相符，即高价推出的新产品在消费者心目中应该是优质产品、高档产品。

（4）企业的生产能力有限，以求通过高价限制消费者的需求量。

撇脂定价法适合需求弹性较小的细分市场，其优点包括：在新产品上市时，顾客对其无理性认识，企业可以利用较高价格提高身价，适应顾客求新心理，有助于开拓市场；在产品进入成熟期后，价格可分阶段逐步下降，有利于吸引新的购买者，主动性大；高价格有助于限制需求量过于迅速地增加，使其与企业生产能力相适应。撇脂定价法的缺点包括：不利于企业扩大市场、会很快招来竞争者、迫使价格下降。

2. 市场渗透定价法

市场渗透定价法与撇脂定价法相反，它是指企业在新产品打入市场之初将价格定得很低，以迅速打开销路，争取到更多的购买者，提高市场占有率。采取这一定价方法的优点有：新产品能迅速进入并占领新的国际市场，可以拥有价格方面的竞争优势，薄利多销可扩大产量、降低成本等。但市场渗透定价法亦有其不足，如不利于投资尽快地收回，以及不利于在消费者心目中塑造优质优价的产品形象。

从国际市场营销实践上看，企业可以在以下条件下采用市场渗透定价法：

（1）市场价格需求弹性大，消费者对产品价格较为敏感，降低价格确实可以起到刺激消费需求的作用。

（2）低价出售仍使企业有盈利的可能，并且不致引起竞争者的报复和倾销的指控。

（3）采用这种策略会使企业在短期内很难实现预期的收益目标，因而一定要对目标市场（国家或地区）的政治稳定性、政策的制定、汇率的变动等问题有一个总体与长期的把握。

当新产品没有显著特色、市场竞争激烈、消费者需求弹性较大时宜采用市场渗透定价法。

对于企业来说，采取撇脂定价法还是市场渗透定价法，需要综合考虑市场需求、竞争供给、市场潜力、价格弹性、产品特性，以及企业发展战略等因素。

（二）心理定价策略

企业在定价时可以利用消费者心理因素，有意识地将产品价格定得高些或低些，以满足消费者生理的和心理的、物质的和精神的多方面需求，通过消费者对企业产品的偏爱或忠诚，扩大市场销售、获得最大效益。心理定价策略的形式有以下几种。

1. 声望定价策略

声望定价，即针对消费者"便宜无好货、价高质必优"的心理，对在消费者心目中享有一定声望、具有较高信誉的产品制定高价。不少高级名牌产品和稀缺产品，如豪华轿车、高档手表、名牌时装、名人字画、珠宝古董等，在消费者心目中享有极高的声望价值。购买这些产品的人们往往不在乎产品价格，而他们最关心的是产品能否显示其身份和地位。价格越高，心理满足的程度也就越大。

一般来说，质量不易鉴别的商品的定价最适宜采用此定价策略，这是因为消费者有崇尚名牌的心理，往往以价格判断质量，认为高价代表高质量。但价格也不能高得离谱，使消费者不能接受。有报道称，在美国市场上，手工做的布鞋很受欢迎。但质量好、价格低的中国布鞋却竞争不过质量相对较差、价格却较高的韩国布鞋，这是因为在美国人眼里，低价就意味着低档次。

2. 尾数定价策略

由于消费者对数字认知的某种心理，定价时尽可能不要进位到整数，而应保留零头。例如，一件商品标价 299.30 元，一定比标价 300 元给顾客带来的吸引力更大。一方面，尾数定价会使消费者感觉价格较低；另一方面，消费者会认为产品价格是经过严格核算而制定的。目前，尾数定价策略在西方国家中已被相当普遍地应用。

3. 促销定价策略

促销定价策略主要是利用消费者"求廉"的心理，运用低价格策略进行促销。其具体包括：

（1）企业将某些商品的定价低于正常价格，甚至低于成本价。这些定价低廉的商品被称为"牺牲品"，这样做的目的是增加这部分产品的销量，而更主要的是通过这部分降价商品吸引顾客上门，使他们发现没有降价的那部分商品并产生兴趣，进而购买，最终达到促进全部产品销售的效果。

（2）企业不对商品实行直接的降价销售，而是通过提供现金回扣的方式，鼓励消费者进行大量购买。

（3）企业向长期、经常性购买的消费者提供一定数额的低息贷款，以此确保彼此之间较为稳定的供销关系，如美国福特汽车公司的汽车销售信贷。

4. 习惯定价策略

有些产品在长期的市场交换过程中已经形成了为消费者所适应的价格，称为习惯价格。企业在对这类产品定价时要充分考虑消费者的习惯倾向，采用"习惯成自然"的定价策略。对消费者已经习惯了的价格,不宜轻易变动,降低价格会使消费者怀疑产品质量是否有问题;提高价格会使消费者产生不满情绪,导致购买的转移。企业在不得不需要提价时,应采取改换包装或品牌等措施,缓解消费者的抵触心理,并引导消费者逐步形成新的习惯价格。

5. 招徕定价策略

招徕定价策略适应了消费者"求廉"的心理,将产品价格定得低于一般市价,个别的甚至低于成本,以吸引顾客、扩大销售。虽然几种低价产品不赚钱,甚至亏本,但从总体经济效益看,由于低价产品带动了其他产品的销售,企业还是有利可图的。企业在使用招徕定价策略时应注意以下几点:

(1)降价的商品应是消费者常用的,最好是适合于每一个家庭应用的物品,否则没有吸引力。

(2)实行招徕定价的商品,经营的品种要多,以便使顾客有较多的选购机会。

(3)降价商品的降低幅度要大,一般应接近成本或者低于成本。只有这样,才能引起消费者的注意和兴趣,才能激起消费者的购买欲望。

(4)降价品的数量要适当,数量太多使得商店亏损太大,数量太少又容易引起消费者的反感。

(5)降价品应与因伤残而削价的商品明显区别开来。

二、国际市场的定价方法

(一)成本导向定价法

成本导向定价法是一种主要根据产品的成本决定其销售价格的定价方法。其主要优点在于简便易用、比较公平。成本导向定价法的主要方法有以下几种。

1. 成本加成定价法

成本加成定价法是一种传统的产品定价方法,是以商品总成本为基础,加上一个百分比作为利润来确定价格的定价方法。其中,成本涵盖生产成本(包括固定成本与变动成本)和经营成本(包括销售费用、管理费用、运费、关税等)。

成本加成定价是企业最基本、最普遍采用的定价方法,这种方法简便易行、计算准确,但由于缺乏竞争性,没有考虑消费者的需要,是很难制定出最适宜的价格的。

2. 目标利润定价法

目标利润定价法也称为投资收益率定价法。它是根据企业的总成本和计划的总销售量,加上按投资收益率制定的目标利润作为销售价格的定价方法。

这种方法的实质是将利润看作产品成本的一部分来定价,将产品价格和企业的投资活动联系起来,一方面强化了企业经理的计划性,另一方面能较好地实现投资回收计划。国外大型的工业企业常采用这种方法,因为其投资大、业务具有垄断性,又与公众利益息息相关,所以政府对它的定价有一定的限制。

企业使用目标收益率定价法,要先估算出不同产量的总成本和未来阶段总销售量(或总产量),然后决定期望达到的收益率,才能制定出价格。

在目标利润定价法中,价格与销量的关系是由需求弹性决定的。因此,在采用此法时,要明确:①要实现的目标利润是多少;②大致的需求弹性是多少,最后才能考虑价格,把价格定在能使企业实现目标利润的水平上。

目标利润定价法的不足之处在于,价格是根据估计的销售量计算的,而在实际操作中,价格的高低反过来对销售量有很大影响。销售量的预计是否准确,对最终市场状况有很大影响。企业必须在价格与销售量之间寻求平衡,从而确保用所定价格来实现预期销售量的目标。

(二)需求导向定价法

1. 价值定价法

价值定价法是指尽量让产品的价格反映产品的实际价值、以合理的定价提供合适的质量和良好的服务组合的一种定价方法。这种方法兴起于 20 世纪 90 年代,被麦卡锡称为是市场导向的战略计划中最好的定价方法。价值定价与认知价值定价是有区别的,消费者对企业产品的认知价值是主观的感知,并不等于企业产品的客观的真实价值,有时两者之间甚至会有较大的偏离。企业价值定价的目标就是尽量缩小这一差距,而不是通过营销手段使这一差距向有利于企业的方向扩大。企业要让顾客在物有所值的感觉中购买商品,以长期保持顾客对企业产品的忠诚。

尽管价值定价法符合企业和顾客双方的利益,它在实际应用中却存在较大的困难,这是因为很多企业并不了解自己的产品能给消费者带来多少价值,而且事实上同一个产品让不同的顾客感受到的价值是有差异的。因此,要做好价值定价,企业首先必须站在顾客的角度去了解产品能带来的实际价值,其次还必须要有足够的理由让顾客相信产品的定价和其价值相符。例如,一个生产高质量自控机床的企业应该有足够的数据让顾客相信,与购买普通机床相比,买一台自控机床可以节省质量控制成本及劳动力成本,而高质量机床则可以比普通质量的机床节约不少修理成本。如果消费者认为购买高质量自控机床所支付的溢价大于使用它所节约的成本,那么他们就会愿意支付较高的价格去购买它。

在零售业中,沃尔玛被认为是实施价值定价法的成功典范。它的"天天低价"策略比传统零售商的"高—低"定价策略(即平时的定价较高,但频繁地进行促销,使选定商品的价格有时会低于沃尔玛的价格)更加受顾客青睐。值得强调的是,低价是相对于商品的质量及服务而言的,任何以牺牲质量为代价的低价是价值定价法所反对的。此外,价值定价法不仅仅只涉及定价决策,如果企业无法让消费者在现有的价格下感觉到物有所值,那么企业就必须对产品重新设计、重新包装、重新定位以及在保证有满意利润的前提下重新定价。

2. 倒推定价法

倒推定价法不以实际成本为主要依据,而以市场需求为定价的出发点。它是指依据消费者能够接受的最终销售价格,考虑中间商的成本及正常利润后,逆向推算出中间商的批发价和生产企业的出厂价格。

显然这一方法仍然是建立在最终消费者对商品认知价值的基础上的。它的特点有:①价格能反映市场需求情况;②有利于加强与中间商的良好关系,保证中间商的正常利润,使产品迅速向市场渗透;③企业应根据市场供求情况及时调整定价,定价比较简单、灵活。这种定价方法特别适用于需求价格弹性大、花色品种多、产品更新快、市场竞争激烈的商品。

3. 差别定价法

差别定价法是指一些企业依据企业自身及产品的差异性,特意制定出高于或低于市场竞争者的价格,甚至直接利用低价格作为企业产品的差异特征的定价方法。主动降价的企业一般处于进攻地位,这就要求它们必须具备真正的实力,不能以牺牲顾客价值和顾客满意度为降价的代价。而实施高价战略的企业则只有保证本企业的产品具备真正有价值的差异性,才能使企业在长期竞争中立于不败之地。

(三) 竞争导向定价法

1. 随行就市定价法

以竞争为导向定价的企业大多采用随行就市定价法,按同行业的市场平均价格或市场流行的价格来定价。在完全竞争市场中,由于任何企业都无法独立影响市场价格,它们在定价时只能"随行就市";在垄断竞争市场中,一些产品没有显著差异的中小企业经常根据在市场中担任"价格领袖"的大企业的产品价格来定价,它们没有实力用价格手段与大企业竞争,只能充当市场追随者的角色;而在寡头垄断市场中,各竞争企业相互比较了解,各企业在长期的互相试探中可能形成一定的价格默契,任何一家企业都不会贸然改变价格,以避免可能产生的恶性竞争。

随行就市定价法具有以下优点。首先,流行价格水平代表了整个行业或部门中所有企业的集体智慧,在成本接近、产品差异小、交易条件基本相同的情况下,采用这种定价方法可以保证各企业获得平均利润。其次,各企业价格保持一致,易于与同行竞争者和平相处,避免价格战和竞争者之间的报复,也有利于在和谐的气氛中促进整个行业的稳定发展。最后,在竞争激烈、市场供求复杂的情况下,单家企业不易了解消费者和竞争者对价格变化的反应,采用随行就市定价法既可为企业节约调研时间和费用,又可避免因市场价格突然变动而带来的风险,是一种较为稳妥的定价方法。

2. 密封投标定价法

当多家供应商竞争企业的同一个采购项目时,企业经常采用招标的方式来选择供应商。供应商对标的物的报价是决定竞标成功与否的关键。尽管各供应商在报价时会考虑产品的成本因素,预测竞争者的报价却是非常重要的,特别是在竞争者之间的实力不存在很大差别的情况下更是如此。价格报得过高自然会得到更多的利润,但是却减少了中标的可能性;反之,则可能由于急于中标而失去可能得到的利润。很多企业在投标前往往会拟定几套方案,计算出各方案的利润并根据对竞争者的了解,预测出各方案可能中标的概率,然后计算各方案的期望利润,选择期望值最大的投标方案。

第三节　国际市场的价格调整

在国际市场上,产品价格的稳定是相对的,其变动是绝对的。产品价格确定后并不是固定不变的,随着销售时间、销售地点、目标市场、市场供求、定价目标等诸多因素的变化,企业也需要对产品价格作相应的调整。

一、企业降价策略与提价策略

随着社会进步、新技术的应用、市场复杂化以及人们对经济现象认识的理性化,企业间的竞争内容和手段都不断向更深层次、多方位发展。价格竞争就是一种传统的、有效的竞争方式。当市场环境和竞争对手的价格发生变动时,企业必须对现行价格予以适当调整,才能提高产品市场竞争力。

企业产品价格调整的动力既可能来自内部,又可能来自外部。倘若企业利用自身产品成本优势,主动地对价格予以调整,将价格作为竞争的利器,这称为主动变价。倘若价格的调整是出于应对竞争的需要,即竞争对手主动调整价格,而企业相应被动地调整价格,这称为应对变价。无论是主动变价还是应对变价,其形式不外乎降价和提价两种。

(一) 降价策略

企业降价的原因有很多,有外部需求及竞争等因素的变化,也有内部的战略转变、成本变化等,还有国家政策、法令的制约和干预等。企业对其产品进行降价的原因主要有以下几个方面:

(1) 企业急需回笼大量现金。此时,企业可以通过对某些需求价格弹性大的产品予以大幅度降价,从而增加销售额,获取现金。

(2) 企业通过降价来开拓新市场。一种产品的潜在顾客往往由于消费水平的限制而阻碍其转化为现实顾客。在不对原顾客产生影响的前提下,企业可以通过降价来增加新顾客。

(3) 企业生产能力过剩,产品供过于求,但是企业又无法通过产品改进和加强促销等工作来提高销售量。在这种情况下,企业只有考虑降价。

(4) 随着科学技术的进步和企业经营管理水平的提高,单位产品成本降低,企业费用减少,这使降价成为可能。

（5）企业面临价格竞争并且市场占有率下降。例如，在国际市场上，美国的汽车、电子产品、照相机、钟表行业由于日本竞争者的产品质量较高、价格较低，而逐渐失去一部分市场。因此，为了增强市场竞争力，以及维持和提高市场占有率，企业必须降价。

（6）政治、法律环境及经济形势的变化迫使企业降价。政府为了实现物价总水平的下调，鼓励消费，增加需求，或者遏制垄断利润，往往通过政策和法令，采用规定毛利率和最高价格、限制价格变化等方式使企业的价格水平下调。在通货紧缩的经济形势下，或者在市场疲软、经济萧条时期，由于币值上升，价格总水平下降，企业产品价格也应随之降低，以适应消费者的购买水平。

企业降价多采用各种折扣形式实现。此外，变相的降价形式有赠送样品和优惠券；实行有奖销售；给中间商提取推销奖金；允许顾客分期付款；赊销；可免费送货上门，提供技术培训、维修咨询；提高产品质量，改进产品性能，增加产品用途等。由于这些降价方式具有较强的灵活性，在市场环境发生变化时，即使取消也不会引起消费者太大的反感，同时它又是一种促销策略，因此，在现代经营活动中其运用越来越广泛。

（二）提价策略

提价能增加企业的利润，但也可能引起竞争力下降、消费者不满、经销商抱怨，甚至可能受到政府的干预和同行的指责，从而对企业产生不利影响。尽管如此，在实践中，企业提价还是时有发生的，其主要动因在于以下几点：

（1）产品成本增加，这是所有产品价格上涨的主要原因。由于原材料价格上涨，或者生产管理费用提高，导致成本上涨，企业为了保持一定的利润率，通常采取提价策略。

（2）通货膨胀。在通货膨胀条件下，物价上涨，企业成本费用提高，企业若维持原价，其利润的实际价值就会呈下降趋势。此时，企业往往通过提价将通货膨胀的压力转移给中间商和消费者。

（3）产品供不应求，企业通过提价来抑制过度消费。在某些产品的需求膨胀而供给又不能及时扩大，从而出现供不应求的情况下，企业可以通过提价来遏制需求，以缓解市场压力，使供求趋于平衡，同时又可以取得高额利润，为扩大生产提供条件。

在时机的选择上，可以使产品在市场上处于优势地位、产品进入成长期、季节性商品达到销售旺季、竞争对手产品提价等情况下提价。在方式的选择上，企业应尽可能多地采用间接提价方式，把提价的不利影响减少到最低程度，使提价不影响销量和利润。同时，企业提价时应通过各种渠道向顾客说明提价的原因，并帮助顾客寻找节约途径，以减少顾客不满，维护企业形象。

至于价格调整的幅度，需考虑的最重要的因素是消费者的反应。这是因为产品价格调整的目的是促进销售，只有根据消费者的反应调价才能收到良好的效果。

二、消费者对价格调整的反应

企业确定的价格能否被消费者接受是衡量价格调整成功与否的重要标志。不同市场的消费者对价格变动的反应是不同的,即使处在同一市场的消费者对价格变动的反应也可能不同。

消费者对产品降价的可能反应包括:①产品将因式样陈旧、质量低劣而被淘汰;②企业遇到财务困难,很快将会停产或转产;③产品价格还要进一步下降;④产品成本降低了。

消费者对于产品提价则可能产生如下几种理解:①很多人购买这种产品,应赶紧购买以免价格继续上涨;②产品质量有了改进;③企业将高价作为一种策略,以树立名牌形象;④企业想取得更多利润;⑤通货膨胀,产品提价很正常。

企业必须重视消费者对调价的反应,并据此制定相应的策略。从理论上说,可以通过需求价格弹性来分析消费者对价格变动的反应,弹性大则反应强烈,弹性小则反应微弱。但在实践中,价格弹性的统计和测定非常困难,其准确度常常取决于消费者预期价格、价格原有水平、价格变化趋势、竞争格局,以及产品生命周期等多种复杂因素,并且会随着时间和地点的改变而不断变化,企业难以分析、计算和把握。因此,研究消费者对调价的反应,多是注重分析消费者的价格意识。价格意识是指消费者对商品价格高低强弱的感觉程度,直接表现为消费者对价格的敏感程度。研究表明,价格意识和收入呈负相关关系,即收入越低,价格意识越强,价格的变动直接影响需求量;收入越高,价格意识越弱,价格的一般调整不会对需求产生较大的影响。价格意识决定了消费者可接受的产品价格的界限,这一界限明确了企业可以调价的上下限度。在这一限度内的价格变动是可以被消费者接受的;而一旦提价幅度超过上限,则会引起消费者不满,产生抵触情绪;降价幅度若低于下限,会导致消费者的种种疑虑,也会对实际购买行为产生抑制作用。

三、竞争者对价格调整的反应

在竞争市场上,企业调价的效果还取决于竞争者的反应。通常,在某个行业或部门中,企业越少,产品的同质性越强,购买者对产品的辨别水平越高,了解竞争者反应的重要性就越大。竞争者对调价的反应包括以下几种类型。

1. 相向式反应

相向式反应,即"你提价他也提价,你降价他也降价"。这样一致的行为对企业产生的影响不太大,不会导致严重后果。只要采取合理的营销策略,企业不会丢失市场或减少市场份额。

2. 逆向式反应

逆向式反应,即"你提价,他降价或维持原价不变;你降价,他提价或维持原价不变"。这种相互冲突的行为对企业产生的影响很大,竞争者的目的也十分明了,就是乘机争夺市场。对此,企业要进行调查分析,摸清竞争者的具体目的,估计其实力,了解市场的竞争格局。

3. 交叉式反应

竞争者众多，对企业调价反应不一，有相向的，有逆向的，有不变的，情况错综复杂。企业在进行价格调整时应注意提高产品质量、加强广告宣传、保持分销渠道畅通等。

总的来说，如果所有的竞争者行为相似，企业只需分析一个典型竞争者就可以了。如果竞争者在规模、市场份额及经营风格方面有重大差异，企业则应该分别对各个竞争者进行分析。

企业要了解竞争者对调价的反应，必须调查竞争对手目前的财务状况、近来的销售及生产能力情况、客户忠诚情况等，其中最关键的是要弄清楚竞争者的营销目标。如果竞争对手的目标是实现企业的长期最大利润，那么它往往不会对本企业的降价策略作多大反应，而会利用非价格因素，如加强广告宣传、提高产品质量和服务水平等；如果竞争者的目标是提高市场占有率，它就可能跟随本企业的价格变动相应调整价格。

四、企业对竞争者调价的反应

在市场竞争条件下，企业必须具备对竞争对手的价格调整作出及时正确反应的能力。竞争对手在实施价格调整策略之前，一般都要仔细权衡利弊，并大多采取保密措施，以保证发动价格竞争的突然性。在这种情况下，企业贸然跟进或无动于衷都是不对的，正确的做法是尽快地对以下问题进行调查研究：第一，竞争者调价的目的。第二，竞争者调价是长期的还是短期的。第三，竞争者调价将对本企业的市场占有率、销售量、利润、声誉等方面产生的影响。第四，同行业的其他企业对竞争者调价行动的反应。第五，企业的反应方案。第六，竞争者对企业每一个反应的可能反应。

一般而言，在同质产品市场上，如果竞争者降价，企业必须随之降价，否则顾客将转向价格较低的竞争者；如果竞争者提价，企业既可以跟进，又可以暂且观望，这是因为提价不是行业的集体行为，多数会失败。在异质产品市场上，由于每家企业的产品在质量、品牌、包装等方面有着明显的不同，面对竞争者的调价策略，企业有较大的选择余地。它包括如下几种情况：第一，价格不变，任其自然。以不变应万变，寻找机会谋求更大的突破。一般实力较强的企业为巩固和稳定本企业产品高质、优价的地位都会使用这一策略。另外，对需求价格弹性小的产品，企业也可维持价格不变。第二，价格不变，运用非价格竞争手段。例如，加强广告攻势，强化售后服务，提高产品质量，或者对产品进行改进。第三，部分或完全跟随竞争者的价格变动，维持原来的市场格局，巩固已有的市场地位。第四，以优于竞争者的价格跟进，即以比竞争者更大的幅度削价或以更小的幅度提价，并强化非价格竞争，形成产品差异，利用较强的经济实力或优越的市场地位，给竞争者以致命打击。

五、价格升级

与在国内销售的产品相比，出口到国际市场上的产品会面临更多的成本和费用，如需要更多的运输和保险费用,需要更多的中间商和更长的分销渠道涉及的服务费用,还需要支付出口所需的各种手续费和进口税。以上各种费用都作为成本费用加在产品的最终售价上,从而导致了产品在国际市场上的最终价格要比国内销售价格高很多的现象。这种外销成本的逐渐增加所形成的出口价格逐步上涨的现象被称为价格升级。

产品外销价格的巨大差异是由国际销售比国内销售增加的营销职能决定的。出口过程中各环节费用的逐渐增加是造成价格升级的根本原因,但这并不意味着企业将产品销往国外就能得到更多的利润。

价格升级并没有给出口企业带来任何额外的利润。相反,由于价格升级,企业目标市场的消费者需要花高价购买同样的商品。高价格抑制了需求,从而减少了企业产品的销售量,对生产企业本身产生不利的影响。因此,企业要努力采取措施来抑制价格的逐步升级。常用的方法有以下几种:

(1)降低净售价,即通过降低净售价的方法来抵销关税和运费。但这种策略常常行不通,一是因为减价可能使企业遭受严重的损失;二是企业这种行为可能被判定为倾销,被进口国政府征收反倾销税,使价格优势化为泡影,起不到扩大销量的作用。

(2)改变产品形式。例如,企业可以将零部件运到进口国,在当地组装,这样可以按照比较低的税率缴纳关税,在一定程度上减轻关税负担,从而使价格降低。

(3)在国外建厂生产。这样可以在很大程度上减少运费、关税、中间商毛利等价格升级造成的影响,但这需要较高的资金投入和管理投入,企业面临的风险较高。

(4)缩短分销渠道。企业可以通过缩短分销渠道来减少交易次数,从而减少一部分中间费用。但是,有时渠道虽然缩短了,成本却未必会降低。这是因为许多营销的职能无法取消,仍然会有成本支出。在按照交易次数征收交易税的国家,企业可以采用这种办法来减少缴税。

(5)降低产品质量,即取消产品的某些成本昂贵的功能特性,甚至全面降低产品质量。一些发达国家需要的产品功能在发展中国家可能会显得多余,取消这些产品功能可以达到降低成本、控制价格的目的。降低产品质量也可以降低产品的制造成本,不过这样做有一定的风险,企业决策时一定要慎重。

本 章 小 结

(1)国际市场价格也称为世界市场价格,是商品国际价值的货币表现。商品的国际价值是商品国际价格变动的基础和中心。人们常说的国际价格是指国际市场上在一定时期内形成的具有代表性的成交价格。实际成交价格可分为现货价格和期货价格两种,具体包括交易所价格、拍卖价格、开标价格、协定价格、合同价格等。

(2)企业进行国际市场定价是一个复杂的决策过程,受多种因素影响。一般而言,国际市场的定价主要受到企业定价目标、产品成本、供求状况、国际市场竞争状况、政策干预等因素的影响。

（3）国际市场定价策略是指企业在营销活动中，根据自身条件变化及所处的国际市场环境的具体情况，运用价格策略来获取竞争中的优势地位的一种手段，常用的有新产品定价策略和心理定价策略。国际市场定价方法有成本导向定价法、需求导向定价法和竞争导向定价法。

（4）在国际市场上，产品价格的稳定是相对的，其变动是绝对的。产品价格确定后并不是固定不变的，随着销售时间、销售地点、目标市场、市场供求、定价目标等诸多因素的变化，企业也需要对产品价格作相应的调整，这包括了企业降价与提价两种策略。价格调整会引起消费者、竞争者和企业本身的反应。

（5）产品进入国际市场后，由于面临更多的成本和费用，其在国际市场上的最终价格要比国内销售价格高很多的现象，即价格升级。为抑制价格升级，企业可以采用以下几种方法：第一，降低净售价，即通过降低净售价的方法来抵减关税和运费。第二，改变产品形式。第三，在国外建厂生产。第四，缩短分销渠道。第五，降低产品质量，即取消产品的某些成本昂贵的功能特性，甚至全面降低产品质量。

课 后 练 习

一、判断题

1. 定价目标既是企业国际市场营销目标的具体体现，又是影响定价策略的重要因素。　　　　　　　　　　　　　　　　　　　　　　　　　　　（　　）

2. 产品的最低价格取决于产品的市场需求状况。　　　　　　　　　（　　）

3. 产品的最高价格取决于该产品的成本费用。　　　　　　　　　　（　　）

4. 在完全竞争条件下，价格只能随供求关系而定。　　　　　　　　（　　）

5. 在完全竞争和不完全竞争的市场类型里，企业在制定价格时，不但要考虑市场性质，还要充分考虑竞争对手的价格策略。　　　　　　　　　　　　　　（　　）

6. 成本加成定价法简便易行、计算准确，是企业最基本、最普遍采用的定价方法。
　　　　　　　　　　　　　　　　　　　　　　　　　　　　　　（　　）

7. 在目标利润定价法中，价格与销量的关系与需求弹性无关。　　　（　　）

8. 造成价格升级的根本原因是出口过程中各环节费用的逐渐增加。（　　）

9. 在按照交易次数征收交易税的国家，企业可以采用缩短分销渠道的方法来减少缴税。　　　　　　　　　　　　　　　　　　　　　　　　　　　　　（　　）

10. 差别定价法特别适用于需求价格弹性大、花色品种多、产品更新快、市场竞争激烈的商品。　　　　　　　　　　　　　　　　　　　　　　　　　　　　（　　）

二、单项选择题

1. 企业将实现利润最大化作为自己本期的经营目标,这属于(　　)。

A. 利润目标　　　　B. 市场目标　　　　C. 竞争目标　　　　D. 价格目标

2. 下列各项中,属于采用降低价格能提高占有率的产品的特点是(　　)。

A. 价格能有效地吓退现实和潜在竞争者

B. 随着生产、销售规模的扩大,产品成本有明显的上升

C. 产品缺乏需求弹性

D. 无法确定

3. 成本是影响价格的主要因素,包括生产成本、销售成本和(　　)。

A. 原材料成本　　　B. 储运成本　　　　C. 服务成本　　　　D. 维修成本

4. 成本加成定价法的成本加成就是以(　　)为基础,再加上一个百分比作为利润来确定价格。

A. 储运成本　　　　B. 经营成本　　　　C. 商品总成本　　　　D. 服务成本

5. 目标利润定价法是根据企业的总成本和计划的总销售量,加上以(　　)制定的目标利润作为销售价格的定价方法。

A. 投资成本　　　　B. 投资收益率　　　C. 投资风险率　　　　D. 投资占有率

6. 倒推定价法是以(　　)作为定价的出发点。

A. 生产成本　　　　B. 实际成本　　　　C. 投资收益率　　　　D. 市场需求

7. 价值定价是指尽量让产品的价格反映产品的实际价值,以合理的定价提供合适的(　　)和良好的服务组合。

A. 价格　　　　　　B. 销售　　　　　　C. 质量　　　　　　D. 售后

8. 任何以牺牲质量为代价的低价正是价值定价法所(　　)的。

A. 支持　　　　　　B. 反对　　　　　　C. 无影响　　　　　　D. 视情况而定

9. 采用随行就市定价法可以保证各企业获得(　　)。

A. 低于平均利润　　　　　　　　　　B. 平均利润

C. 高于平均利润　　　　　　　　　　D. 无法确定

10. 下列各项中,不属于降低价格升级的途径的是(　　)。

A. 降低净售价　　　　　　　　　　　B. 改变产品形式

C. 扩张分销渠道　　　　　　　　　　D. 在国外建厂生产

三、多项选择题

1. 下列各项中,属于成本的有(　　)。

A. 生产成本　　　　B. 销售成本　　　　C. 储运成本　　　　D. 关税

E. 担保费

2. 市场竞争按其程度大小可分为(　　)。

A. 完全竞争　　　B. 完全垄断　　　C. 不完全竞争　　　D. 寡头垄断

E. 自由竞争

3. 在不完全竞争条件下,企业对市场的控制能力因一系列的差异而形成,这些差异有(　　　)。

A. 产品品质差异　　　　　　　　B. 企业形象差异

C. 品牌差异　　　　　　　　　　D. 营销能力差异

E. 顾客购买力差异

4. 倒推定价法特别适用于(　　　)的商品。

A. 需求价格弹性小　　　　　　　B. 花色品种多

C. 产品更新快　　　　　　　　　D. 市场竞争激烈

E. 非标准产品

5. 抑制价格升级的途径包括(　　　)。

A. 降低净售价　　　　　　　　　B. 降低产品质量

C. 在国外建厂生产　　　　　　　D. 改变产品形式

E. 减少服务投入

四、问答题

1. 企业常用的定价目标有哪些?

2. 常用的国际市场定价方法有哪些?

3. 抑制价格升级的途径有哪些?

五、案例分析题

奢侈品的"全价策略"

"在理想世界里,奢侈品牌永远不会想要打折,这样它们才能在消费者心中建立起价格和品牌价值对等的公式",投资管理公司伯恩斯坦(Bernstein)的资深奢侈品分析师卢卡·索尔卡(Luca Solca)曾就奢侈品牌打折现象这样评论道。

《华丽志》观察到自 2021 年以来,"全价策略"一词在各大时尚和奢侈品牌的财务报告中的提及率越来越高。通过研究 Kering、Prada、Burberry 等奢侈品牌集团,以及英国奢侈品电商 Farfetch 最近两年的财务报告,结合欧美奢侈品行业权威机构的分析,本文将探究以下问题。

一、受益于"全价策略"的奢侈品企业

1. Prada 集团

意大利奢侈品集团 Prada 主要通过限制门店折扣的方式实行"全价策略"。

2019 年 3 月,Prada 宣布在直营门店停止季末促销活动。从 2019 下半财年起,Prada 和 Miu Miu 品牌在所有市场和品类上都加速了全价销售。

集团首席执行官帕特里齐奥·贝尔泰利(Patrizio Bertelli)在 2019 年 3 月的电话会

议上直言："取消降价促销活动将使我们获得更高的利润。"

2019 财年全年,Prada 取消直营门店降价促销的举措收获了市场的积极反馈,全价销售同比增长 9%。2021 财年,Prada 继续受益于全价商品的销售,零售销售额为 29.31 亿欧元,同比增长了 40%,比 2019 年增长了 15%。

2. Burberry 集团

英国奢侈品集团 Burberry 的"全价策略"则聚焦其两大核心品类:外套和皮具。

2016 年,马尔科·戈贝蒂(Marco Gobbetti)上任首席执行官后实施了一系列战略举措,包括削减批发客户、把重点放在全价销售上、取消降价等。

Burberry 在近两年的财务报告中都肯定了全价策略带来的积极影响。2022 财年第三季度的财务报告显示,在产品方面,外套的正价销售额较同期增长了 38%;皮具产品正价销售额较新冠病毒感染前同期增长 9%。

在渠道方面,Burberry 可比正价门店销售额较 2020 财年同期增长 26%(较 2022 财年第二季度增长 10%);线上渠道全价销售额与 2020 财年同期相比实现了两位数增长。

然而,卢卡·索尔卡于 2021 年 12 月底表示,尽管"Burberry 取消了店内折扣,更严格地控制全价销售,其折扣销售占比仍高于欧洲同行。"预计"Burberry 大约 30% 至 40% 的销售额和可能超过 50% 的利润都依赖于折扣销售。"

3. Kering 集团

2022 年 2 月底,法国奢侈品巨头 Kering 董事长兼首席执行官弗朗索瓦-亨利·皮诺特(Francois-Henri Pinault)表示,将停止旗下品牌所有线上的批发业务。未来,Kering 将专注于电子商务领域的跨业务增长平台,如线上特许经营。

事实上,Kering 很早就开始通过重整批发网络、收紧分销控制权的方式,使全价销售高度渗透零售和批发渠道。

自 2017 年以来,Kering 旗下旗舰品牌 Gucci 就一直在大幅削减其批发业务。自 2021 年起,Yves Saint Laurent 和 Bottega Veneta 也加强了对分销商的控制,并且对批发商数量进行了合理化调整。

在伯恩斯坦《全球奢侈品 2021 年 10 月"定价纪律"指数》中,卢卡·索尔卡指出:"这是自我们开始跟踪定价规则以来,Bottega Veneta 第一次没有在门店打折销售商品",但 Bottega Veneta "在(第三方经营的)折扣渠道销售中排名第一,这表明他们的全价原则对其余分销渠道有直接的积极影响"。

Kering 最新发布的 2021 财年全年财务报告指出,Gucci 的分销渠道改革成果显著,零售渠道销售额同比增长 37%,比 2019 年同期增长了 10%,此外,品牌几乎完成了批发渠道的精简工作,批发渠道销售额同比下降了 10%,比 2019 年同期下降了 39%。

同时,Yves Saint Laurent 从 2021 年年初开始精简第三方分销渠道的战略也取得了明显成效,直营门店的销售额同比增幅达到 55%,相比 2019 年同期增长了 35%。

至于 Bottega Veneta,Kering 在 2021 年 10 月公布的 2021 年第三季度财务报告中指出,该品牌的"全球品牌战略及其专注于独家经营、控制分销渠道和全价销售"正在获得回报,表现为"所有地区和产品类别的销售都取得成功,并接近两位数增长"。

4. Farfetch 电商集团

除上述奢侈品集团外,近年来,以 Farfetch 为代表的一些奢侈品电商亦加入了"全价"阵营。

2018 年 11 月,Farfetch 创始人兼首席执行官何塞·内维斯(José Neves)在中国香港出席行业峰会时,就开始号召奢侈品牌停止在百货公司提供促销折扣。

2022 年 2 月,在 Farfetch 发布 2021 年财务报告后的电话会议上,首席执行官何塞·内维斯特别指出,"全价策略"对于集团扭亏为盈起到了非常重要的作用。"我们平台上排名前十的品牌中,有 5 个遵循全价策略。而我们旗下的'BrownsFashion'网站上一年前就取消了所有的降价促销。"

二、"全价策略"背后的驱动因素

1. 阻止行业进入"恶性循环"

2020 年 5 月,一个由设计师、公司高管、零售商以及其他产业相关人士组成的全球团体发表了一封致时尚产业的公开信,呼吁零售商"实行更多全价销售"。

时任中国香港买手制时尚零售公司 Lane Crawford 总裁安德鲁·基思(Andrew Keith)解释道:"2020 年 3 月底,我收到一封来自某家电商平台的通知,他们表示将以七五折的价格开始销售所有春夏系列服装,我当时仿佛可以预见这个小小的举动将打开所有零售商打折的闸门,就像 2008 年全球金融危机时,美国的一家百货公司开始打折销售,其他零售商只得被迫效仿"。

参与公开信签署的美国设计师品牌 Thom Browne 首席执行官罗德里戈·巴赞(Rodrigo Bazan)表示:"我们在产品设计、开发、制造、营销、展示和零售上花了那么多心血,零售商过早地实行大幅折扣对我们来说是不公平的"。

2. 保持品牌的"被渴望度"

在许多设计师和奢侈品牌高管看来,产品打折最直观的负面影响就是使顾客开始依赖折扣价。降价可能在短期内对消费者具有吸引力,但如果品牌经常性在季末实行两折促销活动,消费者自然希望这样的低价成为常态。

从更深的层面看,奢侈品频繁打折还将带来一个长期且最为致命的影响——破坏品牌资产。澳大利亚定制女装品牌 St.Agni 曾指出,高于 30% 的折扣就会损害品牌价值。

奢侈品牌始终通过优质的制作工艺、原料品质、好的服务以及令人惊叹的视觉故事为顾客创造梦想和渴望,频繁的打折无疑会让奢侈品牌扼杀了自己的被渴望程度。因此,奢侈品牌应该更加谨慎地平衡产品价格和品牌认知之间的关系。

卢卡·索尔卡认为:"那些折扣力度很大的品牌其实是在'假装'产品原价已经处于

高端市场。对于奢侈品牌而言,任何折扣都像'皇帝的新衣',告诉消费者产品实际的价格远低于它的原价"。

三、为了实现"全价",奢侈品牌需要做的事

1. 品牌端:创造更高的奢侈品附加价值

品牌要让消费者心甘情愿为"全价"买单。奢侈品牌战略公司 quité 发布的一份行业分析指出,在定价方面,法国奢侈品牌 Hermès(爱马仕)是最值得学习的品牌之一,爱马仕比大多数品牌更清楚地了解奢侈品的定价不在于产品功能,而在于奢侈品附加价值(added luxury value,ALV)。

当奢侈品牌在评估定价时,应该更多关注以下问题:我们创造了多少奢侈品附加价值?我们品牌的感知价值有多高端?我们品牌的被渴望程度如何?至于生产成本之类的问题,应该放在次要位置。

quité 首席执行官丹尼尔·兰格(Daniel Langer)表示:"综观新冠病毒感染期间受冲击严重的奢侈品牌,它们大多都是没有明显差异化特点的品牌,这些品牌讲故事的能力较弱。在奢侈品市场,我从未发现一个没有明显差异化特征的品牌,能够通过打折来实现销售和利润可持续增长"。

2. 消费者端:发展黏性更高的忠实顾客群

贝恩公司(Bain & Company)全球消费品和零售部执行副总裁乔尔·德·蒙戈尔菲耶(Jolle de Montgolfier)在接受法国媒体 Journal du Luxe 采访时指出,黏性较高的顾客在购物支出上比普通顾客高出 3 倍。这也是为什么贝恩公司在第 20 版《贝恩奢侈品研究》中建议奢侈品牌积极发展多触点业务,以提高品牌在线上和线下渠道的购物体验。

美国百年皮具品牌 Mark Cross 首席执行官加德·迪尤(Garde Due)认为,奢侈品牌能够找到一种方式,将感兴趣的顾客转变为忠实顾客,他在接受《Vogue》杂志采访时说道:"如果你的质量和价格符合消费者以及市场的期望,那些在打折时购买产品的顾客没有理由不成长为愿意全价购买的顾客"。

3. 零售商端:削减批发渠道,调整季节性交付

奢侈品牌过去经常要求百货公司或者多品牌零售商控制商品打折行为,但后者通常会置之不理。Farfetch 创始人兼首席执行官何塞·内维斯在中国香港出席行业峰会时建议品牌将对多品牌零售商的在线批发模式转变为类似百货公司的店中店或品牌自营专柜模式,这种模式让品牌可以自主决定如何分销商品和定价。

资料来源:华丽志. 从 Prada 到 Burberry,奢侈品企业纷纷打出"全价策略"的大旗[EB/OL]. (2022-04-27)[2022-3-06]. https://baijiahao. baidu. com/s? id＝1731226405209143262&wfr＝spider&for＝pc.

思考:

1. "全价策略"背后的驱动因素有哪些?

2. 为了实现"全价",奢侈品牌需要做到什么?

第九章

国际市场分销渠道策略

学习目标

1. 了解国际市场分销渠道的概念。
2. 理解国际市场分销渠道的基本模式及结构。
3. 了解国际市场中间商的类型。
4. 掌握影响企业选择国际市场分销渠道的因素。
5. 了解国际市场分销渠道的设计和管理。

苦战 18 年　沃尔玛无奈退出日本

沃尔玛(Walmart)在日本市场苦战 18 年后依旧敌不过当地激烈的同业竞争,2020 年 11 月 16 日宣布将西友超市(Seiyu)85%的股权卖给投资机构 KKR 及电商平台乐天 (Rakuten),总价超过 10 亿美元。

在这笔交易中,西友超市含债务在内的市值被估计为 1 725 亿日元(约 16.5 亿美元)。回顾 2018 年,沃尔玛打算以 3 000 亿至 5 000 亿日元总价出售西友超市,但当时与潜在买家协商未果。虽然沃尔玛终于摆脱这个亏损事业,但西友超市的市值已不如当年。

根据协议,在日本共有 329 间门市、员工总数 3.5 万人的西友超市将由 KKR 持股 65%,另由乐天持股 20%,剩余 15%股权由沃尔玛持有。

沃尔玛最初在 2002 年买下西友超市 6%的股权,借此打入日本市场,并在往后逐年扩大持股,最终在 2008 年投资以超过 20 亿美元买下西友超市全部股权。

沃尔玛与乐购、家乐福等大型零售商曾经一度看好日本人的消费能力,争相打入日本市场,后来却发现当地市场竞争比想象中还激烈。

日本消费者更加认同本土的商超品牌,其他海外的进驻品牌很少能够拥有足够的竞争优势以在日本立足。自 2021 年以来,网购需求的暴增让过去不敢随便在网络上买菜的日本主妇接纳了网购生鲜服务,间接助长了西友超市的线上销售,终于让沃尔玛寻得买主。对乐天而言,投资西友超市有助于其对抗亚马逊在日本的势力。

资料来源:环球网.沃尔玛"撤离"日本:出售日本商超巨头西友超市股份[EB/OL].(2020-11-07) [2023-03-06].https://baijiahao.baidu.com/s? id=1683587940557788650&wfr=spider&for=pc.

引例启示:虽然美国和日本都是发达国家,但在分销体系上存在巨大差别。在美国获得巨大成功的零售企业在日本并没有获得成功。借助世界知名零售商沃尔玛的力量进入国际市场曾是许多厂商的最优选择,但这个选择并非适用于日本市场,这是因为日本消费者更偏好于本土品牌。可见,企业在进入国际市场前要先考虑当地消费者的消费习惯,以及不同国家的渠道特征。

第一节　国际市场分销渠道的模式

一、国际市场分销渠道的概念

分销渠道又称营销渠道,是指产品从生产者到达消费者经历的各个环节和途径。企业的分销渠道策略要解决的问题,是如何将企业的产品在适当的时间,以适当的方式转移到适当的地点,便于消费者购买,从而扩大销售。在国际市场营销中,生产者和消费者不在同一个国家,双方不能面对面地交易,商品的流通大部分由中间商来完成。产品从生产者向国际市场消费者转移经过的流通渠道、流通环节和流通方式,就称为国际市场分销渠道。

国际市场分销渠道是企业通过市场沟通,及时、有效地把产品转移到消费者购买地点,实现所有权在国际市场上的转移。它包括两方面的含义:一是实体转移;二是所有权的转移。从广义上讲,分销渠道一般会涉及以下组织和个人:出口商、进口商、进出口代理商、进出口佣金商、经销商、批发商、零售商、与贸易有关的单位(如储运、银行、保险等)、销售服务单位(如广告公司、市场调研公司等)。在国际市场上,国际市场分销渠道一般具有采购、分配、加工、储存、运输、包装、融资、承担风险、销售和提供服务等十种功能。

二、国际市场商品实体分配的基本模式

实体分配又称实体流通、物流等,是指通过有效地安排商品装卸、储存、运输、加工、包装、整理,顺利实现商品的实体转移。市场营销不仅意味着发掘并刺激购买者的需求和欲望,而且还意味着货物的实体分配。制定正确的实体分配决策对于降低费用、刺激消费者需求,以及提高经营效益具有重要意义。

商品实体分配的目的是实现商品从生产者手中送到消费者手中的空间移动,满足消费者需求并取得一定的利润。国际市场商品实体分配的基本模式如下:

生产企业→仓库→出口商→进口商→仓库→经销商或代理商→仓库→零售商→用户

商品实体分配的基本模式表明,一家企业要正常进入国际市场必须有一套完善、畅通的实体流通系统。这个系统的中心是储存和运输管理,即商品实体转移的功能。储存和运输管理作为联系生产企业、中间商和顾客的纽带,两者互相影响,互相制约。商品从装配线上下来,需要经过包装、厂内储存、进出口运输、国际市场中间商储存、运交顾客与服务等程序。

在国际市场实施实体分配决策的难度比在国内市场大。成本费用上升和决策失误是两个最主要问题。按照国际市场实体分配系统的要求,该系统的各个部分、各个环节不能以自己在国内的业务范围为准则,而是应该与企业外部环境相协调,特别是与国际市场政治、经济、文化和法律环境相协调。要做到这一点,企业开展国际市场实体流通活动,应以市场为出发点。具体来说,企业应考虑目标用户的位置、中间商和用户对商品流通的便利性需求,以及竞争者的服务水平等,据此制定一套全面的实体流通决策,完成商品从国内到国外的空间转移,并向用户提供良好的服务。

由此可见,国际市场商品实体分配决策的主要内容包括订货方法、存货控制、仓库管理、运输方式的选择,以及相关的配套服务等。

三、国际市场分销渠道的基本模式及其结构分析

(一)国际市场分销渠道的基本模式

出口产品从出口国生产者流转到国外最终消费者手里,要经过出口国和进口国两个方面的分销渠道。虽然各国的营销环境差异较大,使国际市场上分销渠道呈现出不同的特点,但在国际市场营销活动中,仍然有基本的分销渠道模式和分销渠道选择惯例。国际市场分销渠道的基本模式,如图 9-1 所示。

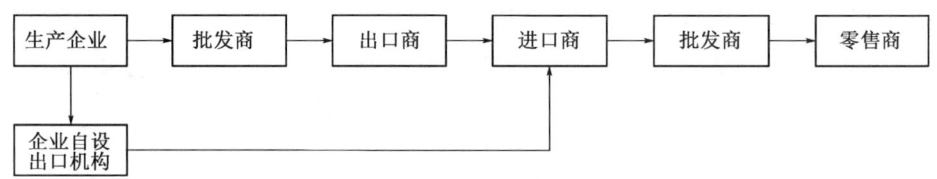

图 9-1　国际市场分销渠道的基本模式

(二)国际市场分销渠道的结构分析

图 9-1 仅仅是出口产品国际市场分销渠道最基本的模式或总体模式,在实践中可以省去中间若干个环节。例如,生产企业直接交付给国外用户或采用邮购等直接渠道。出口企业使用或不使用中间商、使用多少、使用哪些中间商,构成了不同形式的国际市场分销渠道。国际市场分销渠道的基本结构,如图 9-2 所示。

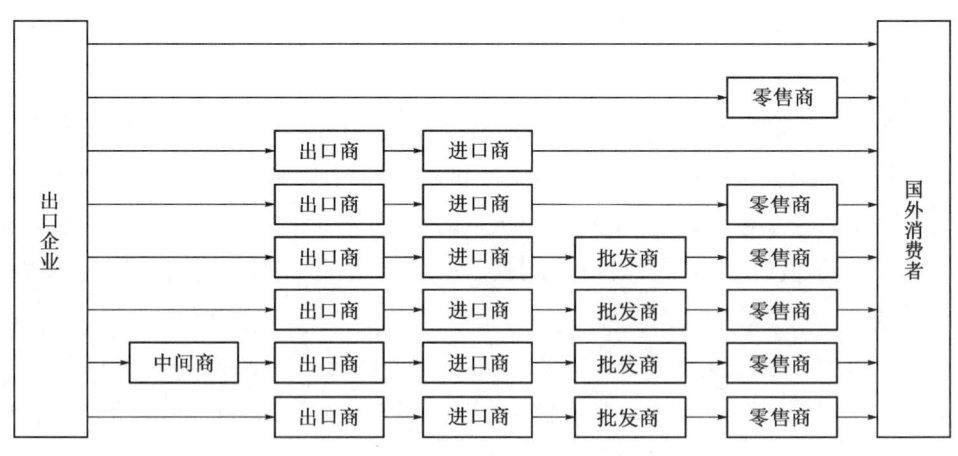

图 9-2　国际市场分销渠道的基本结构

四、国际市场的整体分销渠道

从图 9-2 中可以看出,国际市场营销企业必须对以下两种渠道施加影响:一是国内

分销渠道。二是国际分销渠道。在国内,国际市场营销企业需要有一个机构来沟通国与国之间的各个分销环节。在国外,国际市场营销企业还必须监督检查向最终消费者供应商品的渠道。因此,最佳的做法是国际市场营销企业能够控制整个分销渠道或参与其中。但初期,国际市场营销企业往往只重视出口国国内的分销渠道,认为将产品卖给进口商就可以"万事大吉",因而仅把进口商作为销售对象。实际上,进口商是中间商,他们购买商品的目的是再出售,从而赚取差价。若竞争者产品更能满足消费者的需求,进口商就会转而去经营竞争者产品。若企业将出口产品卖给进口商,而进口商不经过本国适当的渠道使产品与最终消费者见面,那么产品就没有和同类产品在消费者面前竞争的机会,即使质量再好,也无法被消费者选购。因此,国际市场营销企业的任务并没有随产品抵达海外市场而宣告完成。企业应该关心从生产者到最终购买者的整个分销渠道。这就是现代营销学中的整体分销渠道概念。

我国的出口企业更重视出口创汇,而对于产品卖给国外的进口商以后的情况就不再关心,如目标市场渠道结构如何、中间经历多少个层次中间商、各中间商的加成率如何、各渠道成员状况如何、最终用户购买情况如何等。也就是说,很多企业没有整体分销渠道这一概念。实际上,渠道成员的效率会影响整个渠道效率,从而影响产品的销售,影响企业的营销策略的实施。因此,出口企业必须树立整体分销渠道这一观念。

五、国际市场分销渠道的功能

国际市场分销渠道除具有连接制造商与海外市场的消费者、将产品向海外市场进行传递的产品配送功能外,还具有促进销售、传递信息、筹措资金,以及分担风险等一系列的功能。

(一)产品配送

由于不同的中间商具有不同的资源与能力,分销渠道的建成使渠道成员可根据自身的地位和特征,在渠道内履行相应的职能,使产品实体顺利地从制造商手中配送到消费者手中。其中,中间商不但履行了运输的职能,还能够实现产品在渠道中的包装、贮存、加工等职能。

(二)促进销售

由于国际市场营销企业受生产条件的制约,其产品一般品种相对少而批量大。这与使用者或消费者消费多样性与一次使用或消费的数量很少发生矛盾。国际市场营销企业应通过分销渠道各环节按不同需求、消费特征,对产品进行分类分级、分组包装的调整,使产品能最大限度地满足用户的要求。此外,中间商一方面比较熟悉产品的工艺、技术和特征,另一方面又较为了解消费者的实际需求,可以富有成效地向消费者进行宣传与推销。国际市场营销企业应充分利用中间商与最终使用者或消费者直接接触的条件,通过中间商做好说服、示范、提供各种服务以便于商品在渠道上转移。

（三）传递信息

中间商可以方便地收集有关产品资料、市场状况、潜在顾客、竞争对手等方面的信息，并及时传递给营销渠道的两个终端，因而充分发挥着信息蓄水池的作用。国际市场营销企业可以利用其国内及国际的分销网络系统，开展各种类型的调研活动以了解目标市场需求的发展趋势、中间商的经营能力状况、竞争对手的营销策略变化等。

（四）筹措资金

开展渠道活动需消耗大量的资金。分销渠道成员自身可以筹集资金。中间商大批购买企业的产品，可以看作向企业提供了生产资金。而中间商之间的采购也具有同样的意义。除此之外，一些中间商还提供赊购功能，为消费者提供了一定的消费资金。由此可见，作为分销渠道成员的中间商能够有选择、有重点地向制造商和消费者提供资金，从而对生产和消费起到促进作用。

（五）分担风险

制造商把产品转移到中间商手上，也等于同时把一部分风险转移给了中间商。渠道全体成员在共享渠道成果的同时，共同承担从事渠道活动将可能产生的各种风险。

六、国际市场中间商的类型

国际市场中间商类型繁多，各国中间商的组织形式和名称也不尽相同。从经营进出口业务所在的国境和性质的角度，国际市场中间商可分为出口中间商和进口中间商。

（一）出口中间商

出口中间商是指在本国购买商品，卖给国外买主的中间商。出口中间商与企业同处在一个国家，由于社会文化背景相同，彼此容易沟通和信任。特别是对于规模较小或进入国际市场的初期、国际市场营销经验不足或没有实力直接进入国际市场的企业，通过出口中间商进入国际市场是一个费用省、风险小、操作简便的有效途径。选择出口中间商进入国际市场也存在远离目标市场、与目标顾客的联系接触是间接的、企业对市场的控制程度很低或根本无法控制、不利于企业在市场建立起自己的声誉、不利于出口规模的扩大和长远的发展、中间商为尽快获得利润，不会花很大力气去挖掘市场潜力等缺点。但直至目前，通过出口中间商进入国际市场仍然是一个主要的国际市场分销渠道。

出口中间商根据其是否拥有出口商品的所有权可以分为出口商和出口代理商两大类。凡对出口商品拥有所有权的，称为出口商；凡接受委托，以委托人的名义买卖货物，收取佣金，不拥有商品所有权的，称为出口代理商。

1. 出口商

出口商是先以自己的名义在本国市场上购买商品，再以自己的名义组织出口，将产品卖给国外买主的贸易企业。出口商自己决定买卖商品的花色品种和价格，自己筹集经营的资金,自己备有仓库,从而自己承担经营的风险。一些发达国家的大出口商还能给国外买主提供融资服务,在目标国市场进行促销宣传。大多数出口商一般都长期从事一个行业的出口业务,因此比较了解该行业的情况,能向需要商品出口的生产企业提供一定的专业服务。出口商经营出口业务有以下两种形式:一是"先买后卖",即先在国内市场采购商品,再转售给国外买主;二是"先卖后买",即先接受国外买主的订货,再根据订货向国内企业购买。

对于偶然有外销产品的企业以及中小企业而言,利用出口商出口产品既可以利用出口商的渠道优势为自己的产品打开销路,又可以降低国际市场营销的经营风险、缓解资金负担,同时能够集中精力从事生产活动,是一种较好的出口方式。但是其也存在一定的缺陷,这种方式使企业没有机会接触国际市场,无法了解和控制国际市场的营销活动,也无法在国际市场上建立自己的商誉。同时,由于出口商通常经营多家企业的产品,使得企业的产品难以得到足够的重视。

常见的出口商主要有以下三种类型:

(1) 出口行(export house)。有的国家称之为"国际贸易公司"(international trading company),有的国家称之为"综合商社"(如日本、韩国),我国则一般称之为"对外贸易公司"或"进出口公司"。出口行实质是在国际市场上从事经济活动的国内批发商。它们在国外有自己的销售人员、代理商,并往往设有分公司。一般来说,出口行在国际市场拥有庞大的分销网络和大量国际市场信息,同时具有丰富的国际市场营销知识与经验,以及良好的商誉与公共关系,还有完备的设施和其他物质条件,因此对一些初次进入国际市场的企业来说,使用出口行往往是比较理想的选择。对国外买主来说,由于出口行提供花色品种齐全的商品,他们也愿意与出口行打交道。日本的综合商社是出口行的典型例子,它们是日本在世界各地经营进出口业务的主要企业,业务活动涉及面广,包括工业、商业、进出口贸易、进出口融资、技术服务、咨询服务等。

(2) 采购(订货)行(buying/indent house)。采购(订货)行主要依据从国外收到的订单向国内生产企业进行采购,或者向国外买主指定的生产企业进行订货。他们拥有货物的所有权,但并不大量、长期地持有存货,在收购数量达到订单数量时就直接运交国外买主。因为采购(订货)行是先找到买主,而后才向生产企业进行采购,并且也不大量储备货物,所以其风险较低,资金周转快,成本较低。

(3) 互补营销(complementary marketing)。互补营销又称顺带式销售,是一种将自己与其他企业的互补产品搭配出售的出口方式。在这种出口渠道中,两家生产企业会将自己的互补产品通过同一个国际市场分销渠道进行出口。其中一家生产企业称为"负重者",一般是指在国外已经建立了成功的分销渠道,并且在出口或国际市场营销上具有过剩的能力,希望通过寻找互补产品在国际市场销售来提高自己的出口效率和利润的企业;另一家生产企业称为"乘坐者",一般是指没有出口渠道,而又想将自己的产品销往国际市场的企业。这时,"负重者"可利用自己已经建立起来的海外分销渠道,将"乘坐者"和自己的产品一起进行销售。

2. 出口代理商

出口代理商(export agent)是指接受出口企业的委托,代理出口业务的中间商。出口代理商并不拥有货物所有权,不以自己的名义向国外买主出口商品,而是接受国内卖主的委托,按照委托协议向国外客商销售商品,收取佣金,风险由委托人承担。利用出口代理商对于生产企业的优点包括:①出口代理商可随时向生产企业提供国际市场信息和市场营销技术;②由于同时经营几种互补产品,出口代理商在远洋运输和海外市场代理方面可以取得规模经济;③利用出口代理商可为企业节省建立出口部门所耗费的时间和费用;④出口代理商也可使生产企业对海外购买者拥有较大的控制权。从理论上讲,中小企业刚开始从事国际市场营销时,使用出口代理商是一种理想的进入国际市场的方式。在国际市场上,出口代理商包括以下几种常见类型:

(1) 综合出口代理商(combination export agent)。综合出口代理商为出口企业提供全面的出口管理服务,如海外广告、接洽客户、拟订销售计划、进行商业谈判、安排货物装卸和提供商业情报等。综合出口代理商以生产企业的名义从事业务活动,甚至使用生产企业的信笺,实际上起到生产企业出口部的作用。他们一般负责资金融通和单证的处理,有时还要承担信用风险。综合出口代理商一般同时接受几个委托人的委托业务,其获得报酬的形式一般是收取销售佣金,此外每年还收取一定的服务费用。如果企业海外销售额占企业总销售额的比重不大,或者企业不愿设立外销部门处理国际市场业务时,选择综合出口代理商是一种理想的方式。

(2) 制造商出口代理商(manufacturer's export agent)。制造商出口代理商又称为制造商出口代理,是一种专业化程度较高的出口代理商。与综合出口代理商的作用非常相似,他们也相当于执行着生产企业的出口部的职能。制造商出口代理商接受生产企业的委托,为其代理出口业务,以佣金形式获得报酬。与综合出口代理商的不同之处在于,制造商出口代理商是以自己的名义而非制造商的名义做买卖,提供的服务一般要少于综合出口代理商,通常不负责出口资金、信贷风险、运输、出口单证等方面的业务。而且由于制造商出口代理商同时接受许多生产企业的委托,其销售费用可以在不同厂家的产品上分摊,收取的佣金率也较低,制造商对其有较大的控制权。在国际市场营销中,许多中小企业都使用制造商出口代理商。此外,有些企业在开拓海外新市场、推销新产品或市场潜力不大时,也常使用制造商出口代理商。

(3) 出口经营公司(export management company)。出口经营公司实际上相当于生产企业的销售部门,负责生产企业的全部产品的销售。其提供服务的范围很广,包括寻找客户、促销、市场调研、货物运输等。出口经营公司还可以为制造商开展讨债和寻求担保业务,能够影响甚至决定出口商品的价格、分销渠道和促销方式。选择出口经营公司渠道的优点是厂商可以以最低的投资成本将产品投放到国际市场,并可借此检验产品在国际市场的可接受程度,而制造商本身却无需介入。其缺点是这种分销渠道极不稳固,出口经营公司为了自己的利益不会为销售产品作长期努力,一旦产品在短期内难以盈利或是销量下降,将很可能被出口经营公司抛弃。

(4)出口经纪人(export broker)。这种出口代理商只负责给买卖双方牵线搭桥,既不拥有商品所有权,又不实际持有商品和代办货物运输工作,在双方达成交易后收取佣金。出口经纪人与买卖双方一般没有长期、固定的关系。出口经纪人一般专营一种或几种产品,经营的大多是笨重货物或季节性产品,如机械、矿山、大宗农产品、房地产等。适合使用出口经纪人的情况主要包括:企业缺乏国际市场营销经验;产品的季节性强;中小企业无力设立国外销售机构;不值得或没有必要设立国外销售机构;目标市场遥远、市场分散或市场规模小等。

(二)进口中间商

与出口中间商类似,根据进口中间商是否拥有商品的所有权也可以将其分为进口经销商和进口代理商两大类。凡拥有商品所有权的,称为"进口经销商";凡接受委托、不拥有商品所有权,以佣金形式获取报酬的,称为"进口代理商"。

1. 进口经销商

进口经销商是以自己的名义从国外进口货物向国内市场销售,获取商业利润的贸易企业。进口经销商拥有货物所有权,因而必须承担买卖风险。进口经销商主要有四种类型:进口商、经销商、批发商、零售商。

(1)进口商(import merchant)。进口商又称为"进口行"(import house)。按其业务范围,一般可分为专业进口商、特定地区进口商、从国际市场广泛选购商品的进口商三种。进口商熟悉其经营的产品和目标国际市场,并掌握一套商品的挑选、分级、包装等处理技术和销售技巧,因此国内中间商很难取代进口商。进口商既可以"先买后卖"(先从国外买进商品,再卖给国内工业用户、批发商、零售商或其他用户),又可以"先卖后买"(先根据样品与买主成交,再从国外买进商品)。

(2)经销商(distributor dealer)。经销商是指通过经销合同与出口生产企业、出口商或进口国的进口商建立经常性的合作关系,并拥有独家销售特权的进口国的中间商。出口企业可以与经销商建立合作伙伴关系,共同对产品的价格、销售、存货和服务等进行适当的控制。

(3)批发商(wholesaler)。进口国国内的批发商是专门从事批发活动的中间商,是在进口国内销售进口产品的重要渠道成员。其经销的商品主要从本国进口商和其他中间商处进货。有实力的批发商也会自己直接从国外购进大批量的商品,而后批发给中小批发商及零售商。

(4)零售商(retailer)。零售商将商品或服务出售给最终消费者。零售商从进口商、进口代理商以及批发商或国外出口商等处购买商品,然后转卖给本国的消费者。

2. 进口代理商

进口代理商是指接受出口国卖主的委托,代办进口、收取佣金的贸易服务企业。进口代理商一般不承担信用、汇兑和市场风险,不拥有进口商品的所有权。其职能主要包括:一是代国内买主办理进口;二是代国外出口商销售寄售的商品;三是以代表身份代理国外出口商或制造商销售产品。

进口代理商主要有以下几种类型:

(1)经纪人(broker)。经纪人是对提供低价代理服务的各种中间商的统称。他们主要经营大宗商品和粮食制品的交易。在大多数国家,经纪人为数不多。但由于其主要经营大宗商品,再加上在某些国家,经纪人组建了联营公司,他们熟悉当地市场,往往与客户建立了良好持久的关系,常常是初级产品市场上最重要的中间商。

(2)融资经纪商(financing broker)。融资经纪商是近年来迅速发展的一种代理中间商。这种代理中间商除具有一般经纪商的全部职能外,还可以为销售、制造商生产的各个阶段提供融资服务,为买主或卖主分担风险。

(3)制造商代理人(manufacturer's representative)。制造商代理人是指凡接受出口国制造商的委托,签订代理合同,为制造商推销产品收取佣金的进口国的中间商。制造商代理人有很多不同的名称,如销售代理人(sales agent)、国外常驻销售代理人(resident sale's agent)、独家代理人(exclusive agent)、佣金代理人(commission agent)、订购代理人(indent agent)等。制造商代理人可以对一个城市、一个地区、一个国家或是相邻几个国家出口企业的产品负责。制造商代理人不承担信用、汇兑和市场风险,也不负责安排运输、装卸,不实际占有货物;他们忠实地履行销售代理人的责任,为委托人提供市场信息,并为出口企业开拓市场提供良好的服务。当出口企业无力向进口国派驻自己的销售机构,但希望对出口业务予以控制时,利用适当的制造商代理人是一种明智的选择。

(4)经营代理商(managing agent)。经营代理商在亚洲及非洲国家较为普遍,其在某些地区也称作买办(comprador)。经营代理商根据与产品制造国的供应商签订的独家代理合同,在某一国境内开展业务。经营代理商有时也对业务进行投资,其报酬通常是所用成本加上母公司利润的一定百分比。

第二节　国际市场分销渠道的选择

一、影响企业选择国际市场分销渠道的因素

国际市场营销企业在选择国际市场分销渠道时应考虑以下六个因素:成本(cost)、资

金(capital)、控制(control)、覆盖(coverage)、特征(character)和连续性(continuity)。这六个因素被称为渠道决策的六个"C"。

1. 成本

成本是指分销渠道的成本,即开发渠道的投资成本和维持渠道的维持成本。在这两种成本中,维持成本是主要的、经常的。维持成本包括维持企业自身销售队伍的直接开支,支付给中间商的佣金,物流中发生的运输、仓储、装卸费用,各种单据和文书工作的费用,提供给中间商的信用、广告、促销等方面的支持费用,以及业务洽谈、通信等费用。支付渠道成本是任何企业都不可避免的,营销决策者必须在成本与效益间作出权衡和选择。一般来说,如果增加的效益能够补偿增加的成本,分销渠道的选择在经济上就是合理的。较高的分销渠道成本常常是企业开拓国际市场的重要障碍。评价分销渠道成本的基本原则是能否以最低的成本达到预期的销售目标,或能否以一定的费用最大限度地扩展其他五个"C"的利益。

2. 资金

资金是指建立分销渠道的资金要求。如果制造商要建立自己的国际市场分销渠道、使用自己的销售队伍,通常需要大量的投资。如果使用独家中间商,虽可减少现金投资,但有时却需要向中间商提供财务上的支持。通常情况下,资金不是国际市场分销渠道设计中的关键因素,除非企业的业务正处在不断扩展阶段,或者企业正在建立自己投资的国际市场分销渠道,而其他几个因素才是影响国际市场分销渠道设计的关键。

3. 控制

国际市场分销渠道的设计会直接影响企业对国际市场营销的控制程度。企业自己投资建立国际市场分销渠道,将最有利于对分销渠道的控制,但会增加分销渠道的成本。如果使用中间商,企业对分销渠道的控制将会相对减弱,而且会受各中间商愿意接受控制的程度的影响。一般来说,分销渠道长度越长、宽度越宽,则企业对价格、促销、顾客服务等的控制就越弱。分销渠道控制与产品性质有一定的关系。对于工业品来说,使用它的客户相对比较少,分销渠道较短,中间商较依赖制造商对产品的服务,因此制造商对分销渠道进行控制的能力较强;而就消费品来说,消费者人数多,市场分散,分销渠道也较长、较宽,因此制造商对分销渠道的控制能力较弱。

4. 覆盖

覆盖是指分销渠道的市场覆盖面,即企业通过一定的分销渠道所能达到或影响的市场。国际市场营销企业在考虑市场覆盖面时应注意以下三点:一是分销渠道所覆盖的每一个市场能否获取最大可能的销售额;二是这一市场覆盖面能否确保合理的市场占有率;三是这一市场覆盖面能否取得满意的市场渗透率。对于企业来说,市场覆盖面并非越广越好,主要要看这一市场覆盖面是否合理、有效,最终能否给企业带来较高的经济效益。不少企业在选择分销渠道时,并不是以尽可能地拓展市场的地理区域为目标,而是集中力量在核心市场中进行尽可能的渗透。国际市场营销企业在考虑市场覆盖面时还必须考虑各类、各个中间商的市场覆盖能力。对于大中间商来说，尽管数量不多，但一个中间商的市场覆盖面却非常大；而小中间商虽然为数众多，但单个中间商的市场覆盖面却非常有限。

5. 特征

国际市场营销企业在进行国际市场分销渠道设计时，必须考虑自身的企业特征、产品特征，以及进口国的市场特征、环境特征等因素。

6. 连续性

一个国际市场分销渠道的建立往往需要付出巨大的成本和营销努力，而且一个良好的分销渠道系统要能够连续运营。

二、国际市场分销渠道的设计

国际市场分销渠道的设计通常涉及下列决策：一是确定分销渠道的长度，是直接分销还是间接分销，间接分销的层次应该是多少；二是确定分销渠道的宽度，是进行选择分销还是进行广泛分销，中间商的数量应该确定为多少；三是要确定分销模式的标准化程度，是统一分销还是国别分销，分销决策中哪些方面可以实行标准化。

（一）国际市场分销渠道的长度决策

从国际市场分销渠道的长度来看，企业选择的分销渠道结构有国际市场直接分销渠道与间接分销渠道、国际市场长分销渠道与短分销渠道之分。国际市场分销渠道的长度就是指产品或服务从生产者到最终用户或消费者所经过的分销渠道层次数。

1. 国际市场直接分销渠道与间接分销渠道

国际市场直接分销渠道是指产品在从生产者流向国外最终消费者或用户的过程中，不经过任何中间商，而由生产者将其产品直接销售给国内出口商、国外消费者或用户。直接分销渠道是两个层次的分销渠道，也是最短的分销渠道。

一般来说，企业倾向于更为直接的分销模式，尽量减少中间商的层次或者不用中间商。这样可以使企业对分销渠道拥有更大的控制权，可获得更好的信息反馈，能更好地满足消费者需求，当市场销量大时有更好的经济效益。但如果目标市场规模不大，而且消费者分布又很分散的话，直接分销则会大幅度增加企业的分销成本和费用。

对于工业品而言，直接分销是主要的分销方式，这是因为工业品技术性较强，有的是按用户的特殊要求生产的，售后服务非常重要。另外，购买工业品的客户较少，购买批量较大，购买频率较低，直接分销方便，有利于节省费用，保证企业信誉，更可以获得较高的利润。但对于消费品而言则不同，消费品的技术性不强，在国际市场使用面广，每次购买量少，消费者也比较分散，许多生产企业不能或很难将产品直接销售给广大的国际市场消费者。因此，通过国外进口商采取间接分销是比较适合消费品的分销渠道，而不宜采取直接分销(当然也有特殊情况,如随着现代网络技术的发展,许多消费品生产企业也可以通过网络直销自己的产品)。

国际市场间接分销渠道是指产品经由国外中间商销售给国际市场最终用户或消费者的一种分销形式。例如,当产品以出口方式进入国际市场时,较典型的间接分销渠道是"制造商→出口中间商→进口中间商→经销商→最终消费者"。间接分销渠道有三个或三个以上的商品流转层次。

当企业选择间接分销策略时,对于分销系统的组合,通常有三种选择:一是建立独家控制分销系统;二是通过协议形式组建契约型分销系统;三是选择传统的松散型分销系统。

独家控制分销系统是指由一家企业单独拥有或控制的分销系统。例如,西尔斯百货本身是零售商,但是其拥有自己的批发和配送中心,并对生产厂商也拥有股权,因而形成了对整个分销渠道系统的独家控制。独家控制分销系统使得拥有控制权的企业能够有效控制整个分销渠道,可以为消费者提供更好的服务,也可获得规模经济效益。但是这种分销系统要求企业投入大量的资金或人员等企业资源,从而限制了其灵活性,难以对营销环境的变化作出快速的反应。另外,有些国家和地区也禁止单一企业控制分销渠道的做法。

契约型分销系统是指分销渠道成员通过订立契约而组合形成的分销系统。其可由制造商牵头组合,也可由零售商或批发商组织其他渠道成员加盟。其中,最普遍的组织形式是特许经营。

传统松散型分销系统是指制造商雇佣独立的中间商来完成分销功能。独立的中间商由于专门从事产品的分销工作,其效率要比制造商自行分销高得多。制造商无需投入大量的资金和人力资源,可以专心从事生产。该分销系统也易于制造商对市场环境的变化作出及时的反应。但是,在这种分销系统下,由于中间商具有独立性,很难保证其全心全意为某一家制造商服务。因此,如何调动中间商的分销积极性、如何协调各渠道成员的关系,以保证渠道的顺利运转是制造商所面临的重要问题。

2. 国际市场长分销渠道与短分销渠道

产品从生产企业流向国际市场消费者或用户的过程中所经过的渠道层次越多,分销渠道越长;层次越少,分销渠道越短。在国际市场上,产品分销的层次可能长达十几个,也可能短到只有两个,即直接销售。

出口商在国际市场上选用两个或两个以上环节的中间商为其推销产品的渠道策略称为长分销渠道策略。这一策略的特点是产品能进入更广阔的市场地理空间和不同层次的消费者群,但容易形成该产品较大的市场存量,并增加销售成本,最终导致售价上升。

出口商在国际市场上直接与零售商或该产品用户从事交易的渠道策略称为短分销

渠道策略。短分销渠道策略包括以下两种形式：

（1）出口商越过中间环节，直接与物资经销商、大百货公司、超级市场、大连锁商店等从事交易，以降低商品成本，让利于零售商和消费者。

（2）出口商直接在世界各地建立自己的直销网络，让利于消费者，以低价策略开拓国际市场。需要注意的是，出口商自营直销网络常常受企业的人、财、物的规模限制，只有少数跨国大企业能够采用。

生产企业应综合考虑进出口条件、国际市场容量（特别是目标市场容量）、中间商销售能力、产品特点、生产企业本身的状况和要求、消费者购买要求以及其他的国际市场环境，来确定分销渠道长短及分销层次。例如，当生产企业有较强的国际市场销售能力（组织机构、营销经验、推销员等），运输、仓储条件较好，财力能够承担，而经济效益又合理时，可减少分销层次；在出口商或进口商能力较强、信誉高的条件下，生产企业也可以使用较少的分销层次，甚至在国外某一区域内只设一个特约经销商或独家代理商。但有时国家法律、政策和国际惯例会要求生产企业必须采取某一特定的分销渠道。

（二）国际市场分销渠道的宽度决策

分销渠道的宽度是指分销渠道的各个层次中所使用的中间商数目。依据分销渠道的宽度，国际市场分销渠道策略可分为宽分销渠道策略与窄分销渠道策略。制造商在同一层次选择较多的同类型中间商（如批发商或零售商）分销其产品的策略，称为宽分销渠道策略；反之，则称为窄分销渠道策略。具体来说，国际市场营销企业根据分销渠道的宽度，可以有以下三种分销选择。

1. 广泛分销

广泛分销是指企业的产品通过任何愿意经销的中间商分销。在国际市场上，对价格低廉、购买频率高、一次性购买数量较少的产品（如日用品、食品等），以及高度标准化的产品（如小五金、润滑油等），企业多采用广泛分销。广泛分销的特点是：可以扩大企业产品的销售范围，让消费者能够有更多的机会、方便地购买企业的产品或服务。中间商之间形成强有力的竞争，有利于该产品进入更广阔的国际市场。但是，中间商一般都不愿意承担广告费用，而且产品的最终市场销售价格不易控制。部分中间商削价竞销，会损害该产品在国际市场上的形象。

2. 选择性分销

选择性分销是指企业产品在一定的市场范围内只能由经过挑选的中间商进行分销。消费品中的选购品、特殊品，以及工业品中专业性较强、用户较固定的设备和零件等，较适合采用选择性分销。

3. 独家分销

独家分销是指企业的产品在某个特定市场区域仅限一家中间商分销。消费品中的特殊品，尤其是名牌产品，多采用独家分销。此外，需要现场操作表演、介绍使用方法或加强售后服务的工业品和耐用消费品也较适合采用独家分销。

选择性分销和独家分销都属于窄分销渠道策略。窄分销渠道策略有利于鼓励中间商开拓国际市场，并依据市场需求订货和控制销售价格。但独家分销容易使中间商垄断市场。

在国际市场营销活动中，企业对分销渠道宽度的选择，受到不同国家或地区分销环境的影响。例如，以小型零售商为主的国家或地区，具有一定规模和实力的中间商较少，因此企业不得不采用广泛分销；而有的国家贫富相差悬殊，对企业产品的需求主要来自高收入的消费者，这就需要企业选择有针对性的中间商以保证商品能够顺利到达这部分消费者手中。此外，目标市场国家的法律法规也会限制企业对分销渠道宽度的选择。例如，独家分销在美国被认为有碍公平竞争而受到限制。

（三）国际市场分销渠道的标准化程度

对于跨国企业而言，不但面临着在不同国家和地区如何决定分销渠道的长短和宽窄的问题，还需要决定企业是在多个国家使用同一分销渠道，还是针对不同的国家设计不同的分销渠道，即分销渠道是标准化程度的问题。

企业对分销渠道的选择取决于企业的分销目标。企业追求的是能够带来最大效益的分销渠道，而非单纯的统一化或标准化的分销渠道。与生产标准化及其他营销策略的标准化相比，分销渠道标准化带来的规模经济效益没有那么明显。分销渠道标准化给企业带来的效益，主要是由营销人员分销效率的提高及营销经验累积的经验曲线效应带来的。而对于消费者而言，分销渠道标准化可以使他们在跨国消费时能够使用固定的购买模式或通过熟悉的分销渠道在不同国家和地区找到他们熟悉的产品或服务。

企业分销渠道标准化的决策还受到不同国家或地区分销环境的差异，以及消费者购买模式的差异等因素的影响。在不同国家或地区，批发商和零售商的数量、规模和提供的服务等都不同，商品的储运条件也各不相同，这样就会影响企业分销渠道标准化的程度。例如，百事可乐公司的分销渠道是先在目标市场国设厂装瓶，再用卡车运往各个零售店。但在交通不便的地区，由于使用卡车运货的成本太高，百事可乐公司不得不改用其他分销方法。企业在选择不同国家或地区的分销渠道时要考虑消费者的购买模式差异。例如，在经济发达的国家，网上购物已经成为消费者一种重要的购买模式，企业在这些国家构筑分销渠道的时候就需要将网络渠道也考虑进去。

第三节　国际市场分销渠道的管理

一、树立整体渠道理念

在过去相当长的时间里，国际市场营销企业和国际贸易企业普遍有一种认识，即在国外投资建厂生产出来的产品销售出去之后,或在国内生产的产品出口到国外之后,企业的营销工作就到此为止了。这是一种十分错误的认识。现代国际市场营销学认为,国际市场营销企业应对产品从离开企业起,直到到达最终消费者手中为止,所经过的整个渠道给予关心和注意,甚至按照企业的有关策略加以控制,这便是现代国际市场营销中的整体渠道理念。这一理念是由现代营销观念引申出来的。现代营销观念把企业的中心任务规定为满足消费者的需求,或企业的营销活动以满足消费者的需求为中心。企业把产品转移到分销渠道后就不再对其关心的做法显然不能保证最终消费者一定会满意。这是因为产品在销售渠道中可能因渠道效率太低而受阻,也可能因渠道某层次中间商服务质量不好而使消费者得不到满意的服务。因此,从整体渠道理念来看,消费者没有得到满意的产品,现代营销观念——满足消费者的需求就不能实现,企业的信誉就要受到影响。长此下去,企业的整个营销活动就会出现困难,企业的战略目标就很难实现。因此,按照现代营销观念的整体渠道理念,国际市场营销企业要对整个分销渠道给予关心,甚至加以控制。有鉴于此,世界上很多大型国际市场营销企业都建立了自己的销售网。

二、国际市场分销渠道成员的选择

一般来讲,企业产品采用的分销渠道既有一定的长度,又有一定的宽度,还有一定的深度。也就是说,整个分销渠道中有很多中间商。企业对这些中间商的要求是既要效率高,又要服务好,而且还要与企业的有关策略配合好。但并不是国际市场上的所有中间商都能达到上述要求。因此,企业在选择分销渠道类型的同时也要选择分销渠道的中间商。企业一般按以下标准选择中间商:

(1)服务对象,即中间商的服务对象要与企业要求达到的市场相一致。

(2)地理位置,即中间商应位于国际市场的适当位置上,以利于产品的实体分配。

(3)企业规模与经营能力,包括中间商的资产总额、营业额、利润额、职工人数、职工素质、设备、仓储、运输等条件。企业应选择规模大、经营能力强的中间商。

(4)声誉,即中间商信誉和公共关系的好坏。企业应选择声誉较好的中间商。

(5)合作态度,中间商与本企业的合作诚意要大、积极性要高。

(6)提供信息的能力。信息,特别是市场信息是生产企业不可缺少的资源,其来源一部分应由中间商提供。因此,中间商向本企业提供信息的能力也应作为企业选择中间商的标准之一。

企业在实际选择分销渠道成员时,能否选择到合格的中间商很大程度上取决于生产企业的产品对中间商吸引力的大小。产品的吸引力大时,企业较容易挑选到满意的中间商;产品的吸引力小,企业则较不容易挑选到满意的中间商。因此,企业在实际挑选中间商时,上述标准很难全部达到,这种情况下能够达到某几项主要标准即可。

三、国际市场分销渠道成员的激励

企业选定了分销渠道成员之后,还要经常给予激励,以调动其积极性,加强其责任心。常用措施包括以下几个方面:

(1)提供适销对路的产品,即向中间商提供价廉物美、适销对路的产品。这是中间商最希望得到的产品,得到之后中间商自然就提高了销售的积极性。

(2)合理分配利润,即企业可依据自己的定价策略,根据中间商的进货数量、信誉等不同情况,给予不同的折扣或回扣,以提高中间商的积极性。

(3)给予中间商独家经销权,其目的是让中间商在市场上排除竞争对手,使其可以控制市场,从而提高中间商的积极性。

(4)向中间商提供信贷援助和允许延期付款,其目的是帮助中间商解决财务上的困难,从而调动其积极性。

(5)提供广告方面的支持。产品销售需要做必要的广告,但广告费用不论对生产企业还是对中间商来说都是一个负担。若生产企业能在市场上独自出资做广告,或者与中间商合资做广告,也能提高中间商的积极性。

(6)为中间商提供培训服务,如培训推销人员及维修服务人员,是为中间商提供帮助和支持的一种方式。

(7)互购,即企业既向中间商推销自己的产品,又从中间商那里购买产品,这自然对中间商有利。

企业对中间商的激励是一项持续不断的工作,不能仅进行一次或两次,这实际上也是对分销渠道进行管理的一部分。

四、国际市场分销渠道的调整

1. 增减分销渠道中的个别中间商

当分销渠道的个别中间商不能完成企业交给它的销售任务,或者不能很好地贯彻企业的有关营销策略时,企业就有必要对其进行调整。但在国际市场上更换中间商绝非易事,必须慎重。这是因为当企业剔除某一中间商时,很可能引起其他中间商的恐慌。另外,被剔除的中间商也可能被竞争对手拉拢,从而增加了对方的市场占有率。当企业增加某一中间商时,很可能引起其他中间商的抵触情绪,进而影响其合作态度。因此,增减分销渠道中的个别中间商要经过反复考虑后才能进行。

2. 增减某一类型的分销渠道

当某一类型分销渠道本身出现了较严重问题,或客观市场出现了某种重大变化时,就要调整这一类型的分销渠道。这当然要比增减分销渠道中的个别中间商更慎重,因为这将给企业带来较大的风险。

3. 调整整个分销渠道

调整整个分销渠道是指产品由企业自销改为商业部门经销,或者由商业部门经销改为企业自销,是企业作出的重大决策。这样的决策一般由企业最高决策层作出。其原因可能是企业本身条件发生了重大变化,也可能是客观市场情况发生了重大变化。但不论哪种变化,企业在作出决策前都要进行大量的调查研究、分析和对比,只有在此基础上作出的决策才可能是正确的决策。

本 章 小 结

(1)分销渠道又称营销渠道,是指产品从生产者到达消费者所经历的各个环节和途径。国际市场分销渠道是通过市场沟通,及时、有效地把产品转移到消费者购买地点,实现所有权在国际市场上的转移。

(2)国际市场商品实体分配的基本模式为:生产企业→仓库→出口商→进口商→仓库→经销商或代理商→仓库→零售商→用户。

(3)国际市场营销企业在选择国际市场分销渠道时要考虑六个因素:成本(cost)、资金(capital)、控制(control)、覆盖(coverage)、特征(character)和连续性(continuity)。这六个因素被称为渠道决策的六个"C"。

(4)国际市场分销渠道的设计通常涉及下列决策:一是确定分销渠道的长度,是直接分销还是间接分销,间接分销的层次应该是多少;二是确定分销渠道的宽度,是进行选择分销还是进行广泛分销,中间商的数量应该确定为多少;三是要确定分销模式的标准化程度,是统一分销还是国别分销,分销决策中哪些方面可以实行标准化。

(5)国际市场分销渠道的管理主要有以下四个方面:树立整体渠道理念;国际市场分销渠道成员的选择;国际市场分销渠道成员的激励;国际市场分销渠道的调整。

课 后 练 习

一、判断题

1. 分销渠道又称营销渠道,是指产品从生产者到达消费者所经历的各个环节和途径。 (　　)

2. 商品从生产者向国际市场消费者转移所经过的流通渠道、流通环节和流通方式,就称为国际市场分销渠道。 (　　)

3. 制定正确的实体分配决策,对于降低费用、刺激消费者需求、提高经营效益意义不大。 (　　)

4. 在国际市场上实施实体分配决策的难度比在国内市场小。 (　　)

5. 一般来说,如果增加的效益能够补偿增加的成本,渠道策略的选择在经济上就是合理的。 （　　）

6. 一般情况下,资金不是国际市场分销渠道设计中的关键因素。 （　　）

7. 企业自己投资建立国际市场分销渠道时,将最有利于渠道的控制。 （　　）

8. 国际市场营销企业应对产品从离开企业起,直到到达最终消费者手中为止,所经过的整个渠道给予关心和注意,甚至按照企业的有关策略加以控制。 （　　）

9. 中间商的服务对象要与企业要求达到的市场相一致。 （　　）

10. 中间商与本企业的合作诚意要大,积极性要高。 （　　）

二、单项选择题

1. （　　）又称实体流通、物流等,是指通过有效地安排商品装卸、储存、运输、加工、包装、整理,顺利实现商品的实体转移。

　　A. 实体分配　　　　　　　　　　　B. 所有权的转移

　　C. 虚拟分配　　　　　　　　　　　D. 快递

2. 出口企业使用或不使用（　　）构成了不同形式的国际市场分销渠道。

　　A. 中间商　　　　B. 批发商　　　　C. 出口商　　　　D. 零售商

3. 维持（　　）包括维持企业自身销售队伍的直接开支,支付给中间商的佣金,物流中发生的运输、仓储、装卸费用,各种单据和文书工作的费用,提供给中间商的信用、广告、促销等方面的支持费用,以及业务洽谈、通信等费用。

　　A. 成本　　　　　B. 资金　　　　　C. 控制　　　　　D. 覆盖

4. （　　）是指建立分销渠道的资金要求。

　　A. 成本　　　　　B. 资金　　　　　C. 控制　　　　　D. 覆盖

5. （　　）是指分销渠道的市场覆盖面,即企业通过一定的分销渠道所能达到或影响的市场。

　　A. 成本　　　　　B. 资金　　　　　C. 控制　　　　　D. 覆盖

6. 中间商的服务对象要与企业要求达到的市场相一致,是对国际市场分销渠道成员选择中的（　　）标准。

　　A. 服务对象　　　　　　　　　　　B. 地理位置

　　C. 企业规模与经营能力　　　　　　D. 声誉

7. 中间商应位于国际市场的适当位置上,以利于产品的实体分配,是对国际市场分销渠道成员选择中的（　　）标准。

　　A. 服务对象　　　　　　　　　　　B. 地理位置

　　C. 企业规模与经营能力　　　　　　D. 声誉

8. 中间商的资产总额、营业额、利润额、职工人数、职工素质、设备、仓储、运输等条件,是对国际市场分销渠道成员选择中的（　　）标准。

A. 服务对象　　　　　　　　　　B. 地理位置

C. 企业规模与经营能力　　　　　D. 声誉

9. 中间商信誉和公共关系的好坏,是对国际市场分销渠道成员选择中的(　　)标准。

A. 服务对象　　　　　　　　　　B. 地理位置

C. 企业规模与经营能力　　　　　D. 声誉

10. 为了让中间商在市场上排除竞争对手,使其可以控制市场,从而提高中间商的积极性,可以给中间商(　　)。

A. 奖金支持　　　　　　　　　　B. 更多的产品

C. 独家经营权　　　　　　　　　D. 广告支持

三、多项选择题

1. 商品从生产者向国际市场消费者转移所经过的(　　),就称为国际市场分销渠道。

A. 流通渠道　　　B. 流通环节　　　C. 流通方式　　　D. 流通方向

E. 流通时间

2. 国际市场营销企业必须对两种渠道施加影响,即(　　)。

A. 国内分销渠道　　　　　　　　B. 国际分销渠道

C. 中间商渠道　　　　　　　　　D. 零售商渠道

E. 批发商渠道

3. 影响企业选择国际市场分销渠道的因素包括(　　)。

A. 成本　　　B. 资金　　　C. 控制　　　D. 覆盖

E. 特征

4. 国际市场分销渠道成员选择的标准包括(　　)。

A. 服务对象　　　　　　　　　　B. 地理位置

C. 企业规模与经营能力　　　　　D. 企业声誉与合作态度

E. 提供信息的能力

5. 国际市场分销渠道的调整策略包括(　　)。

A. 增减分销渠道中的个别中间商　　B. 增减某一类型的分销渠道

C. 调整整个分销渠道　　　　　　　D. 降低产品成本

E. 提高产品售价

四、问答题

1. 国际市场商品实体分配的基本模式是什么?

2. 如何对国际市场分销渠道成员进行选择?

3. 如何对国际市场分销渠道成员进行激励?

五、案例分析题

全渠道布局，加快新零售探索

2015—2018年，"雅芳"这个来自美国的化妆品品牌重新加大了对中国市场的投入。雅芳内部确定了"中国优先"的发展战略。这几年，雅芳在战略、资源上对中国市场的"倾斜"也有目共睹。作为最早进入中国市场的国际化妆品品牌之一，雅芳在中国市场曾经风光无限。但随着电商的兴起，曾经的直销模式难以为继。在渠道问题上的摇摆不定，让雅芳错失了发展机会。

现在，随着雅芳把重心重新放到中国市场，渠道改革也被提上了日程。2016年年初，雅芳换帅，张旭明担任中国区CEO。上任伊始，张旭明就知道，解决渠道问题是雅芳走出困境的根本。张旭明表示："随着移动互联网及数字化技术的发展，传统的零售模式早已不能满足广大消费者的需求""线上线下的融合、产品＋体验的消费升级成为主流，新零售则为品牌突围带来新契机"。这也奠定了他的品牌发展策略：消费者在哪里，雅芳就在哪里。在全新思维指导下，雅芳全力推进全渠道发展策略，以开放的心态探索不同的商业模式，触达更多的消费者。

2018年5月22日，在第23届中国美容博览会期间，雅芳中国大陆及台湾地区总经理张旭明表示："雅芳在2017年的销售都是呈现正增长，这代表我们的策略方向是正确的"。

据张旭明介绍，在新的市场环境下，雅芳正全力推进"电商＋美容专卖店＋化妆品专营店/商超"的全渠道布局，加快新零售探索。

张旭明表示，线上渠道是雅芳发力的重点。2009年雅芳开始入驻淘宝，2013年进驻天猫，2014年进驻京东，2015年入驻唯品会。从2015年开始，雅芳利用微信公众号搭建起一站式客户关系管理平台，随后开设天猫旗舰店。由此，雅芳以天猫旗舰店和微信公众号为核心据点的电商平台形成，打通线上线下的会员数据，并利用内容营销和精准推送带来超过200%的购买转化率。

电商除了渠道，还担负着品牌形象宣传窗口、产品发布阵地和新零售闭环接口的重任。美容专卖店是雅芳的传统优势渠道。截至2018年，雅芳直接支持和管理的美容专卖店有1500多家。美容专卖店正在向6.0形象店升级，主打"温馨花房"设计理念，"颜值"与体验并重，着力打造场景感和体验感，成为品牌延伸的一部分。截至2018年，雅芳在全国已有138家美容专卖店升级为6.0形象店，升级后的店铺零售平均提升54%。

张旭明介绍，目前专门店已经完成了第一阶段的任务，即通过提升美容专卖店的颜值，建立起线上线下打通的客户关系管理体系；第二阶段，雅芳将陆续引进不同的科技智能设备，以强化、追踪产品的效果。

同时，为了确保门店达到标准，雅芳对经销商还提供"全链式"生态系统合作支持，涵盖了从运营管理、形象设计、业务培训到营销推广的全流程支持。同时，雅芳对美容专卖店也有一定的考核机制，根据每个月的订货量等综合指标，评定"活跃店铺"，据此管控门店数量,逐步淘汰那些跟不上新零售趋势的门店。

从 2017 年开始,雅芳进入化妆品专营店渠道,以个人护理产品为主。化妆品专营店是雅芳的战略性渠道,目前已经拓展了 5 000 家网点。张旭明介绍,在这个渠道,雅芳会提供包括灵活促销支持、专业人员培训和精致陈列计划等支持方案,以延伸雅芳的品牌触角。

张旭明指出,在全渠道布局上,雅芳一向把所有投资战略放在一起考量,不会把三个渠道分开,在投入上是以全局为重。随着购物中心的蓬勃发展,目前雅芳也在协助化妆品专营店的经营者进入购物中心这个渠道。同时,在不同的渠道,产品布局也各有侧重。例如,线下渠道侧重于为消费者提供更好的服务和体验,主要提供中高档的护肤美容产品;电商渠道年轻消费者较多,则推出专门为年轻人定制的产品;化妆品专营店渠道,更多地聚焦于洗护类产品。不过他也表示,明星口碑产品会在全渠道进行推广,以方便消费者购买。

资料来源:周瑞华.雅芳张旭明——全渠道布局,加码中国市场[J].成功营销,2018(Z2):60-61.

思考:

1. 雅芳进行全渠道布局的原因是什么?
2. 雅芳目前在中国的分销渠道形式有哪些?

第十章

国际市场促销策略

学习目标

1. 了解国际市场促销的概念、形式和作用。
2. 了解国际广告面临的阻碍与限制。
3. 熟悉国际广告管理的相关决策。
4. 了解国际公共关系的主要类型。
5. 掌握对国际市场促销人员的要求。

雀巢咖啡(Nescafe)在世界上很多国家获得了成功,其在日本的成功尤其具有代表性,意义非同寻常。

1961年,雀巢咖啡进入日本市场时,最初采取的是产品导向的广告战略。电视广告一开始便打出"我就是雀巢咖啡"的口号,朴素明了,一时间反复在电视上出现,迅速赢得了知名度。之后,雀巢公司于1962年,根据日本消费者以多少粒咖啡豆煮一杯咖啡来表示咖啡浓度的习惯,开展了"43粒"的广告运动,可谓典型的USP(独特的销售主张)策略。广告片中唱着"雀巢咖啡,集43粒咖啡豆于一匙中,香醇的雀巢咖啡,大家的雀巢咖啡"。由于其旋律优美,竟变成了大街小巷的儿歌。20世纪70年代,日本经济蓬勃发展,雀巢公司希望可以用咖啡打开日本市场,但是,当时的日本消费者更喜欢喝茶,没有喝咖啡的习惯。于是雀巢公司曾委托当地的市场调查机构从事一项调查分析工作。结果表明,第二次世界大战后出生的年轻人对咖啡的排斥性低于年纪大的人,男性接受的程度高于女性。针对这种情况,雀巢公司针对不同的对象,制定了不同的营销策略,并通过广告传达产品的信息。

针对以喝茶为主的老年人,雀巢公司极力塑造日本风味的形象,以日本的传统文化来表现咖啡的味道,说明雀巢咖啡是具有深度、深刻融入日本文化的饮料。这一做法的目的仅在于降低老年人对咖啡的排斥,并不是要取代喝茶。针对年轻人,雀巢公司则刻意塑造欢乐的气氛,以新潮、时髦、感情和爱情为表现主题,让年轻人感受到雀巢咖啡的超越国界和时代感,并视其为年轻一代生活中不可缺少的一项消费品,从而接受它、认同它。针对成熟、稳重、事业有成、有社会地位和经济条件优越的中年人,雀巢公司则用金牌咖啡来吸引,暗示成功的人应与金牌咖啡同在。

雀巢咖啡这个名称,用世界各种不同的语言来看,都给人一种明朗的印象,并和消除紧张、缓解压力的形象结合在一起。在日本曾有"雀巢金牌咖啡所具有的高格调形象,是经过磨炼后的'了解差异性的男人'所创造出来的"的广告,营造了"雀巢咖啡让忙于工作的日本男人享受到刹那的丰富感"的氛围,至今让许多日本人都印象深刻。

资料来源:胡蕊.百年老店之雀巢|海外风云[EB/OL].(2019-08-05)[2023-06-10].https://www.sohu.com/a/331669402_585920.

引例启示:雀巢公司之所以能够在日本市场站稳脚跟,与其制定正确的国际市场促销策略息息相关。针对不同消费者群体投入大量的广告,在增强消费者的品牌意识和偏好方面,雀巢公司从不吝惜花钱,这使其在日本很快赢得较高的市场份额。此外,雀巢公司因地制宜,制定促销策略以建立长期的消费偏好。跨国企业应充分学习雀巢咖啡优秀的促销策略,制定适合自身经营情况的促销策略,尤其是在面向国际市场的销售过程中,应充分考虑文化包容性和经济政治环境。同时在制定促销策略时,跨国企业应注重策略的独创性,开发具有自身品牌特色的产品和促销模式,实现利润和品牌形象的双向提升。

第一节　国际市场促销概述

一、国际市场促销的概念、特点和形式

(一)国际市场促销的概念

国际市场促销是指跨国企业在国际市场上应用各种方法和通信手段来传递产品或服务信息,与消费者进行双向沟通,确保客户对企业产品的兴趣和信赖以产生购买动机,然后作出购买决定。国际市场促销的基本目标是销售产品,因此促销的本质是企业和消费者之间的沟通。促销活动是指企业针对当前和潜在消费者进行的旨在影响消费者购买行为的所有活动。通过开展促销活动,企业传播有关产品或服务的信息,帮助消费者认识到产品或服务的好处,并激发消费者需求及购买欲望,鼓励消费者采取购买行动,最终达到销售的目的。

(二)国际市场促销的特点

1. 促销环境方面

由于各国政治、经济和文化等内外环境因素的不同,企业促销活动的开展需要结合不同国家的环境特点。在一个国家行之有效的促销方式,在另一个国家可能收效甚微。

2. 促销策略方面

在国际市场营销活动中,由于与促销相关的约束条件不同,促销策略的组合方式有很多种,企业面临的选择呈多样化特征。

3. 促销效果方面

综合上述原因,在一个国家成功的促销策略可能无法帮助企业在另一个国家实现促销目标。

(三)国际市场促销的形式

一般来说,现在通行的国际市场促销的形式主要包括广告宣传、公共关系、人员促销、营业推广、直复营销五种。

1. 广告宣传

广告宣传是指一家企业通过特定的媒体,向公众发送企业或产品的信息,以达到提高产品销售量的促销形式。广告宣传具有信息受众广的特点,并且能够为消费者提供丰富的图像再现效果。

2. 公共关系

公共关系是指企业有意识地加强与社会的联系，获得社会公众的理解、信任和支持，开展一系列的社会传播活动，建立企业良好的形象和声誉。公共关系的特点是通过向顾客及时传递信息，有效地加强与公众的沟通，使顾客理解和信任企业和其产品，从而实现企业营销目标，促进企业发展，协调企业内部和外部的关系；而不是直接向顾客推销产品。公共关系扮演着重要的角色，但不能弥补产品和企业本身的不足，更不能取代人员促销、广告宣传。

3. 人员促销

人员促销是指企业派销售人员到国外直接与消费者或用户见面，展示公司产品，达到推广目的的一种推广方式。人员促销的特点是对产品展开细致的介绍，同时能及时获得反馈，以及随时根据销售需求调整营销策略。同时，人员促销也在密切买卖双方关系中发挥着作用。人员促销的缺点是获得的信息相对狭窄，成本高，难以招聘合格的促销人员。

4. 营业推广

营业推广又称销售促进，是指那些不同于广告宣传、公共关系和人员促销的销售活动，旨在激发消费者的购买欲望和促进经销商的效率。营业推广的形式多样化，如陈列、展销、消费信贷、赠送纪念品，以及许多非常规的非经常性的销售尝试等。简单来说，营业推广可以归为三类：针对消费者的营业推广、针对中间商的营业推广和针对销售人员的营业推广。

5. 直复营销

直复营销是一种以提供情报为手段，通过邮件、电话或其他方式从消费者处得到直接反应（订单或询问资料等）为目的，将商品或服务经由以上的媒体介绍到市场的活动。直复营销的形式多样，如网络直播、目录营销和电话营销等。

二、国际市场促销的作用

1. 传递信息

国际市场促销能够连接生产和销售，及时提供信息。对于消费者或用户来说，信息发挥着吸引注意力和刺激购买行为的作用。对于经销商来说，信息是他们作出采购决策的基础，能够提高他们的经营效率。

2. 扩大产品需求

有效的促销活动可以充分发挥刺激需求的作用。通常来说，对于消费者倾向于在冲动下购买的产品来说，促销在创造需求方面的作用更加明显。但对于耐用消费品来说，促销也非常有用。

3. 诱导需求

国际市场促销有助于突出产品特点，打造产品形象，增强产品竞争力。在一些市场上，不同生产商提供的产品在功能和性能上的差异并不大，以至于普通消费者无法察觉。

促销可以借助品牌推广、产品特性、价格和效能,使消费者对企业的产品形成心理偏好,从而在消费者心目中建立独特的产品和企业形象。

4. 增加收入

国际市场促销有助于稳定销售。国际市场的销售量波动很大。有针对性的促销活动有助于抵消不利的市场变化,并保持销量的稳定增长。

三、基本策略

(一) 推动策略

1. 推动策略的概念

推动策略是指企业以中间商为主要促销对象,通过销售人员的工作,将产品推广到分销渠道,最终到达目标市场,向消费者推广。推动策略的条件是企业及其中间商对商品的市场前景一致看好,双方愿意合作。采用推动策略对企业来说风险较小、销售周期短、资金回收快,但也需要中间商的理解和配合。

2. 推动策略的应用

一般来说,推动策略多用于以下情况的市场推广:①目标受众较少的产品;②处于平销状态、市场趋于饱和的产品;③品牌知名度低的产品;④已上市时间较长的品牌;⑤需求具有很强的选择性的产品,如化妆品;⑥消费者购买容易出现疲软的产品;⑦需要更多的消费和使用信息的产品。

(二) 拉动策略

1. 拉动策略的概念

拉动策略是以终端消费者为主要促销对象,通过使用广告、公关等多种促销方式,发动强大的促销攻势,从而使消费者产生强烈的兴趣和欲望,争先向经销商询问此类商品时,经销商看到此类商品需求量很大,会从生产商那里购买。当一些新产品发布时,中间商往往会高估市场风险而不想分销,因而企业只能先直接向消费者销售,再吸引中间商分销。

2. 拉动策略的应用

拉动策略多用于以下类别的产品:①具有广泛目标受众和大量销售宣传的产品;②销售量快速增长并开启首次销售的品牌;③知名度高的品牌和具有强烈情感色彩的产品;④使用方法不复杂且容易掌握的产品;⑤经常需要的产品。

虽然推动策略和拉动策略有其各自的应用范围,但是两种策略也可以结合在一起使用。

四、促销组合的概念和影响因素

(一) 促销组合的概念

促销组合是一种组织促销活动的策略思路,是指企业运用广告宣传、人员促销、公共关系、营业推广和直复营销这些促销方式组合成一个策略系统,使企业的全部促销活动互相配合、协调一致,以最大限度地发挥整体促销效果。

促销组合是一种系统化的整体策略,每种促销方式则构成了这一整体策略的子系统。每个子系统都包括了一些可变因素,即具体的促销手段或工具。其中,某一因素的改变意味着组合关系的变化,也就意味着一个新的促销策略的产生。

(二)促销组合的影响因素

1. 促销目标

促销目标是影响促销组合决策的首要因素。广告宣传、人员促销、公共关系、营业推广和直复营销等促销方式都有其各自独有的特性和成本,其成本效应各不相同。营销人员必须根据具体的促销目标选择合适的促销组合。

一般来说,广告宣传、营业推广和公共关系在建立顾客知晓度方面,比人员促销的作用显著;在顾客是否购买以及购买多少方面,广告宣传和公共关系的作用则不甚显著,而人员促销的作用则十分显著。由此可见,促销方式与促销目标的关系是密不可分的。

2. 市场特点

除了考虑促销目标,市场特点也是影响促销组合决策的重要因素。市场特点受每一地区的文化、风俗习惯、经济政治环境等的影响,每种不同的促销方式在不同类型的市场上所起作用是不同的。因此,企业应该综合考虑市场和促销方式的特点,选择合适的促销方式,使它们相匹配,以达到最佳促销效果。

3. 产品性质

由于产品性质的不同,消费者及用户具有不同的购买行为和购买习惯,因而企业所采取的促销组合也会有所差异。例如,对家电类商品来说,最重要的促销方式首先是广告宣传,其次是营业推广,再次是人员促销,最后是公关关系;而对于日用消费品来说,最重要的促销方式首先是营业推广,其次是人员促销,最后是公关关系。

4. 产品生命周期

产品所处的生命周期阶段对于促销组合决策也会产生影响。这是因为对于处于生命周期不同阶段的产品,其促销侧重的目标不同,企业所采用的促销方式亦有不同。处于产品生命周期不同阶段的促销组合选择,如表 10-1 所示。

表 10-1　产品生命周期不同阶段的促销组合选择

产品生命周期阶段	促销目的	成本效应和促销组合
导入期	促使消费者认识并了解企业产品	以广告宣传和公共关系为主,人员促销和营业推广为辅
成长期	提高产品知名度	以广告宣传和公共关系为主,但应考虑用人员促销来部分替代广告宣传以降低成本

（续表）

产品生命周期阶段	促销目的	成本效应和促销组合
成熟期	保住已有的市场占有率,增加信誉度	应以营业推广为主,充分利用赠品等促销工具,并辅以广告宣传、公共关系和人员促销
衰退期	维持消费者对产品的偏爱,保证利润	广告宣传、公共关系和人员促销的效应都降低了,其中人员促销的效应降得最低,因此仍以营业推广为主

5. 其他营销因素

影响促销组合的因素是复杂的,除上述四种因素外,企业的销售预算、营销风格、销售人员素质、整体发展战略、社会和竞争环境等都不同程度地影响着促销组合的决策。营销人员只有审时度势、全面考虑,才能作出有效的促销组合决策。

第二节 国际广告

一、国际广告的概念、特点和作用

(一) 国际广告的概念

国际广告是指由广告主利用国际或当地媒体建立国际品牌形象,以扩大产品或服务的销售,并针对不同国家的消费者开展的广告活动。国际广告主要以付费方式展开,旨在通过大众媒体向国际受众传达相关商品、劳务等信息,从而影响受众的态度,鼓励或说服他们采取购买行为。国际广告不仅可以快速促进销售,还有助于建立产品的长期正面形象。

(二) 国际广告的特点

通过国际广告,企业通常可以经济而有效率地接触散布于全球各地的消费者。国际广告具有以下几个特点。

1. 开放性

广告是一种公开声明,表明企业提供的产品符合标准、是合法的。国际广告公开地刊登在受众面更广的大众传媒上,可以增加消费者对企业和产品的信任度。

2. 渗透性

随着消费者通过广告作出更多的购买决定,企业可以通过展示其规模、名望和成功的大规模广告,使自身的产品受到消费者的欢迎。

3. 表现力

广告的载体多种多样、表达方式丰富多彩,通过对印刷、声音和色彩的巧妙运用,广告可以生动地表达其产品和服务的特点。但是广告也存在以下不足：广告虽然可以快速接触到消费者，但最终是非人员促销，缺乏面对面的宣传所具备的强大的说服力；广告与消费者的沟通是单向的，至于消费者是否注意这则广告却很难控制；广告费用可能很高。

（三）国际广告的作用

1. 激发和诱导消费

消费者对某一产品的需求，往往是一种潜在的需求，这种潜在的需要与现实的购买行动，有时是矛盾的。国际广告造成的视觉、感觉印象以及诱导往往会勾起消费者的现实购买欲望。有些物美价廉、适销对路的新产品，不为消费者所知晓，因此很难打开市场，而一旦进行了广告宣传，消费者就会纷纷购买。另外，国际广告的反复渲染、反复刺激，也会扩大产品的知名度，有助于建立消费者对产品的信任感。

2. 开拓国际市场，塑造世界性品牌

国际广告有助于促进世界经济的活跃和发展，推进全球经济一体化的进程，配合商品出口贸易计划的实施，增强国际市场营销的竞争能力，提升国际经济地位与经济实力，开拓产品的国际市场，塑造世界性品牌。

3. 推动新产品、新技术在国际范围的发展

国际广告能够促进国际商品信息的交流和国际新产品的开发，推动新产品、新技术在国际范围的发展。新产品、新技术的出现，靠行政手段推广的过程缓慢且局限性很大，而通过广告直接与广大的消费者见面，能使新产品、新技术迅速在市场上站稳脚跟，并获得成功。

二、国际广告面临的阻碍与限制

（一）法律法规的制约

世界各国对广告管理都有一些规定，对产品类型、价格、指南、广告方式和媒体都有不同的限制。如果制作的广告不违反各国的广告法律法规，可以采用标准的广告策略将广告推广到所有国家；如果制作的广告违反了某些国家的广告法律法规，则只能采用差异化的广告策略。一般来说，为了节省广告成本，企业通过深入研究各国的广告法律法规，制作出不违反各国广告法律法规的广告，并采用标准的策略在全球范围内推广。

许多国家和地区对广告都有法律法规的限制。企业在开展跨国广告活动时应高度重视并研究适应性对策。一般来说，对广告活动的法律法规限制涉及广告费用、广告媒体、广告产品、广告价格、付款方式、复制品、插图和其他广告中使用的材料，以及广告计划的其他方面。例如，比较广告在德国是非法的，广告商不能说自身的产品是最好的，也不能说自身产品比其他新产品更好；科威特每天只允许播放 32 分钟的电视广告，并且必须在晚上播放；在中国，广告法律法规的限制主要体现在媒体上发布和播放的烟草广告、酒类广告。

（二）语言与文字的约束

国际广告和国内广告最明显的区别是语言的不同。语言是文化的组成部分和载体，承载着深厚的文化内涵。语言反映了一个民族的特点，它不仅包括该民族的历史文化背景，还包括该民族对事件的看法，表达不同的生活方式和思维方式。因此，语言因素已成为国际广告促销成功与否的重要因素。在进行国际广告活动时，不能简单地将一种类型的文本翻译成另一种类型的文本。广告语言的转换绝不仅仅是不同语言之间文本翻译的问题，更重要的是不同思维方式和不同文化之间的相互交流问题。

国际广告应使用目标消费者所在国家的语言，并根据当地的语言习惯编写。正如国际市场营销专家菲利普·科特勒所说："在撰写产品促销广告时，您应该使用目标市场能够识别和理解的符号"。这意味着国际广告应符合当地消费者的口味，满足他们的想法、感受和愿望，适应他们的环境和传统。例如，上海电池厂生产的白象牌电池，质量上乘，深受中国人的喜爱，但出口美国时，其英文品牌译为"White Elephant"，意思却是"负载重、无用而笨重的东西，以及通常昂贵但无用的东西"。

（三）文化多元化的限制

对广告的理解和欣赏水平受消费者所接受的不同文化教育水平的限制。如果广告不是根据广告投放地区的实际情况设计的，广告做得再好也不会引起共鸣。例如，虽然报纸和杂志可以在受教育程度高的国家用作广告，但不能在受教育程度低的国家使用；而受教育程度高的国家，对广告的创意要求也很高，消费者不会去关注不够水准的广告。国际广告语言的翻译应正确，并理解双方的惯用语言和方言。否则，不仅不能有效表达原意，甚至会造成误会。在一个国家是一种赞美的语言，但在另一个国家可能却是一种讽刺。尤其是习惯语、成语、暗示语、俚语、笑话、双关语，在翻译时更应特别注意。因此，国际广告中使用的语言要谨慎，尊重他人的语言和习语。也有一些国家和地区几种文字和语言并存，国际广告则应该使用最常见的文字和语言。

三、国际广告管理的相关决策

（一）广告目标的确定

广告目标是指企业希望通过广告活动实现的目标。其本质是完成在特定时间内为特定受众传达信息的任务。广告目标是广告策略的起点。广告目标的确定应与企业的市场定位、目标市场的选择、企业的营销组合策略相一致。企业可以针对不同的具体目标开展广告活动，也可以在不同时期、不同条件下设置不同的广告目标，具体可以分为以下几类：

（1）提高商品的知名度和认知度。

（2）加强社会公众对企业和品牌的印象。

（3）提高消费者对品牌的指名购买率。

（4）维持和扩大广告品牌的市场占有率。

（5）向社会公众传播企业和品牌、企业经营和服务的信息。

（6）加强新产品的宣传，普及新产品知识，介绍新产品的独特之处。

（7）纠正社会公众对于企业和品牌的认知偏差，排除销售上的障碍。

（8）提高企业的美誉度，树立企业良好的形象。

（9）对于人员推广一时难以达到的目标市场，进行事先广告宣传。

（10）在销售现场进行示范性广告宣传，促使消费者缩短决策过程，产生直接购买行为。

（11）通过广告宣传，增加产品使用的持续性，维持市场销售率或增加产品的销售量。

（12）吸引潜在消费者到销售现场或展览宣传场所参观，以提高对产品的认知，增强购买信心。

（13）以广告宣传扩大影响、造就声势，鼓舞企业推销人员的士气以提高工作的积极性和创造力。

（14）创造市场和潮流走向，挖掘潜在市场目标，推进社会文化潮流的发展。

（二）广告代理机构的选择

企业在选择国际广告代理机构时需考虑以下因素。

1. 广告代理机构是否具备运营能力

运营能力包括设备、人力、创意、生产、实施、调查和测量等。了解广告代理机构运营能力的最简单方法是通过当前的广告客户或广告媒体去了解。

2. 广告代理机构的经验和业绩

现实中有信誉的广告代理机构总是成功的。然而，只从"名气"上了解广告代理机构是不够的，广告主还需要了解广告代理机构过去的客户、广告代理机构熟悉的行业以及广告代理机构所接触的产品，深入了解广告代理机构的经验和实际表现是否有助于自身的广告代理活动。

3. 广告代理机构规模的大小

如果广告项目多，要求高，企业则需要与一个比较大的广告代理机构合作；如果广告项目少、规模小，就没有必要找大的广告代理机构。小机构的大客户可能比大机构的附加小客户更受重视。此外，小商品不需要做大广告。

4. 广告代理机构是否具备一定的资金实力

如果广告代理机构的规模很小就难以向广告主提供良好的服务。因此，企业应当寻找那些有资金实力、善于经营的广告代理机构做广告。

（三）广告媒体的选择

1. 国际广告媒体的类型

根据广告所使用的媒介，我们大致可将广告分为以下几类：听觉的广告，如广播广告;视觉的广告,如报纸杂志上的广告;视听的广告,如电视广告。广告的形式多样,内容丰富,而且还在不断发展。近年来,网络广告得到了较大的发展,另外,还出现了太空广告等形式。

国际广告媒体主要包括报纸、杂志、广播、电视、新媒体、户外(标语牌、海报、展示、车辆、商店和邮政等)。近年来,互联网新媒体发展迅速。

2. 国际广告媒体的特点

(1) 报纸广告。报纸的主要优点是覆盖面广、读者稳定、信息传递及时、重复传播效果好,能给客户留下深刻印象;主要缺点是印刷质量差,报纸读者对报纸广告这种形式不感兴趣。

(2) 杂志广告。杂志广告能够明确表达产品的质地,还可以长期保存,提高了重复阅读率,但杂志广告一般周期长,时效性差,制作的成本比较高。

(3) 电视广告。电视广告集声音、图像、音乐为一体,是当今最重要的广告媒体类型之一,具有覆盖面广,影响深,号召力强,信息传播及时、迅速等特点。其缺点是传递的信息是短暂的,不容易被记住,针对性差,成本高。由于其较大的娱乐价值,电视广告已成为大多数国家的主要传播手段。大多数人口稠密的地区都有电视转播设施,如中国的电视广告就拥有大量的受众。但在一些电视机稀缺、电视传输技术落后的国家,电视广告的影响有限。

(4) 新媒体广告。新媒体分为两部分:一是传统媒体的数字化,如报刊电子版;二是从互联网的便利中兴起的新媒体,如抖音、微信等。随着网络技术的发展而诞生的新媒体形式,具有快速、即时、覆盖面广、互动性强、公众参与性强等巨大优势。然而,新媒体的广泛覆盖和无所不在的信息展示,让消费者在被海量信息包围时容易感到厌倦。特别值得一提的是,新媒体在广告中的作用将变得越来越重要。

(5) 其他类型的广告媒体。例如,户外广告可以展现一种气势磅礴的产品或企业形象,其特点是展示时间长、表达方式灵活、成本相对较低,但是,户外广告是有地域限制的,一经发布就难以更改,更新性差;交通广告制作简单、性价比高,是在车辆内外墙的广告,由于车辆的流动性,广告渠道的推广范围更广。需要注意的是,此类广告应引人注目,文字说明应简短并突出主题。

3. 国际广告媒体选择的影响因素

世界各地的广告渠道基本相同,但在传播的范围、数量和质量上存在差异。选择国际广告媒体时应考虑以下几点:

(1) 媒体成本。不同媒体的成本是不同的,电视广告的成本相对最贵,而报纸和杂志的成本相对便宜。当然,如果企业有足够的预算,也可以考虑同时使用多种媒体。大多数国家的广告费用可以通过谈判来协商,但有一些发展中国家的媒体价格是由政府机构设定的。一般来说,经济越发达的国家,其媒体价格越高。

（2）产品特性。根据不同的产品特性，对媒体有不同的要求。由于工业产品、消费产品、高科技产品针对不同的目标客户，企业应考虑选择不同的媒体。一般来说，对于技术性能高的产品，可以通过有详细文字说明的报纸杂志进行宣传；对于强调视觉冲击的产品，电视媒体会更有效；对于音乐产品，电视、广播和网络媒体则更有优势。

（3）媒体声誉。企业在选择媒体时，应考虑媒体的知名度、影响力和美誉度。媒体的知名度越高，其社会影响力越大，在消费者心目中的声望也越高。另外，能否在规定时间内发送产品信息也是检验媒体效率的重要标准。

（4）媒体数量。媒体数量包括媒体的传播和影响程度、媒体的发行量、覆盖面、观众人数等。一般来说，媒体数量越多，广告的传播效果越好，当然广告成本也越高。在选择广告媒体时，媒体所能触及的影响范围与企业所要求的信息传播范围必须适应。

（四）广告预算的安排

与广告媒体的成本不同，电视广告相对昂贵，报纸和各种费用相对较低。在媒体选择上，企业应考虑其总体预算，以及媒体的优势。当然，如果公司有足够的预算，也可以考虑同时使用多种媒体。

（五）广告效果的衡量

百货业之父约翰·沃纳梅克说过："我知道我们在广告上的花费有一半被浪费掉了，但我不知道是哪一半"。虽然广告的效果很难被衡量，但是大多数企业一直在开展这项工作。广告效果的衡量应包括所有商业效果，从在广告发布前评估广告的吸引力和知名度，到在广告发布后评估消费者的认知度。无论使用何种宣传媒体，销售量、广告感知、广告回顾记忆、购买决策、购买意愿和盈利能力都是常用的衡量指标。衡量国际广告效果的技术与国内广告相同，但衡量条件不同。需要注意的是，广告效果测试通常很昂贵，因此广告效果测试通常不会在小市场中进行。

国际市场的广告研究成本远高于国内市场。增加全球和区域促销活动是广告研究面临的巨大挑战。例如，针对欧洲市场完成全面、可靠的调查是十分困难的，这是因为各个欧洲国家有其不同的受众评估和分析方法。因此，为了比较不同国家的广告受众，广告商正试图建立一个全球可接受的标准。

第三节　国际公共关系

一、国际公共关系的概念

国际公共关系（International Public Relations）是国际市场营销中的一种重要的促销策略。公共关系是指企业或其他经济组织作为获得公众和客户的理解和信任，促进销售和在国际市场上立足而从事的一系列管理活动和管理职能。公共关系的典型形式是利用第三方(主要是新闻媒体)对企业及其产品进行宣传和报道,以多种方式拉近企业与公众、企业与客户之间的关系。

公共关系是一种相对于广告宣传、人员促销等促销方式的间接促销方式。它可能不会产生立竿见影的效果,但对于树立公司的良好形象和未来的发展至关重要。公共关系已成为影响企业在国际活动中成败的重要因素。

国际公共关系是企业做好对外公关工作,在国外树立企业良好形象的利器。复杂而激烈的国际市场竞争使国际市场营销人员面临比本地营销人员更难的公共关系。企业应根据东道国社会文化、生活传统和宗教信仰等特点开展公共关系,与东道国市场各方面建立和谐关系,有利于企业的长远发展。

二、国际公共关系的特征

1. 主体的复合性

公共关系主体是特定的社会组织,但国际公关活动的主体往往是复杂的。企业为了让产品进入国际市场需要进行公关活动;地方政府或某个行业需要扩大出口而开展公关活动;国家开展公关活动,是为了在国际社会中占有一席之地。需要注意的是,上述国际公共关系的主体是相互关联的。

2. 客体的复杂性

公关的客体是公关活动的对象。在国际市场营销公关活动中,其客体是针对世界上不同种族、不同国籍、不同国家不同层次的群体,因此客体较为复杂。

3. 媒体的局限性

由于国际公共关系客体的复杂性,国际公共关系的传播对象在语言、文化、心理、行为等方面存在很大差异,极大地制约了传播媒体和国际公关手段。

三、国际公共关系的主要类型

1. 宣传型公共关系

宣传型公共关系可分为内部宣传和外部宣传。宣传型公共关系是指广泛利用各种媒体向公众传达产品和企业的信息,促进企业与社会的沟通与联系,营造有利于企业的发展的舆论氛围和内外环境。

2. 交际型公共关系

交际型公共关系是指通过直接的人际交流建立情感联系,为企业建立广泛的社交网络,营造有利于企业发展的人际关系和外部环境。公共关系的沟通方式有两种:一种是群体沟通,另一种是个人沟通。群体沟通包括各类招待会、研讨会、学习晚宴、宴会、茶话会、舞会等;个人沟通包括谈话、拜访、祝贺和亲笔签名的信件。

3. 服务型公共关系

服务型公共关系是指为了以优质的服务赢得大众的好感,进而塑造产品、品牌甚至企业的良好形象,任何企业在进入国际市场之前,都应树立以优质、完善服务为基础的理念。

4. 社会型公共关系

社会型公共关系是指举办各种有组织的、社会的、公益的、赞助的活动,如纪念、赞助公益活动等,以增强企业的社会影响力、提高企业的社会声誉、获得社会公众的信任和支持。

5. 征询型公共关系

征询型公共关系是指通过提供信息服务建立企业与公众之间的联系,通过这种媒体,公众能够了解、信任和支持企业的国际市场营销活动。例如,当产品刚刚进入特定的国际市场时,企业公关人员就应该大力采取促销和公关策略;当产品进入市场成熟期时,应采取服务公关策略来吸引更多的受众。全面收集社会信息、深入了解社会舆论是充分了解社会需求、及时适应社会变化、塑造以客户为导向的写实形象的主要途径。

6. 维系型公共关系

维系型公共关系多应用于企业处在发展比较好、内外部环境优越、其公共关系状态处于良性循环的时期。在这一时期,企业应注意与社会公众的联系,加强公众对企业的认同感和依赖感,将公众始终维系在企业周围。

四、危机公关的概念、特点和解决措施

(一)危机公关的概念

危机公关是指处理危机的相关机制。根据公共关系创始人爱德华·伯内斯的定义,公共关系是一种管理职能,它制定政策和程序以获得公众的理解和接受。危机公关是指专门为预防或减轻危机造成的严重损害和威胁,有组织、有计划地学习、制定和实施应对危机的一整套管理措施和应对策略,包括危机的预防、控制、解决和危机解决后的复兴等不断学习和适应的动态过程;或是为应对企业管理不善、同行竞争,甚至恶意破坏这类因外部特殊事件的不良影响,而采取的一系列自救行动。

(二)危机公关的特点

1. 意外性

危机爆发的具体时间、实际规模、具体态势和影响深度,是企业始料未及的。

2. 聚焦性

进入信息时代后,危机的信息传播比危机本身发展要快得多。媒体对危机来说,就像"大火借了东风"一样。

3. 破坏性

危机常具有"出其不意,攻其不备"的特点,不论什么性质和规模的危机,都必然将不

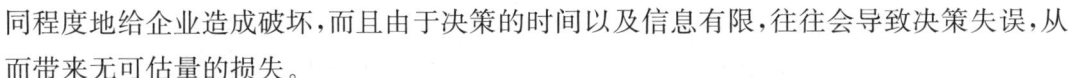

同程度地给企业造成破坏,而且由于决策的时间以及信息有限,往往会导致决策失误,从而带来无可估量的损失。

4. 紧迫性

对企业来说,危机一旦爆发,其破坏性的能量就会被迅速释放,并呈快速蔓延之势,如果不能及时对其进行控制,危机会急剧恶化,使企业遭受更大损失。

(三)危机公关的解决措施

企业通常必须采取有效的解决措施去应对外部压力和批评指责,具体包括:

(1)企业的活动透明化,重点宣传这些活动是如何增加社会效益和经济效益的。

(2)随时准备以负责任的态度利用企业的最高权力对批评责难作出迅速的反应,以缓和冲突。

(3)不仅要解决已出现的不道德行为,还要防止不道德行为再次出现。

(4)尽量运用企业与批评者之间的共同语言,以缓和他们的敌意。营销人员的任务之一是谋取利益,一位通情达理的批评者也知道营销人员的让步是有底线的。

第四节 人员促销

一、人员促销的概念

人员促销是指企业派遣销售人员或聘用当地人员向国外客户推销产品,以达到销售产品的目的。销售人员与客户沟通和传递信息的方式包括面对面、信函、电话等。人员促销具有很强的适应性和相关性,他们可以直接促成交易,也可以执行其他服务任务。人员促销是一种直接的促销方式,可以全面覆盖人的主观活动,这是其他方式所不具备的,特别适用于生产材料和技术较为成熟的耐用消费品的促销。但是,人员促销也存在不足,表现在信息传递范围有限、营销成本相对较高、难以找到合适的营销人员、营销人员的培训和管理等方面。

二、人员促销的优势

人员促销同其他促销方式相比,有其特有的优势,具体包括以下几个方面。

1. 形式直接且效果显著

人员促销利用产品的现场演示的方式,当场对产品进行示范性使用,有助于增加购买者对产品规格、性能、用途、语言文字等方面的了解,消除因社会文化、意识形态、审美、风俗等差异而产生的各种疑虑。人员促销在了解消费者的购买动机、激发消费者的好奇心、消除消费者的尴尬和恐惧感等方面有直接而明显的影响。

2. 选择性及灵活性强

促销人员根据自身的知识、经验和市场调查，判断并选择购买概率较大的对象进行促销，使消费者在短时间内购买，提高促销效率。促销人员在把握潜在顾客的购买意向，以及针对不同消费者的特点进行针对性讲解后，应及时调整促销方式，促进交易。

3. 有利于建立长期的业务关系

促销人员通过长期上门服务、采用各种灵活的推广手法，确保其与消费者和潜在消费者建立良好的关系和深厚的友谊，有利于巩固和获得更多消费者，建立长期稳定的业务关系。此外，人员促销自身的特点决定了这种促销方式也有其不足之处：一是促销人员不可能覆盖到整个目标市场，他们通常只能进行选择性的试点推广；二是人员促销费用高，增加了销售成本，抬高了商品价格，不利于企业在市场上的竞争；三是在国际市场营销中，促销人员必须在不同国家、不同文化背景下工作，对专业人员的综合素质和个人技能要求很高，企业很难找到合适的国际市场促销人员。

三、国际市场促销人员的类型

国际市场营销企业要建立广泛的人员促销网络，应规划其国际市场促销人员的构成。国际市场促销人员的构成主要分为母国的促销人员、目标市场国的促销人员和第三国的促销人员三类。就特定企业而言，三种类型的促销人员都应包括，也可能只有其中的某种类型。企业决定国际市场促销人员构成的主要依据是企业的要求。随着国际经济全球化进程的加快和企业国际化的深入，促销人员的构成也在发生变化，目标市场国的本地促销人员比例上升了，而母国的促销人员的比例则下降了。

1. 母国的促销人员

当促销品是高科技产品或销售产品需要大量相关信息时，选择母国的促销人员作为国际市场促销人员仍然是最好的决定。选择母国的促销人员的主要优势包括：能够接受更好的技术培训，对公司和产品生产线有更好的了解，独立工作能力更强，工作效率更高，有时在国外消费者眼中更具有权威性。当然作为国际销售开发人员，母国的促销人员也有一些劣势，主要是因为文化和法律上的障碍，很少有能力强的人，愿意长期在国外生活。

2. 目标市场国的促销人员

聘请目标市场国的人员作为国际市场促销人员有很多好处。本地人克服了文化和法律障碍，对本地客户或消费者有更深入的了解，更有利于企业与本地消费者建立良好的关系。从成本角度考虑，聘请本地人作为国际市场促销人员能节省差旅费、补贴等相关费用。

3. 第三国的促销人员

随着业务的国际化，从事促销人员的第三国人员越来越多。一般而言，第三国人员的国籍与他们去哪个国家或国家的企业就业无关。例如，一位德国人在阿根廷的一家美国公司工作。过去国内员工和第三国员工长期在国外工作的情况很少见，但现在出现了一批"全球经理人"。这一现象的出现，不仅反映了企业国际化的趋势，也表明人才不属于某个特定的国家。雇用第三国的促销人员的优势在于，他们掌握多种语言并且非常熟悉特定行业或特定国家。越来越多的企业开始认为，应该根据能力而不是护照或国籍来选择促销人员。

四、国际市场促销人员的招聘和甄选

首先，随着企业逐渐将目标市场扩大到国际市场，对国际市场促销人员的需求不断增加。其次，因为促销人员的素质直接影响促销效果，所以招聘和甄选国际市场促销人员显得至关重要。

（一）对国际市场促销人员的要求

作为一个合格称职的国际市场促销人员，除了要有一般促销人员所具备的能力和素质，还应该具备国际市场营销活动所必需的能力、职业态度、知识结构和人际关系等。

1. 能力方面的要求

（1）良好的语言表达能力和跨文化交际能力。对于国际市场促销人员来说，外语能力和社会文化差异意识是进行必要的跨文化交流的基本要素，也是胜任国际市场营销工作的必要条件。在国际市场营销活动中，国际市场促销人员至少应该能够使用所在国家的语言进行交流。这对于国际市场营销活动尤其重要。

（2）敏锐的市场观察能力。通常情况下，国际市场促销人员生活在国外，这就要求国际市场促销人员深入了解国外客户的心理活动，准确评估市场特征。市场观察需要国际市场促销人员用专业的眼光和知识仔细观察，通过观察发现重要的市场信息。国际市场促销人员是企业提供国际市场信息的反馈渠道，帮助企业通过观察获取大量准确的市场信息是国际市场促销人员的职责之一。

（3）强大的自我控制和执行能力。大多数国际市场促销人员以一个小团队或个人的形式面对整个国际市场。他们往往独立工作，不受直接监督，国际市场促销人员在执行计划时往往会遇到意想不到的困难，这就需要国际市场促销人员有强大的自我控制和执行能力。

（4）出色的分析和适应能力。国际市场促销人员遇到的客户千差万别，各种各样的客户都可能出现，这就需要国际市场促销人员具备出色的分析能力和适应能力。

2. 职业态度方面的要求

（1）自信。在国际市场，促销人员往往是单独工作或小团队工作，国际市场促销过程本质上就是与客户沟通并建立信任的过程，国际市场促销人员的信心可以潜移默化地影响客户的心理。所以，自信在国际促销中起着重要作用。相信自己，相信公司，相信产

品,相信自己的服务。

（2）敬业。这是成为优秀国际市场促销人员的基础。没有敬业精神,就很难克服在国际市场销售过程中可能遇到的一切意想不到的困难,也很难获得客户的赞赏和尊重。

（3）职业道德。在国际市场上,许多国家对营销活动中的道德行为都有具体的法律法规,国际市场促销人员不仅要遵守本国的相关法律法规,更重要的是要了解并遵守东道国的相关法律法规。

（4）吃苦耐劳。销售工作的内容和形式是不断变化的,一位优秀的国际市场促销人员必须有谦虚的态度,努力工作,积极思考,提高适应国际市场环境变化的能力。

3. 知识结构方面的要求

（1）企业及产品知识。与国内市场促销人员一样,国际市场促销人员应精通产品知识,了解东道国对此类产品的相关标准,熟悉企业核心业务和核心竞争力知识,培养认同感和归属感,提高工作动力。

（2）国际市场知识。了解国际市场运作的基本原理和营销活动的方法是国际市场促销人员成功的重要条件。市场知识还包括了解市场中的竞争对手,即主要竞争对手有哪些、竞争对手的产品和服务的特点。

（3）国际客户知识。了解和分析国际市场客户的特点,有针对性地采取不同的营销策略。

4. 人际关系方面的要求

人际关系在多数类型的工作当中起着重要作用。良好的人际关系能促进信息有效沟通,营造融洽的氛围,增加消费者的购买意愿。因此,跨国企业应优先考虑与外界有广泛联系的促销人员。

（二）国际市场促销人员的招聘方式

1. 教育机构和人才交流会

各类大中专业院校能提供中高级专门人才。各类大中专业院校是招收应届毕业生的主要渠道。此外,企业可以花一定的费用在人才交流会上设置摊位,以便应征者前来咨询应聘。这种途径的特点是时间短、见效快。

2. 职业中介机构

许多企业通过职业中介机构来筛选他们需要的促销人员,但在招聘之前,企业必须准备详细的职位描述。在招聘过程中,企业在针对性很强的选拔过程中寻求机构专业顾问的协助,简化了招聘流程。

3. 企业内部员工

内部员工可以自行申请合适的职位,并推荐其他候选人。如此可以培养员工积极性,同时可以降低招聘成本。但是,如果内部资源处理不当,很容易引起各种冲突。因此,为了避免"任人唯亲"的情况,招聘时应有相对固定和严格的标准。许多规模较大、员工人数较多的企业,可能会定期要求内部员工动员亲戚、朋友、同学、熟人介绍他人加入企业支持者的行列。这种内推的方式有很多好处,如被提拔的人对工作和公司的性质有重要的了解,可以减少不熟悉工作带来的焦虑和恐惧,从而减少员工流失。但是,这种方式使用的人之间的关系是复杂的,如果使用不好会导致很多矛盾。

4. 各种媒体广告

大多数招聘信息都通过互联网等新媒体和报纸等传统媒体传播。由于这种传播途径的成本低、可维护、发行量高,能够吸引大量的求职者,但合格的候选人比例往往很小。企业可以通过详细规定应聘者的资格来提高应聘者的合格率,从而节省招聘成本。特别值得一提的是,各种专业杂志上的广告,由于其专业性强、方向性好,往往能取得较好的效果。企业可以根据自己的实际情况,通过多种招聘渠道的结合取得更好的招聘效果。

五、国际市场促销人员的培训

(一)国际市场促销人员的职前培训

国际市场促销人员的培训形式、培训内容与受训者所在国的文化和工作所在国的文化密切相关。

1. 母公司派来的促销人员的培训

母公司派来的促销人员的培训主要是介绍目标市场国家的社会文化和风俗习惯,以及在营销活动中会遇到的一些具体问题。培训国际市场促销人员的最佳培训计划不仅是传授一套技能,而是帮助他们了解因为不同国家和地区的文化差异而导致的一系列营销理念和活动的差异。

2. 第三国促销人员的培训

第三国促销人员的培训内容主要是介绍企业及其产品、技术资料及其使用方法。无论培训何种类型的国际市场促销人员,企业都会面临因受训者长期的行为习惯和价值观而产生的许多问题。

3. 本土国际市场促销人员的培训

本土国际市场促销人员也难以摆脱长期形成的行为习惯和生活方式。因此,任何国际市场促销人员培训要想取得成功,受训者必须树立一个清晰的观念,能够接受新的想法。

(二)国际市场促销人员的在职培训

国际市场促销人员进入海外营销岗位后,在任职期间企业还需要对其继续培训,身处海外且与总部没有日常联系的国际市场促销人员比国内市场促销人员更需要这样的在职培训。此外,国际市场促销人员的在职培训应与其学习和交流方式相适应。企业必须充分考虑促销人员的文化偏好和生活习惯对教育过程的影响,特别是对来自第三国的促销人员和本土国际市场促销人员。除了负责在海外子公司工作的本土国际市场促销人员及第三国促销人员,企业还应对负责国际市场营销业务母公司的人员进行培训,以使他们能够快速响应消费者提出的各种要求。

六、国际市场促销人员的薪酬

与只在一个国家运营的企业的薪酬体系相比,国际薪酬体系要复杂得多。从经理人的角度来看,各国在工资水平、生活成本和生活质量方面存在显著差异。对于跨国企业来说,为国际市场促销人员设计合理的薪酬是复杂而困难的。国际化薪酬结构设计的主要问题是如何在"本土化导向"和"全球化导向"之间取得平衡,不仅要在本土具有良好的竞争力,还要着眼于全球化。

(一)国际市场促销人员的薪酬的内容

为了平衡国际任职获得的报酬与母国国内的报酬,跨国企业通常会提供额外的工资,包括税收减免、住房成本以及基本商品和服务成本的调整。商品和服务包括食品、娱乐、个人护理、服装、教育、家居装修、交通和医疗保健等。企业还可以为外派人员提供以下补贴和资金。

1. 国外服务津贴

跨国企业通常会提供基本工资的 10%～20% 的津贴,以补偿参与海外就业的个人和家庭。在美国大约 78% 的大型跨国企业支付此类津贴。

2. 困难补助

困难补助是为因高风险或困难的生活条件或特别困难的工作支付的额外费用。

3. 安置补助费

根据将家庭搬迁到国际工作场所的基本费用,许多企业在就业开始和结束时提供相当于一个月工资的补助。

4. 母国度假津贴

企业为外籍经理及其家人提供每年一到两次回程的费用。

5. 子女教育津贴

企业为员工子女接受与当地教育标准相近的教育提供津贴。从目前全球薪酬管理的市场研究结果来看,跨国企业对于集团经理往往采用全球统一的薪酬结构体系;一些企业在全球范围内采用统一的薪酬结构进行管理,一些企业强调标准化薪酬体系的区域一致性;越来越多的企业强调专业工人的区域化工资结构,甚至选择本地化的工资激励结构;对于销售人员,大多数企业采用以当地市场为基础的薪酬结构。

总之,需要合理设计、统一制定国际化的薪酬体系,使母国的外派人员和工人的薪酬体系与当地的薪酬体系相衔接,确保公司薪酬体系的完整性。为了区分每个国家的营销人员和非营销人员,可以参照当地国家可比劳动力市场中营销人员和非营销人员的工资水平和激励措施。

(二) 国际市场促销人员的薪酬设计时应注意的问题

1. 劳动法规

法律自然具有强制性和普遍性。不同国家的人事管理和薪酬激励的法律环境存在一定差异,主要体现在有关公平就业机会、最低工资保障和员工福利保障的法律规定上。

2. 工会角色

工会的地位和影响在不同国家差别很大。加强企业与工会之间的协调与交流,使劳资关系有序发展。中国企业在制定海外员工工资制度之前,必须系统、全面地了解所在国的工会组织情况以及工会对员工工资等方面的影响。在此基础上,再进行相关功能的完善和系统的调优。

3. 税收影响

对雇员收入征收的各种税种,如个人所得税,在不同国家的法律制度中也有所不同。在守法原则的框架内,以最大化员工实际收入的方式运用税收政策,是企业和员工的共同期望。不同国家的个人所得税征收范围和水平完全不同,不同企业对员工的税收待遇也表现出显著差异。

七、国际市场促销人员的激励

(一) 激励的概念

激励有激发和鼓励的意思,有效的激励会点燃员工的激情,促使他们的工作动力更强,让他们产生超越自我和他人的欲望,并将潜在的巨大内驱力释放出来,为企业的远景目标奉献自己的热情。无论在哪个地方工作,促销人员都需要有很高的积极性。营销工作在任何地方都艰苦而充满竞争,因而需要不断激励促销人员,调动他们的积极性,使他们以最佳状态投入工作。企业所面对的是拥有不同的文化背景的国际市场促销人员,因此对促销人员的激励特别复杂。

(二) 激励的类型

1. 物质激励

物质激励作用于人的生理方面,是对人物质需要的满足。物质激励主要包括高工资、奖金、物质奖励等。根据双因素理论,物质需求的满足是必要的,没有它会导致不满;但是在获得满足后,它的作用往往是很有限的,不能持久。在不同的国家,基本工资占报酬的比重不同。有的国家强调业绩报酬,如美国企业;而在东欧国家,营销人员的报酬中基本工资占大头。

2. 精神激励

精神激励作用于人的心理方面,是对人精神需要的满足。随着人们物质生活水平的不断提高,人们对精神与情感的需求越来越迫切,如期望得到爱、尊重、认可、赞美、理解等。沟通是一种激励形式,母公司和海外子公司员工经常沟通会使海外营销人员觉得自己受到重视,有人关心,而不是将他们丢在海外任其"自生自灭"。有的企业办有刊物,经常在刊物上报道海外业务的发展情况,介绍海外员工的业绩,能够给这些海外营销人员很大的满足。还有企业将在海外子公司表现好的外籍员工送到母公司参观、学习,这同样可以引他们的满足感和工作热情。

3. 职位提升

当然,使营销人员能在职业生涯中得到提升是一种更为重要的激励方式。很多员工之所以选择海外艰苦的工作岗位是觉得对自己的职业发展有利。企业应该让营销人员看到升职职业成长的机会,如当上海外企业的经理、营销主管,或者负责海外经营管理等,都将是对营销人员的很大激励。发达国家的员工,因为物质文明程度高,更注重精神激励与家庭、度假等享受,企业应该根据当地目标受众的特点设计有针对性的激励措施。

本 章 小 结

(1) 国际市场促销是指跨国企业在国际市场上应用各种方法和通信手段来传递产品或服务信息,与消费者进行双向沟通,确保客户对企业产品感兴趣和信赖以产生购买动机,然后作出购买决定。由于国际市场促销的基本目标是销售产品,促销的本质是企业和消费者之间的沟通。国际市场促销活动的形式与国内市场相同,主要包括广告宣传、公共关系、人员促销、营业推广和直复营销。

(2) 国际广告是指为了配合国际市场营销活动,在产品出口目标国或地区所做的商品广告。国际广告对于激发和诱导消费,开拓产品的国际市场、塑造世界性品牌,推动新产品、新技术在国际范围的发展都具有重要的作用。

(3) 公共关系是一种相对于广告宣传、人员促销、营业推广等促销方式的间接促销方式,它可能不会产生立竿见影的效果,但对于树立公司的良好形象和未来的发展至关重要。危机公关是指专门为预防或减轻危机造成的严重损害和威胁,有组织、有计划地学习、制定和实施应对危机的一整套管理措施和应对策略,包括危机的预防、控制、解决和危机解决后的复兴等不断学习和适应的动态过程。

(4) 国际市场营销人员促销是指公司派遣销售人员或聘用当地人员向国外客户推销产品,以达到销售产品的目的。国际市场营销中促销人员的构成主要分为三类:母国促销员、目标市场国的促销员和第三国的促销员。作为一个合格称职的国际市场营销人员,除了要有一般营销人员所具备的能力和素质,还应该具备国际市场营销活动所必需的能力、职业态度和知识结构等方面的特质。

课 后 练 习

一、判断题

1. 国际市场营销中,消费品市场营销最主要的促销工具是广告。　　　　　　(　　)

2. 国际公共关系是一项短期的促销方式。　　　　　　　　　　　　　　(　　)

3. 国际市场促销中促销的目的是刺激消费者产生购买倾向。　　　　　　　(　　)

4. 国际广告和公共关系的主要区别是促销的效果不一样。　　　　　　　　(　　)

5. 当产品处于衰退期时,应主要采取广告作为促销手段。　　　　　　　　(　　)

6. 推销产品不是公共关系工作的直接目标。　　　　　　　　　　　　　　(　　)

7. 国际上最古老的、所有企业都重视的促销方式是人员促销。　　　　　　(　　)

8. 当企业以"推"的策略为主进行促销时,对渠道的依赖性较大。　　　　　(　　)

9. 对单位价值较低、流通环节较多、流通渠道较长、市场需求较大的产品常采用拉式促销策略。　　　　　　　　　　　　　　　　　　　　　　　　　　(　　)

10. 对于价格较低、技术性弱、买主多而分散的消费品适宜采用广告方式促销;而对于价格昂贵、技术性强、买主少而集中的工业用品,适宜采用人员推销方式促销。(　　)

二、单项选择题

1. 国际市场促销的最基本策略是(　　)。

A. 识别目标受众　　　　　　　　　B. 提出购买建议

C. 决定促销在国际市场营销中的强度　　D. 促销信息有效表达

2. 国际市场促销面临(　　)的广泛影响。

A. 政治　　　　　B. 经济　　　　　C. 文化　　　　　D. 法律

3. (　　)在促销时,往往广告用得较少,人员推销用得较多。

A. 高价消费品　　B. 低价消费品　　C. 高价工业品　　D. 低价工业品

4. 国际公共关系的最主要作用是(　　)。

A. 短期内促进产品销售　　　　　　B. 了解客户的需求

C. 树立企业良好形象　　　　　　　D. 比广告促销节省成本

5. 国际市场的(　　)是指企业将各种促销方式综合运用,各种促销方式相互配合的整体系统。

A. 销售促进　　　B. 促销组合　　　C. 人员促销　　　D. 营业推广

6. 公共关系与广告宣传的不同之处是(　　)。

A. 非人员　　　　　　　　　　　　B. 和销售直接关联度小

C. 非付费　　　　　　　　　　　　D. 利用大众媒介

7. (　　)是广告与广告对象之间信息传递的载体,是沟通广告主体及广告对象之间的信息桥梁。

    A. 人员促销   B. 公共关系   C. 报纸   D. 广告媒体

8. (   )是指企业在一定时期,为完成一定任务所采用的能够迅速产生激励作用的各种短期促销措施。

    A. 广告宣传   B. 人员促销   C. 公共关系   D. 营业推广

9. 国际公共关系的最主要作用是(   )。

    A. 短期内促进产品销售   B. 了解客户的需求

    C. 树立企业良好形象   D. 比广告促销节省成本

10. 国际广告的(   )是指企业要适应不同国家或地区的文化,广告制作要迎合当地的口味。

    A. 标准化   B. 本地化   C. 形象策略   D. 产品策略

三、多项选择题

1. 国际市场促销的特殊性主要表现在(   )。

    A. 竞争激烈   B. 风险及难度大

    C. 利高   D. 经营复杂

    E. 手段多变

2. 国际公共关系对象复杂,在实施时应注意的问题包括(   )。

    A. 公共活动的针对性   B. 公司在当地的印象

    C. 公关活动组织的问题   D. 语言交流问题

    E. 市场国政府的规定

3. 在进行国际广告的媒介决策时,主要应考虑的因素包括(   )。

    A. 国际性   B. 可获性   C. 质量   D. 费用

    E. 覆盖范围

4. 促销信息传播的方式主要有(   )。

    A. 人员促销   B. 广告   C. 公共关系   D. 宣传

    E. 营业推广

5. 大多数跨国企业都需要建立强大的外销力量,其外销人员的来源主要包括(   )。

    A. 本国人   B. 当地人   C. 第三国   D. 居民

    E. 非居民

四、问答题

1. 国际公关活动方式有哪些?企业应该如何策划活动内容?

2. 国际广告的主要形式有哪些?

3. 联系实际说明促销手段在诱导消费方面发挥的作用,它与"过分推销"有何区别?

五、案例分析题

斯凯奇逆势扩张　线下开新店线上忙布局

2020 年 5 月 1 日,美国运动休闲品牌斯凯奇(SKECHERS)在上海开设了两家全新形象的店铺。一日之内同开两家新店,斯凯奇在中国进入加速赛道。不仅如此,自 2020 年以来,斯凯奇加速布局线上,线上业务增长也很快。就在大多数休闲运动品牌扩张的脚步放缓时,斯凯奇却加大马力逆势扩张,它的底气何在?

值得注意的是,此次斯凯奇新开的两家门店并非普通的店铺,而是全国之"最"。据斯凯奇方面介绍,新开业的两家门店分别为全国最大的斯凯奇儿童旗舰店和全国最新的斯凯奇 D'Lites 潮流店。斯凯奇儿童旗舰店的占地面积约 300 平方米,拥有超大的购物空间,网罗了斯凯奇全系列单品。而斯凯奇全新升级的 D'Lites 潮流店铺,除店铺形象上的升级外,还集结了斯凯奇 D'Lites 全线产品以及斯凯奇时尚潮流线的其他产品线和各联名款。

自 2020 年以来,实体零售业遭受了冲击,很多品牌处于休养生息的状态,推迟了新店计划,为什么斯凯奇选择在此时逆势开店,还是开设两家如此有特色的形象店?

"斯凯奇对中国市场的前景保持乐观并具有信心,政府对于线下实体经济有很多的消费刺激方案和动作,积极推动市场消费经济走上正轨。两家店选择在五一开业,时间正合适,又恰逢上海'五五购物节'活动,很多市民开始走出家门,实体零售业正在稳步复苏,所以我们按照原计划进行店铺开业。"斯凯奇相关工作人员告诉中国商报记者。

据了解,斯凯奇 2020 年在中国市场有 2 600 余家店铺,4 月中下旬已经全部恢复营业。店铺客流也在持续回升,特别是五一假期,消费有所回温。"2020 年斯凯奇还会持续开店,企业会按照品牌发展策略来规划,特殊时期,会在重点城市开设重点店铺,来满足消费者的需求。"斯凯奇相关工作人员表示。

除了加速拓展线下渠道,斯凯奇的线上业务也做得风生水起。据悉,斯凯奇在天猫有四家旗舰店,分别为官方旗舰店、运动旗舰店、童鞋旗舰店、海外旗舰店。自 2020 年以来,斯凯奇调整了市场及销售策略,把线上作为主战场,通过多平台不同的线上玩法加强和消费者的互动,刺激消费需求。

斯凯奇挖掘线上消费潜力的重要法宝就是打折促销。记者注意到,2020 年 3 月以来,斯凯奇在线上开启多种打折促销活动。例如,"三八妇女节"期间,斯凯奇官方旗舰店推出"前 15 分钟折上五折""满 400 元减 100 元"等优惠活动;"五一"期间,优惠券、低价也是斯凯奇线上商品的标配。

斯凯奇的促销活动很见效,很多消费者在打折的影响下不断"买买买"。有网友表示,在得知斯凯奇要打折后,连夜选款。另有网友表示,斯凯奇打折打得很猛,又想买鞋了。

不可否认,斯凯奇在线上的一系列营销活动拉动了其线上业务的增长。据悉,

2020 年一季度,斯凯奇在中国的线上销售业务获得了三位数增长;在 2020 年 3 月的两个天猫活动中也取得了不错的销售成绩——"三八妇女节"大促日天猫四店销售总额同比增长 58%、新风尚大促日天猫四店销售总额同比增长 106%。

促销如此奏效,那么接下来,斯凯奇是否还会持续以优惠折扣来拉动线上销售的增长呢?

对此,斯凯奇方面没有给出正面回答。"拉动线上销售,更多的是我们凭借对新零售模式的运用、消费者精准切入点以及多元化消费场景的塑造,以此来产生消费者联动效应。优惠折扣只是我们配合电商平台或者说固定时间场景的一个玩法和策略。"斯凯奇相关工作人员表示。

目前来看,斯凯奇打折的玩法和策略还不会停下来。"加购物车领券满 300 元减 70 元""分享领券满 400 元减 100 元""限时立减""两件八折"……多种促销活动令人眼花缭乱。

实际上,斯凯奇不仅在线上采取打折促销策略,在线下门店,其折扣力度也很大。就连新开业的门店,也推出"两件八折""三件七折"的优惠活动。

折扣促销的确很吸引人,也可以刺激消费,但是如果经常搞促销,以后消费者还能否接受品牌的正价销售? 这个问题值得企业思考。

资料来源:中国商报.斯凯奇逆势扩张 线下开新店线上忙布局[EB/OL].(2020-05-09)[2023-3-06].https://baijiahao.baidu.com/s? id=1666720876146465699&wfr=spider&for=pc.

思考:

1. 斯凯奇逆势扩张的原因是什么?
2. 斯凯奇采用了哪些促销策略?

参 考 文 献

[1] 斯文德·霍伦森,等.国际市场营销学[M].张昊,梁晓宁,徐亮,译.北京:机械工业出版社,2019.

[2] 袁晓玲.国际市场营销学[M].西安:西安交通大学出版社,2018.

[3] 肖祥鸿,卢长利.国际市场营销学[M].广州:中山大学出版社,2009.

[4] 谢琼,吴明杰.国际市场营销学[M].北京:北京理工大学出版社,2011.

[5] 严旭.国际市场营销[M].上海:上海财经大学出版社,2016.

[6] 阳林,等.国际市场营销[M].北京:中国轻工业出版社,2018.

[7] 朱金生,张梅霞.国际市场营销学[M].南京:南京大学出版社,2019.

[8] 肖祥鸿,卢长利.国际市场营销学[M].广州:中山大学出版社,2009.

[9] 戴万稳.国际市场营销学[M].天津:南开大学出版社,2012.

[10] 陈启杰.现代国际市场营销学[M].3版.上海:上海财经大学出版社,2013.

[11] 迈克尔·钦科陶,伊卡·龙凯宁.国际市场营销学[M].10版.曾伏娥,池韵佳,译.北京:中国人民大学出版社,2015.

[12] 喻红阳,刘升幅.国际市场营销[M].北京:清华大学出版社,2012.

[13] 陈文汉.国际市场营销[M].2版.北京:清华大学出版社,2020.

[14] 池丽华,朱文敏.市场营销学[M].2版.上海:立信会计出版社,2011年.

[15] 周洲.国际市场营销学[M].重庆:重庆大学出版社,2012年.

[16] 王朝辉.国际市场营销学原理与案例[M].大连:东北财经大学出版社,2017.

[17] 寇小萱,王永萍.国际市场营销学[M].北京:首都经济贸易大学出版社,2005.

[18] 菲利普·R.凯特奥拉,玛丽·L.吉利,等.国际市场营销学[M].17版.郭晓凌,龚诗阳,译.北京:机械工业出版社,2011.

[19] 菲利普·科特勒,凯文·莱恩·凯勒,亚历山大·切尔内夫.营销管理[M].16版.陆雄文,蒋青云,赵伟韬,等译.北京:中信出版集团,2022.

[20] 崔新建.国际市场营销[M].3版.北京:高等教育出版社,2020.

[21] 闫国庆.国际市场营销学[M].北京:清华大学出版社,2021.